잡스처럼 창조하고
구글처럼 경영하라

잡스처럼 창조하고
구글처럼 경영하라

전유현 지음

❖ 을유문화사

잡스처럼 창조하고
구글처럼 경영하라

발행일
2012년 2월 15일 초판 1쇄
2012년 11월 10일 초판 3쇄

지은이 | 전유현
펴낸이 | 정무영
펴낸곳 | (주)을유문화사

창립 | 1945년 12월 1일
주소 | 서울시 종로구 수송동 46-1
전화 | 734-3515, 733-8153
팩스 | 732-9154
홈페이지 | www.eulyoo.co.kr
ISBN 978-89-324-7191-4 03320

지은이의 말

"창조는 무無에서 유有를 만드는 게 아니라, 색다른 유有와 유有를 섞는 기술이다." 스티브 잡스와 이건희 회장이 창조를 한 문장으로 정의한 내용이다. 시사점은 간단하다. 창조는 새로운 가치를 만들어 내는 것이지만, 그 방법과 과정은 기존의 것들에서 출발하니 겁먹을 필요 없다는 것이리라. 이 책 역시 철저한 융합 기술에 의해 저술되었다. 저자가 20여 년간 다양한 업종의 회사에서 보고 들은 경험과 10여 년간 투자한 폭넓은 독서를 통해 2010년대를 바라보며 정리한 것이다. 마치 미래학자 앨빈 토플러가 미래 모습을 잉태하는 세계 곳곳을 누비며 미래 서적들을 쓴 것처럼. 나는 시간과 돈에서 자유롭지 못해 여행은 하지 못했다. 대신 가장 값싼 여행인 독서와 유목민처럼 다닌 다양한 업종의 직장 생활에 의존했다.

이 책에서 가장 많이 표현된 단어는 환경, 창조, 다양성이다. 급변과 불안정으로 대표되는 환경에서, 새로운 가치 창출은 하면 좋은 게 아니라 생존의 문제로 다가오는 2010년대다. 삼성 그룹의 2012년 경영 화두 역시 '위기 대응'이다. 창조는 대기업의 문제라고 남의 일처럼 치부하는 중소기업과 자영업자도 있다. 그러나 남과 비슷한 수준으로 생존할 수 있는 사업거리는 대부분 중국이 우리를 따라잡거나 앞서는 추세다. 따라서 앞으로는 자영업자도 창의적으로 사업을 꾸려 가야 한다.

지금 정부의 지원 하에 확산되는 '1인 창조 기업' 역시 창의적인 개인 사업자를 지향한다. 경쟁 환경도 예전과 다르다. 예전에 산업 표준 분류라고 해서 정부에서 관리 목적상 친절하게 구분해 준 경쟁 영역도 무너지고 있다. 다른 업종과도 경쟁하고, 여러 업종이 집단을 형성하여 경쟁하는 초경쟁hyper competition이라는 말도 나왔다. 제품 모양에 따른 경쟁 영역은 더 이상 전략 수립에 별 도움이 안 된다. 그래서 네트워크 경쟁이라는 개념이 더 와 닿는다. 한마디로, 업종을 초월한 좋은 물(생태계)에서 놀아야 한다.

이제 최선의 경쟁 전략은 경쟁하지 않는 것이다. 경쟁사 제품보다 개선된 차원의 신제품 경쟁이 아닌, 신 시장을 창출하여 경쟁사와 차별화하는 블루오션 같은 것들 말이다. 그래서 '창조'다. 그런데 창조하려고 하니, 결국 경영의 주체는 경영진이 아니라 사람(전체 구성원)으로 귀결된다. 내일의 환경도 예측할 수 없다면 시나리오 경영은 현실적으로 가능할까? 차라리 조직에 다양성을 확보해 그때그때 적합한 사람을 활용하면 되지 않을까? 환경에 적응하기보다는 다양한 배경과 경험을 가진 인재들을 모으고 서로 건설적으로 충돌(협업)시키는 집단 지성에 집착해야 한다. 앞으로는 한 사람의 천재가 수만 명을 먹여 살리기 힘들다. 한 사람의 IQ보다는 집단의 IQ(집단 지성)가 지속적인 경쟁 우위 요소다.

시장을 창출하는 최근의 혁신 제품들을 보라. 한 분야의 전문 기술보다는 여러 분야가 집단 지성으로 일구어 낸 융합 제품들이다. 그래서 '다양성'이다. 개인의 창조 및 조직의 창조 경영에서 가장 중요한 인프라는 다양성의 축적이다. 조만간 기업의 다양성 축적 정도 및 집단 지성의 수준을 지표화하는 전문 조사 업체들도 나올 것이다. 이 책은 창조 경영이라는 시대적 화두를 머리로 이해하는 것뿐 아니라 이를 가슴으로도 느끼고픈 분들을 생각하며 썼다.

　이 책에 등장하는 창조 경영이라는 개념은 경영진이 창조적으로 경영하는 방법을 의미하는 것이 아니다. 2010년대의 경영 주체는 경영진이 아닌 전체 구성원이다. 2012년 다보스 포럼의 화두 역시 인트라프레너십intrapreneurship이었다. 이는 직원들이 마치 기업가인 것처럼 일할 수 있는 업무 환경을 구축하여 신사업을 기업 내부에 정착시키는 활동을 의미한다. 기업가 정신entrepreneurship에서 파생된 인트라프레너십은 모든 구성원들이 혁신적인 기업가 정신을 갖고 일하는 데 초점을 두고 있다. 특히 구성원들이 사업 거리를 발굴하면 과거처럼 기업을 나가서 창업하는 대신, 기업 내에서 신사업을 하라는 것이다. 이미 창조적인 기업의 모습을 만들어 가고 있는 초우량 기업들도 경영진이 쥐고 있던 리더십을 구성원들과 공유해 가고 있다. 따라서 창조 경영은 전체 구성원들이 각자의 업무에서 새로운 가치를 발굴하여 결과물로 만들어 내는 사고방식, 생활 방식, 행동 방식 그 자체를 의미한다. 다만 창조는 위에서 요구한다고 요술방망이처럼 뚝딱 나오는 것이 아니다. 실수와 실패를 허락해야 하며, 창의적인 인프라를 조성해 주어야 한다. 즉, 조직 차원에서 개인의 창조 경영을 지원해야 한다. 그래서 이 책은 크게 개인의 창조 경영과 조직의 창조 경영으로 구분하여 정리하였다. 개인의 창조 경영은 스티브 잡스의 창조적 DNA를, 조직의 창조 경영은 구글과 같은 집단의 창조 경영을 각각 의식하면서 차례를 설정하였다.

제1부 〈개인의 창조 경영〉편에서는 개인 차원에서 창조에 필요한 사고와 행동 방식 등을 정리했고, 제2부 〈조직의 창조 경영〉편에서는 기존의 경영 패러다임들이 창조 경영 시대에서는 어떻게 진화될지, 주요 경영 요소별로 펼쳐 보았다. 이 책의 콘텐츠 구성을 미리 얘기하면, 전체 내용의 40퍼센트는 다양한 분야의 독서를 통해 추출된 핵심 내용에 저자의 생각을 담은 것들로서, 융합의 틀 속에 나름대로 적절히 뿌려 놓았다. 전체 내용의 30퍼센트는 직장 유목민으로서 저자가 지난 20여 년간 다양한 분야의 업무를 하면서 획득한 지식과 체험이다. 1~2군데 직장에 오래 다닌 분들에게는 다양한 업종에 대한 간접 경험이 되었으면 좋겠다. 개인적인 소견이지만 앞으로는 투잡스, 스리잡스의 직장인이 등장할 것이다. 주말에 아르바이트하는 생계형 직장인을 말하는 게 아니다. 이를테면 월요일과 화요일은 삼성생명에서, 수요일과 목요일은 삼성화재에서, 금요일은 삼성증권에서 근무하는 형태다. 가속화되는 경쟁, 경쟁 울타리의 붕괴, 네트워크 경쟁, 지주 회사 체제, 산업 간 융합 기술의 발전은 융합이라는 공통된 화두를 던진다. 따라서 여러 관련 회사를 동시에 다니는 신新 직장인의 융합 업무가 중요한 경쟁력이 되는 시대다. 전체 내용의 나머지 30퍼센트는 위에서 언급한 70퍼센트의 다양한 내용들을 융합하는 가운데 연결 고리 삼아 저자의 짧은 지식을 덧붙여 본 것이다.

　이 책에서는 창조라는 화두에 걸맞게 논리적인 구성보다는 비유적 표현을 많이 썼다. 간혹 거친 직유나 매끄럽지 못한 은유가 곁들여져 있으나 본질을 전달하기 위한 서투른 문학적 도발로 여겨 주기 바란다.

　참고로 이 책은 다양한 영역을 다루고 있어서 깊이는 조금 덜하지만 참을 수 없을 정도로 가볍지는 않다. 지하철이나 버스에서, 혹은 침대에 눕거나 엎드려서 읽지 말고 고즈넉한 주말에 서재에서 읽어 주길 바란다.

이 책을 출판하기 전에 최종 원고를 창조의 여유가 적은 몇몇 지인들에게 보여 드렸다. 원격지 근무를 하는 검사는 원고를 전부 인쇄하여 주말마다 꼼꼼히 읽어봤다고 했다. 어느 학부모는 자신이 끝까지 읽어본 후, 중고생 자녀들에게 매일 일정량을 읽게 한다고 했다. 개인 사업을 하는 분은 고객들에게 접대용으로 꼭 선물하고 싶다며 출간 일자를 진지하게 물어 왔다. 나는 이 분들을 보면서, 주어진 영역에서의 경쟁보다는 새로운 영역을 향한 창조(창의)를 갈망하는 사람들이 점점 많아질 거라고 확신한다. 치열한 경쟁에 상처받고, 성적과 실적에서 자유롭지 않은 모든 분들께 이 책을 바친다.

C O N T E N T S

창조적 행동 방식

| 제2부 | 조직의 창조 경영

 창조적 환경

 창조적 조직

창조적 전략

| 제1부 |

개인의 창조 경영

창조적 사고 방식

● ● ●　최근 다양한 분야에서 요청되는 창조의 개념을 제대로 알아보기 위해 한자어 창創의 의미를 살펴보기로 하자. 創은 곳간倉과 도끼刀가 결합된 것으로, 우리 조상이 소중히 여겨 온 곳간조차 도끼로 찔러 본다는 의미다. 즉, 소중한 기존의 것을 파괴해야 비로소 새로운 것이 된다는 것이다. 보통 일본식 표현으로 창조創造로 쓰이거나 Creativity를 해석하여 창의創意로 활용되기도 한다. 즉, 창조는 기존의 것을 조합하여 구체적인 형상화를 잘하는 일본식 문화를 반영하는 반면, 창의는 형상화되기 이전 단계인 무형의 아이디어 발굴에 더 초점을 둔 서양식 개념이다. 따라서 실행 및 결과물을 중시하는 비즈니스에서는 창의보다 창조 경영을 경영 혁신의 개념으로 사용하고 있다. 다만 아이디어를 중시하는 광고 회사와 연구 개발 부서에서는 창의를 사용하기도 한다.

● ● ●　과거 20세기 말, 국내에서 성행한 경영 혁신들로 벤치마킹, 고객 만족 경영, 지식 경영, 식스 시그마 등이 떠오른다. 이들은 현재의 고객 및 경쟁사에 초점을 맞춰 업무 프로세스를 변화시키려는 공통점이 있다. 그러나 2000년대 들어서면서 신 시장과 미래 고객에 초점을 맞춘 블루오션이 등장하고, 이러한 새로운 것을 발굴하기 위한 핵심 인재의 중요성을 이건희 회장이 언급하였다. 이때부터 천재만이 갖고 있는 새로운 창조력과 상상력

이 언급되기 시작했다. 사실 창조 경영이라는 개념은 2000년대 중반부터 국내에 본격적으로 회자되었다. 그러나 이제는 소수의 천재만으로도 한계가 있다. 전체 구성원들의 다양성을 배양시키고 상상력을 지원하는 기업 문화와 인프라 등을 제도화하는 창조 경영이 본격 등장한 것이다. 개인적 판단으로는 세계적인 창조 경영 기업으로 구글, 페이스북, 고어, 3M, SAS 등을 들고 싶다. 국내에서는 삼성전자, 포스코, 구글코리아, 현대카드 등이 기업 문화 차원에서 창조 경영을 지향한다. 사실 애플의 창의성은 구성원의 집단 지성(다양한 구성원들이 협업을 하는 가운데 발현되는 집단의 지적 능력.) 보다는 스티브 잡스 개인의 창의적 카리스마에 기반을 둔 것으로 보인다.

창조 경영은 지식 경영과 유사하면서도 근본적인 차이가 있다. 지식 경영이 자기 사업과 관련된 정보를 IT 기반에 의해 공유하면서 각자의 업무에 활용하는 것이라면, 창조 경영은 자기 사업 이외의 다양한 정보 및 지식을 자기 업무와 연관시켜 새롭게 꿰는 것을 말한다. 지식 경영의 주요 콘텐츠인 정보는 정답이 있어서 IT 시스템화하는 것이 가능하다. 그러나 창조 경영의 콘텐츠는 정보와 지식을 새롭게 조합하는 역량이다. 즉, 창의성은 정답이 없어 시스템화가 불가능하다. 사실 인터넷의 등장으로 이제 정보와 남이 활용해 본 지식은 널려 있다. 과거에는 지식과 경험이 성과 창출의 원천이었기 때문에 한 분야의 오래된 경험과 깊은 지식을 가진 사람이 리더가 되었다. 이제는 지식의 진부화 속도가 빨라지고 있다. 앨빈 토플러는 쌓여만 가는 기존의 고루한 지식obsolete knowledge을 버리는 것도 중요하다고 하지 않는가. 즉, 서 말의 구슬이 중요한 것이 아니라 한 말의 구슬이라도 새롭게 꿰는 창의성이 부각되고 있다.

● ● ●   개인의 창조적인 사고를 위한 방법으로, 저자는 크게 7가지를 주문한다. 혁신, 상상력, 입체적 시각, 통찰력, 발상 전환, 수평적 사고, 단순화가 그것이다. 엄밀하게 보면 창조는 혁신과 근본적인 차이가 있다. 혁신이 기존의 것을 크게 바꾸는 것이라면, 창조는 기존의 것에서 출발하지 않고 새로운 것(가치)을 만들어 내는 것이다. 즉, 창조는 마치 기존의 것이 없는 양, 백지 상태에서 출발하는 것이어서, 어떻게 보면 혁신보다 쉬울 수 있다. 기존의 색채에 덧칠하는 것(혁신)이 아니라 하얀 도화지에 색을 입히기 때문이다. 그간 기업에서 개인들에게 부단히 요구해 온 혁신이 어려웠던 이유도 기존의 색깔을 부정하면서 새로운 색깔을 입히려 했기 때문이다.

● ● ●   여기서는 광의의 창조 개념으로서, 혁신도 함께 다룬다. 혁신이 익숙한 것과의 결별을 통해 기존의 것을 파괴하는 것이라면, 창조는 익숙한 기존의 것을 낯설게 보는 것이다. 이렇게 기존의 것을 낯설게 보아야 기존에 보지 못했던 새로움을 발굴할 수 있다. 기존의 것을 낯설게 보기 위해서는 어떤 창조적 시각들이 필요할까? 다음에 소개하는 것들이 바로 그런 것들이다. 상상력과 수평적 사고는 업무, 상품, 과제, 현안 이슈 등 기존의 것을 다양한 외부 현상과 연결하여 새로움을 창출하는 접근 방법이다. 입체적 사고와 통찰력, 단순화는 기존의 것에서 본질과 새로움을 보려는 시각이다. 여기서 단순화란 기존의 복잡한 현상을 단순화해야 그 속에 묻혀 있는 본질을 꿰뚫어보기 쉽다는 개념이다. 마지막으로 발상 전환은 기존의 것을 선입관이나 고정관념으로 보고, 이들을 부정하거나 낯설게 보는 시각이다.

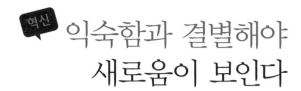

익숙함과 결별해야
새로움이 보인다

정신 이상이란? 계속 같은 행동을 되풀이하면서
다른 결과를 기대하는 것이다.
아인슈타인

사람은 성장 중이거나 썩어 가거나
둘 중 하나로 중간은 없다.
가만히 있다면 썩어 가는 중이다.
앨런 아킨
(2007년 아카데미 최우수조연상 수상자)

● ● ● 두 번이나 승진에서 누락된 어느 과장이 술자리에서 팀장에게 따졌다.

"제가 이 자리에 몇 년이나 있었는지 아세요? 7년이에요."

팀장이 대답했다.

"7년이 아니라 1년이겠지. 자넨 그걸 7년간 반복한 것뿐이야."

여러분은 성장이라는 단어를 어떻게 보는가? 성장이란 새로운 가치를 창출해서 새롭게 쌓는 것이지 이미 갖고 있는 것을 기반으로 한 자연 증가분이 아니다. 이러한 자연 증가에 안주하는 기업은 경제가 어려워질 때 혹독한 대가를 치른다. 외환 위기나 금융 위기 때, 문 닫은 기업들을 보라. 매출액이 적은 기업보다는 매출액이 커서 무너진 기업이 많았다. 마찬가지로 시간이 흘러 연공서열에 따라 승진한 것을 두고 성장했다고 볼 수는 없는 것이다.

업계 1등 기업의 가장 효과적인 업무 방식best practice을 벤치마킹하는 것은 성공의 필요조건은 될지 모르지만 충분조건이 되기는 힘든 시대다. 그 업무 방식도 언제 무용지물이 될지 모르고, 동종 업계라는 영역도 쉽게 변화하는 실정이기 때문이다. 과거 고성장 시대와 달리 최근 기업들은 10퍼센트의 성장률도 어려워하는 실정이다. 그러나 과거의 틀이 아닌 새로운 틀에서 보면 100퍼센트 성장이 오히려 쉬운 경우가 많다. 이렇듯 비전과 목표를 크게 잡고 보면 전에는 보지 못했던 기회들이 보이곤 한다. 물론 이를 위해서는 새로운 사고의 틀과 인프라가 깔려야 하며, 무엇보다 기존의 익숙한 것과의 결별이 필요하다. 깊은 구렁은 두 걸음에 건널 수 없기 때문에 큰 도약을 통해 한걸음에 건너야 한다. 한 걸음씩 개선하는 것으로는 성공할 수 없다.

나는 20여 년간 직장 생활을 하면서 여러 회사를 다녀 봤다. 경영진들이 변화와 혁신을 강조하지 않는 회사는 없었다. 그러나 실행이 제대로 되지 않는 이유를 종종 생각해 보았다. 정말 변화할 의도는 있는데 혁신의 방향과 방법을 몰라서 안 되는 경우도 있을 것이다. 그러나 변화와 혁신은 튼실한 열매로 맺어지기까지 많은 돈과 시간이 소요되는 투자의 영역이다. 스티브 잡스나 삼성의 이건희 회장이라면 모를까, 2~3년 후 자신의 자리를 확신하지 못하는 전문 경영인이 혁신을 실천하기에는 한계가 있다. 실제로 2000년대 들어와서 애플, 삼성, 구글, 델컴퓨터, LG 전자 등이 창의적인 혁신으로 대대적인 무장을 한 것도 창업 소유주(스티브 잡스, 이건희 회장, 래리 페이지, 마이클 델, 구본준 회장)의 경영 복귀와 무관하지 않다. 전문 경영인은 수성守成 경영에는 강점이 있지만 긴 시간이 소요되는 '창조'라는 혁신 비용을 감수하기에는 한계가 있다.

"우리 회사가 진정으로 혁신하는 회사가 되었으면 한다. 그러나 현실은 혁신하는 회사가 아니라 혁신하겠다고 주장만 하는 회사처럼 보인다."

국내 굴지의 전자업체를 퇴직한 어느 연구원의 말이다. 이처럼 지금까지는 말로만 혁신하자고 해도 그럭저럭 회사가 유지되었다. 그러나 이제 혁신은 선택이 아닌 시대적 과제다. 현상 유지에 드는 비용이 변화가 가져올 위험보다 클 때, 변화가 일어난다고 한다. 지금은 대부분의 산업에서 현상 유지에 드는 비용이 변화로 인해 창출될 잠재적 위험보다 커져 간다.

이러한 기업 환경에서 2010년대의 개인은 호랑이 등에 올라탄 형국에 처해질 것이다. 변화할 것인가, 안 할 것인가에 대한 선택의 여지가 없으며, 계속 달리거나 떨어져 죽거나 둘 중 하나를 택해야 한다. 어느 고교의 급훈처럼 오늘 걷지 않으면 내일은 입에 거품 물고 뛰어야 하기 때문이다. 레드퀸Red Queen 효과라는 말을 아는가? 환경이 워낙 빨리 변화해서 달려도 제자리에 머무는 현상을 말한다. 루이스 캐럴의 동화 『거울 나라의 앨리스』에 나오는 여왕 레드퀸은 앨리스가 아무리 빨리 달려도 제자리에 머물자, "이곳에서 제자리에 머물려면 최선을 다해 뛰어야 하며 어디든 가고 싶으면 2배는 빨리 뛰어야 한다"라고 충고한다. 2010년대의 직장인은 제자리에만 머무르려고 해도 상당한 노력이 필요할 것이다.

세상에 변화를 좋아하는 사람은 기저귀가 축축해진 아기뿐이라는 이스라엘 격언이 있다. 그만큼 사람들은 본능적으로 변화를 싫어

한다. 어른 중에서 변화를 좋아하는 사람이 있다면 첨단 신제품을 남보다 앞서 구입하는 얼리어답터early adopter 정도가 아닐까? 그러나 어른이 변화를 싫어한다는 것도 어떻게 보면 고정관념이 아닐까 싶다. 사실 우리 마음속에는 새로운 것에 대한 동경이 있으며, 비일상적 체험에도 많은 여가비를 쓴다. 다만 새로운 것에 대한 동경과 변화를 타인(조직)이나 환경에 의해 강요될 때 거부하는 것일 뿐이다. 사람들이 변화를 거부하는 이유에 대해 경영 혁신 팀장들은 익숙한 것과의 결별을 두려워하기 때문이라고 말한다. 우리 인생에서 가장 큰 익숙함과의 결별은 죽음, 이혼, 해고라고 하지만 기업에서 추진하는 변화와 혁신 역시 기존의 익숙한 업무 프로세스와의 결별이다. 그래서일까? 조직에서는 변화에 대한 거부층이 항상 일정 비율로 존재한다. 즉, 새로운 것을 톱다운top-down식으로 추진할 때, 어떤 조직이든 18~20퍼센트의 반발하는 세력이 있다고 한다. 설사 반발 세력이 제거되어도 나머지 인력의 20퍼센트 정도는 여전히 새로운 반발세력으로 유지된다.

CEO나 경영 혁신 전도사들은 직원들에게 변화와 혁신을 강조할 때 '뼈를 깎는 아픔'이라는 말을 종종 언급한다. 그러나 솔개(70세까지 장수하는 조류)의 자기 혁신 사례를 보면 정말 대단하다. 솔개는 40대에 접어들어, 반년가량 뼈를 깎는 변화와 혁신을 단행한다. 먼저 부리를 바위에 쪼아 기존의 부리가 빠지고 새 부리가 돋도록 한다. 그리고 새로 돋아난 부리로 낡은 발톱을 뽑아 새 발톱을 돋게 한 다음, 새 발톱으로 무거워진 깃털을 뽑아 새 깃털이 나게 한다. 이와 유사하게 우리 인간도 40대 들어 혁신하는 사람이 많다. 나이 들면서 많이 하는 임플란트, 가발, 주름 제거, 보청기 말이다. 다만 차이가 있다면 솔개는 자신이 알을 깨면서 나오는 병아리인 반면, 인간은 남이 깨주는 달걀 프라이처럼 돈을 주고 남을 통해 혁신한다. 솔개뿐만 아니라 현대 도시들 중에서도 엄청난 화재 후 성공적인 도시로 거듭난 곳이 많다. 시카고나 샌프란시스코, 런던은 대형 화재로 모든 것이 잿더미로 변한 후에야 현대적 개념의 도시로 탈바꿈하였다. 일반 제트기도 초음속으로 넘어가려면 엔진의 힘만 강해서는 안 되며 소재, 부품 등 비행기의 모든 부분이 바뀌어야 한다.

마케팅학계의 대부大父인 필립 코틀러에 따르면, 세상에는 세 종류의 기업이 존재한다. 일을 꾸미는 기업, 일이 벌어지는 것을 지켜보는 기업, 무슨 일이 있었나 의아해하는 기업이 그것이다. 일을 꾸미는 혁신 기업들이 나머지 기업들에게서 빼앗아 가는 자산들을 보면 대체로 순서화되어 있다. 제일 먼저 고객과 시장을, 다음으로 경쟁 회사의 우수 인재를, 그리고 마지막으로 M&A를 통해 나머지 기업들의 유형 자산을 빼앗아 간다. 이어령 전 문화부 장관도 비슷한 얘기를 했다. 비행기 착륙 직전, 기내 압력의 변화로 고막이 아파지면 승객들은 세 종류의 인간으로 구분된다. 첫 번째 그룹은 으레 그러는 것으로 알고 그 상황에 순응하는 사람들, 두 번째 그룹은 두리번거리면서 사람들이 어떻게 하나 관찰하고 귀를 막거나 입을 벌리는 것을 모방하는 사람들, 세 번째 그룹은 아주 소수지만 '도대체 첨단의 비행기 제작 기술을 갖고도 이착륙할 때마다 승객들이 괴로워하는 단순한 귀 문제 하나 해결하지 못하다니' 하고 분노하는 사람들. 결국 인간보다 기계에 더 관심을 가진 항공 기술자의 의식에 분노를 느끼는 세 번째 부류의 사람들이 문제 해결을 위한 창조적 자세를 견지하는 층이다.

이처럼 사회가 발전하는 이유는 누군가가 새로움을 열망하고 익숙한 것을 불편하게 여기기 때문이다. 2010년대에도 익숙함에 편안함을 느끼면 그것은 죽음을 의미하는 것이나 다름없다. 변화에 둔감해도 되는 유일한 산업은 독점 산업밖에 없다. 사실 대기업에서도 새로운 아이디어는 많이 나오지만, 문제는 결국 기존 아이디어를 버리지 못하는 습성이다. 새로운 아이디어가 나올 때 많이 듣는 "예전에 해봤다", "우리 업계는 다르다"라는 말들은 무능한 이들이 자주 내놓는 마지막 변명이다. 이처럼 대안 없는 비판들은 혁신의 열정을 멍들게 한다. 창조의 도시라 불리는 뉴욕에는 2천여 개의 동상이 있지만 비평가를 기리는 동상은 없다. 대안 없는 비판은 혁신을 방해한다는 것이다. 21세기의 문맹은 읽지 못하거나 쓰지 못하는 사람이 아니다. 낡은 지식의 테두리 안에서 새로운 시도를 하는 사람들의 열정을 멍들게 하는 사람이다. 뉴욕에 버금가는 창조의 도시가 우리나라에도 보인다. 초기 10년간 누적 관람객 1500만 명, 2천억 원의 경제 효과에 빛나는 함평 나비 축제를 이끈 이석형 군수의 이야기가 인상 깊다. 그가 부임 초기 혁신을 추진하면서 느낀 가장 어려웠던 장애물은 아이디어 부재가 아니었다. 군청 직원들이 입에 달고 사는 "어차피 시골에선 뭘 해도 안 돼"라는 부정적 사고방식이었다. 그래서 부임 초기, 이 군수는 자치 단체로서 살아남을 먹거리 발굴보다는 언어를 바꾸는 데 주력했다. 걱정보다 인정을, 부정보다 긍정의 언어를 사용하도록 유도했으며, 안 되는 이유를 찾는 데 시간을 낭비하지 않고 되는 방법을 찾는 데 주력하였다.

사실 많은 기업에서 혁신이 실패하는 배경을 보면 크게 두 가지로 구분된다. 시스템 없는 열정이거나 열정 없는 시스템. 대기업에 몸담아 온 저자의 경험으로는 열정 없는 시스템을 더 많이 보아 왔다. 함평군의 이석형 군수도 혁신을 위한 사전 작업으로서 시스템에 앞서 열정을 구축한 것이다.

오른쪽 글상자에서 제시된 삼성과 GE의 사례를 종합해 보면 기업이 클수록 창조적 혁신이 어려워진다는 현실을 느끼게 한다. 예전에 세계적인 경영 컨설턴트 톰 피터스가 한국에 온 적이 있었다. 강연 자리에서 한 청중이 중소기업 창업에 대한 조언을 구하자, 그는 이렇게 답변했다. "대기업을 하나 사서 그냥 기다려라." 혁신 없는 대기업은 시간이 지나면 대기업병에 걸려 자연스레 중소기업이 된다는 의미일 것이다. 안드로이드를 만든 앤디 루빈이 구글보다 삼성을 먼저 찾아갔을 때도 삼성의 한 임원은 "우리는 그 분야에 2천 명이 일하고 있는데, 당신 회사는 8명뿐이군"이라며 돌려보냈다고 한다.

앞으로는 빠른 기업이 느린 기업을 잡아먹는 정도를 넘어, 빠른 기업이 큰 기업을 잡아먹는 상황도 많이 나타날 것이다. 이제는 고객의 변화를 제때 감지하지 못하면 성장이 어려운 것이 아니라 생존이 불가능할 정도다. 예전에는 고객을 이해하는 수준이면 충분했으나 이제는 고객이 얘기하지 않는 요구needs, 산업재의 경우 고객사의 업무 프로세스 및 고객사의 최종 고객의 욕구도 센싱해야 한다. 센싱이란 감각 기관을 열어 놓고 실시간 감지하는 것을 의미한다. 독일의 필름 업체 아그파는 창립 140주년인 2005년에 도산했는데, 아이러니하게도 바로 전년도인 2004년은 그 회사 역사상 가장 매출이 많았던 해였다. 고객의 생활환경이 디지털로 향하는데도 불구하고 여전히 아날로그 마인드를 버리지 않고 안일한 태도를 견지했던 것이다.

회사 내부의 변화 속도가 외부의 변화 속도에 추월당하면 끝이 가까워진 것이다. 지금까지는 기회와 위기라는 환경의 모습을 상반된 것으로 간주해 왔다. 그러나 환경의 복잡성과 불확실성이 더욱 고조되는 2010년대에는 기회 속에 위기 요소가 내포되거나, 위기 속에 기회 요소가 공존하는 동전의 앞뒷면의 관계로 변화되고 있다. 마치 쇼트트랙에서 선두가 뒤바뀌는 순간은 대부분 직선 주로보다는 곡선 주로(위기)인 것처럼. 선두를 제외한 나머지 주자들 입장에서는 위기가 거의 유일한 기회인 셈이다. 최근에도 위기를 기회로 전환시킨 역발상 성공 사례들이 얼마나 많은가? 불어오는 바람을 마주보고 맞으면 역풍이 되지만 뒤로 돌아서서 맞으면 순풍이 되는 것이다. 하긴 배를 어디로 저어야 할지 모르는 사람에게는 그 어떤 바람도 순풍이 될 수 없겠지만.

조직 생활이 아닌 개인의 삶에서도 변화와 혁신은 진지하게 검토해야 할 문제다. 특히 삶의 속도를 늦추기 위해서는 생활 주변에 부단히 변화를 조성할 필요가 있다. 우리는 왜 나이가 들수록 시간이 빨리 가는 것처럼 느껴질까? 인생에서 어느 시절의 기억이 가장 또렷하냐고 물으면 대부분 학창 시절을 말한다. 노인들도 어릴 때의 기억은 생생하게 얘기한다. 가슴 설레는 기억이 많은 젊을 때의 시간은 천천히 흐른다. 대부분 처음 접하는 경험들이었기 때문이다. 그러나 다람쥐 쳇바퀴 돌듯 매일매일 틀에 박힌 일상을 살아가면서 시간은 빠르게 흘러간다. 그래서 나이가 들수록 새롭게 기억할 만한 일들을 벌일 필요가 있다. 변화를 수용하는 정도가 아니라 변화를 일으켜야 한다. 서점에 가서도 베스트셀러 코너만 맴돌지 말고 색다른 코너도 둘러보고, 평소 안 보던 케이블 채널도 보는 습관을 기르자. 이제 일요일 밤마다 잠자리에 들면서 생각해 보라. 이번 주말은 새롭게 기억할 만한 일들이 얼마나 있었는지. 처음 경험한 일이 많이 떠오를수록 시간은 조금씩 더디게 갈 것이다.

현실에 안주하지 말자. 사다리란 그 위에서 편히 쉬라고 만든 게 아니라, 한쪽 발이 버틸 동안 다른 쪽 발로 더 높이 올라가라고 만든 발판이다. 또한 정박한 배는 안전하지만 존재 가치가 없으며, 죽은 고기들만이 물결을 따라 움직인다. 노숙자로의 전락은 순식간이지만 노숙자에서 정상적인 생활로 돌아가기는 매우 어렵다. 노숙이라는 편안한 현실에 자신도 모르게 적응하기 때문이다. 노숙자가 되면 노숙이 몸에 익숙해져서 홀가분하고 편해진다. 그러나 아무 데서나 눈치 안 보고 누워도 되고, 구걸이 거리낌 없이 받아들여지는 순간, 정상 생활로의 복귀는 멀어진다.

고양이의 몸 오른쪽에 테이프를 붙여 보라. 오른쪽으로 기우뚱한 채 게처럼 옆으로만 걷는다. 종이처럼 가벼운 테이프가 마치 무거운 짐이 되는 양. 저자는 직장 생활을 하면서 능력도 있고 엄청난 노력을 하는데 별로 빛을 보지 못하는 사람들을 많이 보아 왔다. 그들의 공통점 중 하나는 자기도 모르게 스스로에게 부정적 암시를 걸고 있다는 사실이다. '~는 안 돼', '~ 때문에 어려워', '남들도 해봤다는데' 등의 부정적인 암시. 이런 의식이 무조건 나쁜 것은 아니지만, 문제는 사고방식으로 굳어지면서 자기 암시로 작동한다는 점이다.

마지막으로 이러한 익숙한 습관을 떨쳐 버리는 데 도움이 될 사례를 소개하면서 '혁신'편을 마치고자 한다. 가수에서 사업가로 자수성

가한 한 청년의 사례다. 29년간 길들인 습관을 완전히 바꾸기로 한 그는 하강 곡선을 그리던 육체적 능력을 정신력과 노력으로 극복하겠다고 결심했다. 그 일환으로 왼손을 자유자재로 쓰는 사람으로 변화하기로 다짐하고 농구장에서 왼손 레이업슛을 자유자재로 성공시키는 경지까지, 6개월 동안 왼손과 왼발만 사용했다. 물론 왼손으로 양치질하다가 잇몸이 상하고 왼발로 운전하다 사고도 낼 뻔했지만 결국 완벽하게 이뤄 냈다. 가수로 출발하여 엔터테인먼트 사업가로 성공한 박진영의 얘기다. 왼손과 왼발이 창의적인 활동을 관장하는 우뇌와 연결된다고 한다. 아마 이러한 혁신적인 노력은 엔터테인먼트에서 요구되는 창의적인 역량에도 도움이 되지 않았나 싶다.

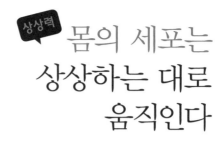

몸의 세포는 상상하는 대로 움직인다

영하 수십 도의 티베트 고산 지대에서
맨살의 승려들이 견디는 비결은?
명상에 들어간 승려들이 자신의 피부 온도를
마음대로 올리기 때문이다.

●●● "창의력이란 단순히 사물들을 연결하는 것이다. 창의력 있는 사람들에게 그 일을 어떻게 했느냐고 물어보면 그들은 죄책감을 느낀다. 왜냐하면 그들은 정말로는 그것을 하지 않았고, 다만 무엇인가를 봤을 뿐이라고 느끼기 때문이다."

얼마 전에 작고한 스티브 잡스의 얘기다.

기존에 있는 다양한 것들을 활용한다는 것은 이들을 재료로 하여 상상력을 입히라는 것이다. 이건희 회장은 일찍이 상상력과 관련하여 다음과 같은 이야기를 했다. 마차를 잘 만드는 인재보다 마차에서 자동차를 꿈꾸는 인재가 우선이라고. 유감스럽게도 그는 자동차 사업을 꿈꾸었으나 IMF 경제 위기 때 사업을 접었다.

다행히 최근 들어 다양한 분야에서 상상력이 이용되고 있다. 상상력은 미래를 예측하는 애널리스트, 경제학자, 경영 분석가, 미래학자 등에게도 매우 중요한 역량으로 대두되고 있다. 지금이 어떤 시대인가? 다음 주에 일어날 일이 아닌 오늘 오후의 일도 예측하기 어렵다. 출근길에 보는 신문과 퇴근길에 보는 신문의 기사조차 중복되는 내용이 별로 없을 정도다. 과거에는 예상치도 못했던 검은 백조black swan가 실제로 나타나고 있다. 따라서 미래에 일어날 일을 예측하기보다는 '이미 일어난 미래'를 활용해야 한다. 미래는 이미 현재의 어딘가에 존재한다. 따라서 지금 벌어지는 사건의 단초에 상상력을 동원하여 미래를 미리 내다볼 줄 알아야 한다. 그러나 대부분의 사람들은 현실 속의 미래를 아무 생각 없이 보아 넘긴다.

구성원들에게 비전을 제시하고 공유하는 리더 역시 상상력이 필요하다. 성공적인 리더들은 상상력을 동원하여 비전을 최대한 구체적으로 형상화한다. 그래야 구성원들도 공감대를 형성하여 함께 따라갈 수 있다. 경영자들이 조찬 세미나에서 인문학, 예술, 문화 등을 학습하는 것도, 첫째는 상상력을 키우기 위한 것이고, 둘째는 고객을 소비자이기 이전에 인간으로서 깊이 이해하기 위한 것이다. 왜냐하면 최근의 소비자는 상품의 기능뿐만 아니라 꿈과 상상력을 자극하는, 이야기가 담긴 제품을 선호하기 때문이다. 이러한 관점에서 많은 기업들은 제품에 스토리를 입히는 이른바 스토리텔링이라는 감성 마케팅을 추구한다. 이렇게 제품에 상상력을 자극하면 고객들 사이에서 자발적인 구전 효과도 기대할 수 있다. 요즘 사람들은 달걀조차 '푸른 목장에서 방목한 닭이 낳은 달걀', '해초를 먹고 큰 닭이 낳은 달걀'이라는 브랜드 달걀에 웃돈을 주고 산다. 왜? 달걀 프라이를 자녀에게 해주면서도 할 얘기가 있고, 스스로 계란을 먹으면서 심리적 만족을 취할 수 있으니까. 특히 달걀과 같이 제품을 차별화하기 어려운 상품들에서 이러한 스토리텔링 마케팅이 많이 이용되고 있다. 앞으로 우리를 매혹시키는 것은 품질이나 가격보다는 제품이 담고 있는 이야기와 꿈이 될 것이다. 그래서 포스트 인터넷 시대로서 드림 소사이어티Dream Society 사회라는 시대적 화두도 나오고 있다.

사실 지금은 경부 고속도로를 경쟁자보다 빨리 달리는 효율 중심의 경쟁 시대가 아니다. 서울에서 부산까지 가면서 주변 경관의 가치도 제공해 주는 다양한 국도와 갓길을 발굴하면서 가야 한다. 어느 여행 전문가가 쓴 책의 제목처럼 지도 밖으로 행군해야 한다. 내비게이션도 빠른 길만 알려 주는 데서 그치지 않고, 주변 관광지나 맛집의 요리 메뉴까지 알려 주지 않는가?

우리 학부모들은 자식의 직업으로 5가지(교수, 의사, 판사, 검사, 치과의사)만 생각한다는 얘기도 들린다. 의사 이외에 치과의사가 별도로 언급되는 것을 보면 의사 중에서도 평소 가장 많이 접하는 치과의사가 학부모들에겐 선망의 대상인 것 같다. 그러나 지금의 청소년이 사회에 진출할 때쯤이면 다양하고 새로운 직업을 직접 만들어서 성공하는 가치 창출의 시대가 될 것이다. 즉, 구직求職이 아닌 창직創職의 시대다. 이미 그러한 모습들이 조금씩 보인다. 현실에 안주하지 말고 무모한 도전을 두려워 말라Stay hungry. Stay Foolish던 스티브 잡스, 비록 그는 죽었지만 한국의 젊은 층에게 '잡스 증후군'을 남겼다. 안정된 대기업을 뛰쳐나와 어리석고 배고픈 길을 택한 젊은 직장인, 명문 대학을 소신 있게 자퇴하는 젊은이들이 조금씩 늘고 있는 현상들 말이다.

'꿈을 현실로Dreams come true'라는 말이 있지만 꿈을 실현하기 위해서는 구체적인 노력뿐만 아니라 중도에 포기하지 않도록 힘을 실어

주는 생생한 목표와 비전이 전제되어야 된다. 실현 가능성 = 생생함 vivid × 꿈dream 이라는 산술식이 생각난다. 꿈은 원대하되 생생하게 그리라는 것이다. 나는 보험 회사에 근무하면서 많은 설계사들을 접해 보았다. 어떤 억대 연봉의 설계사는 고객에게 거절당하며 포기하고 싶은 마음이 들 때마다, 판교에 있는 아파트 단지에 가서 새로운 각오를 다진다고 했다. 설계사로 돈을 벌어 6년 후, 이곳에서 자녀들과 생활하는 모습을 생생하게 영상화하면서 힘을 얻는 것이다. 스필버그의 경우에는 먼 훗날 아카데미 시상식에서 감독상을 탄 후 감사 멘트를 하는 자신의 모습을, 어린 시절 틈날 때마다 간절하게 상상했다.

선박왕 오나시스도 경제적으로 어려웠던 젊은 시절, 일주일 동안 일해서 번 돈을 몽땅 투자해 부자들이 가는 레스토랑에 가곤 했다. 그리고 부자들을 곰곰이 관찰하면서 그 영상을 마음속 깊이 심어 두었다.

미드(미국 드라마)는 긴장, 일드(일본 드라마)는 과장, 한드(한국 드라마)는 막장이라고 한다. 사실 나는 우리나라 드라마에 불만이 많다. 처음 방영되는 1~2회만 보면 앞으로의 스토리가 대충 그려지기 때문이다. 대부분 출생의 비밀과 유전자 검사가 약방의 감초처럼 등장하여 우리의 상상력을 저해한다. 이는 시청자의 상상력을 앗아 가고 자극과 재미만으로 시청률을 잡겠다는 의도나 다름없다. 이러한 우연의 연속이 작가와 연출자의 상상력의 빈곤에서 비롯된다고 보는 사람들도 많은 것 같다. 사실 드라마는 시청자들 스스로 다양한 각도에서 상상하게 만들어야지, 구체화하여 획일적으로 전달해서는 안 된다. 한때 나를 폐인으로 만들었던 「프리즌 브레이크」, 「로스트」라는 미국 드라마는 바로 다음 편이 어떻게 전개될지 도무지 감이 안 잡힌다. 한마디로 중독될 수밖에 없다.

한편 베트남전에서 포로로 잡혀 7년간이나 좁디좁은 독방에서 지낸 지낸 어떤 군인은 그 기나긴 시간을 상상력으로 버텼다. 그는 미쳐 버리거나, 상상의 날개를 펴는 두 가지 방법 중 후자를 선택하여 매일 마음속에서 골프를 쳤다. 마음속으로 대충 생각만 한 것이 아니라 생생하게 상상했다. 참전하기 전에 이용했던 동네 골프장까지 운전하여 도착하는 과정, 그린의 잔디 냄새며 다람쥐 소리, 골프복의 촉감까지 떠올리며 매일 18홀을 돌았다. 놀랍게도 자유의 몸이 되어 귀국한 뒤 실제로 쳐보니 7년 전 90타에서 10타를 줄인 80타가 나왔다. '항상 긍정적으로 보라Look on the bright side'라는 말이 괜히 있는 게 아니다. 과학적이라는 얘기다.

우리의 뇌는 상상과 현실을 제대로 구분하지 못해 뭔가를 하겠다고 생각하면 관련 부위의 세포가 생각하는 방향으로 움직인다. 유도심상법guided imagery이라는 이러한 현상은 최근 활성화되고 있는 뇌 연구에서 많이 검증되고 있다. 더구나 생각 없이 뱉은 말도 뇌는 기억하고 행동으로 옮긴다고 하니, 부자가 되려면 평소의 언어 습관도 중요하다. "벤츠 타는 놈들, 골프 치는 놈들" 하고 욕하는 사람은 나중에 절대로 벤츠 타고 골프 치러 갈 수 없다. 이처럼 생각은 말의 축적을 통해 행동으로 나타난다. 결국 무슨 생각을 하느냐가 무슨 말을 하는 것만큼이나 중요하다. 성공하기 위해서는 좋은 생각을 하고 늘 그것을 말로 표현해야 한다.

어느 기사에 나온 얘기다. 어떤 사람이 서울대와 외고에 입학한 두 자녀를 둔 부모의 휴대폰 바탕 화면을 보았는데, 거기에는 '서울대 딸, 외고 아들'이라고 씌어 있었다. 그 사람은 그 부모가 자식 자랑하려고 바탕 화면을 그렇게 장식한 걸로 착각하여 그 부모에게 물어봤다.

"뭘 휴대폰에까지 그런 걸 써 가지고 다니세요?"

그런데 그 바탕 화면은 좋은 학교에 입학한 후에 만든 것이 아니었다.

"사실 자식들이 서울대와 외고에 들어갔으면 하는 바람이 강했지만 실력이 많이 부족했어요. 소망이 있으면 그걸 휴대폰에 입력해서 다니라는 얘기를 듣고 그렇게 한 겁니다. 1년 전 일인데 정말 이루어졌어요."

이처럼 시각적 상상이 뇌를 실제처럼 활성화한다는 과학적인 연구 결과는 매우 많다. 일전에 어느 TV 프로그램에서 올림픽에 출전한 선수의 몸에 측정 장비를 부착하고 마음속으로 뛰게 하였더니, 놀랍게도 실제 달리기할 때와 마찬가지로 근육이 활성화되는 것을 보았다. 운동장에서 뛰는 모습을 마음속에 떠올리는 것만으로 훈련이 되는데, 이는 뇌가 실제와 생각을 구별하지 못하기 때문이다. 결국 시각화 훈련으로 우리는 원하는 많은 것들을 체험할 수 있다는 얘기다.

그렇다면 이러한 시각적 상상력을 기업에도 적용할 수 있지 않을까? 즉, 직원에게 적당한 여유 시간과 상상의 공간을 조성해 준다면 어떨까? 바쁘고 힘들 때, 일상에서 탈출하고 싶을 때, 가끔은 눈 감고 평안을 누릴 수 있는 곳을 상상해 보라. 그런데 상상은 경험에 의해 제약을 받는다. 눈을 한 번도 본 적 없는 아프리카 원주민에게 눈 내리는 풍경을 상상해 보라고 한다면 그들은 서늘한 기분을 느끼지 못할 것이다. 그러나 현대와 같이 시각적·청각적 자극이 미디어를 통해 쏟아져 나오는 사회에서는 원본 없이도 머릿속에 감각을 복제할 수 있다. 다양한 경험자가 상상력도 풍부하겠지만, 간접적인 경험도 상상력으로 만회할 수 있는 시대다. 고장 난 냉동 창고에 갇혀 얼어 죽은 사람이 있는 것처럼, 신체는 의식의 지배를 받는다. 죽을 정도의 저온이 아닌데도 쉽게 절망한 나머지, 추위를 상상하며 죽어 간 것이다. 마찬가지로 평소에 의식적으로 여전히 젊다고 생각하면 노화를 지체시킬 수도 있다. 마음 훈련을 통해 뇌와 몸을 바꿀 수 있는 예는 수없이 많으며 프라시보 효과도 그 한 예다. 치료에 별 효과 없는 약을 투입하면서도 낫는다는 확신만 심어 주면 치유가 된다는 효과 말이다. 미국의 저명한 의학 잡지 『뉴잉글랜드 저널 오브 메디신 New England Journal of Medicine』에 따르면, 병원을 찾는 환자의 75퍼센트는 사실 특정 처방 없이도 스스로 나을 수 있는 환자라고 한다. 이들은 병이 나을 수 있다는 의사의 확인만 있어도 스스로 치료가 가능한 사람들이다. 그래서 상상 임신도 실제로 있는 모양이다.

생활 속에서 꾸는 꿈뿐만 아니라 잠자며 꾸는 꿈도 창의력의 기반이다. 꿈은 무의식적인 충동이 이성의 지배를 벗어나 자유롭게 활동하는 심리 상태다. 즉, 인간은 의식이 지배하는 현실과, 본능과 직관이 지배하는 무의식을 넘나드는 모순적 존재라는 것이다. 이러한 무의식의 영역은 의식보다 훨씬 넓으며, 창의력의 원천인 직관, 육감, 영감의 원천이 된다. 여러분도 느끼겠지만 꿈속에서는 자동차가 날아다니고 천장에 주차하는 등 말이 안 되는 상황들이 자연스럽게 벌어진다. 그러나 이러한 터무니없는 현상들을 꿈으로 끝내지 말고 현실 속에 적용해 보면 어떨까? 가령 넓은 백화점 주차장의 천장에다 IT 기술을 통해 주차 정보를 나타내면 넓은 주차장을 빙빙 도는 불편함을 없앨 수 있지 않을까? 실제로 내가 아는 어떤 경영자들은 꿈에서 영감을 얻는다고 한다. 자기 전에 현안 과제를 10분 정도 골똘히 생각하면서 꿈에서 그 과제가 다양한 모습으로 나타나길 기대해 보자. 그리고 머리맡에는 메모지와 필기구를 놓아 두자. 꿈에서 깨자마자 꿈의 내용이 머릿속에서 날아가기 전에 메모하기 위해서다. 굳이 자기 전에 골칫거리를 생각하고 싶지 않다면 잠들기 전 30분 정도의 독서를 습관화하는 것도 좋다. 서양 영화에 침실 머리맡에 책이 많이 보이는 것도 이런 이유 때문이다.

사실 한국이 지금까지는 세계 최고 수준의 인터넷 강국이자 휴대전화 생산국이지만, 2010년대에도 그대로 유지할 수 있을지는 장담할 수 없다. 진정한 인터넷 강국이 되기 위해서는 네트워크, 하드웨어(콘테이너)보다 네트워크에 담겨 흐르는 콘텐츠가 더욱 중요하기 때문이다. 그 콘텐츠에는 문화와 상상력이 뒷받침되어야 한다. 사실 미국은 하드웨어에서는 뒤졌지만 수많은 스토리와 동영상 콘텐츠(유튜브), 할리우드 영화 등으로 무장한 문화 콘텐츠 때문에 여전히 향후 IT 시대에도 주목받고 있다.

『딜리셔스 샌드위치』의 저자 유병률 한국일보 기자에 따르면, 세계 최고의 창조 도시는 뉴욕 시 맨해튼 구(區)로 정의된다. 우리에게는 월스트리트, 브로드웨이, 센트럴파크라는 '욕망과 여유'로 각인되어 있는 뉴욕, 그러나 그 빌딩 숲에서는 쥐가 우글거리고 온갖 자동차 경적 소리, 공사 소리가 끊이지 않으며, 구걸하는 노숙자들의 모습을 쉽게 볼 수 있다. 그럼에도 뉴요커의 라이프스타일과 맨해튼의 상상력을 체험하기 위해, 세계 각지의 수많은 사람들이 동네 공원은 안 가도 센트럴파크는 꼭 가봐야 한다고 생각한다. 해리가 샐리를 만난 곳도, 「섹스 앤 더 시티」에서 주인공들이 마차를 타고 사랑을 나눈 곳도, 「러브 스토리」의 주인공이 눈밭에서 뒹군 곳도 센트럴파크이기 때문이다.

이렇게 상상력이 중요해지고 있지만, 주입식 교육을 받은 우리는 막상 상상력을 동원하는 데에 한계를 느낀다. 하지만 우리는 꿈속에서뿐만 아니라 평소에 이러저러한 상황에서 틈틈이 상상력을 활용하고 있다. 우리의 뇌는 특정한 하나의 현상에만 주의를 집중하기 어려운 구조로 되어 있다. 운전 중에 핸즈프리에 장착된 휴대 전화로 통화하거나 라디오에 귀를 기울이는 것 역시 내비게이션을 보는 것만큼이나 위험하다고 한다. 그 이유는 휴대 전화 상의 상대방이나 라디오에서 흘러나오는 얘기를 자신도 모르게 상상해 주의력이 흩어지기 때문이다. 또한 영어 회화를 잘하는 사람들도 상상력을 활용한다. 이를테면 grape라는 단어를 보는 순간 많은 사람들은 공들여 포도라는 한글을 떠올리지만, 실시간 끊어짐이 없는 회화를 하려면 포도 그림이 바로 연상되어야 한다. 즉, 중간 단계인 텍스트로의 번역이 불필요한 수준이 되어야 한다.

다음의 왼쪽 그림을 보라. 그냥 언뜻 보면 결혼한 40대 직장인으로 보일 뿐이다. 그러나 상상력(연상력)이 풍부한 오디오 상품 기획자가 보면 이렇게 상상의 나래를 확장할 수 있지 않을까?

"바쁘게 사는 직장인, 아이와 놀러왔다가 지친 아빠일 것 같은데, 만약 이 사람이 오디오 애호가라면? 아이가 잠든 밤에 아이를 깨우지 않고 음악을 감상할 수 있는 작은 음량에 최적화된 고급 오디오 같은 제품은 어떨까?"

이런 아이디어가 고객 조사를 통해 고객에게서 도출될 수 있을까?

아마 상상력을 동반한 관찰력으로 가능한 얘기일 것이다. 더 정확하게 말하면 관찰력에 통찰력을 얻어야 한다. 상상력은 고객에게도 요구할 수 있다. 오른쪽 그림은 고객의 상상을 자극하는 미국의 속옷 광고다. 무슨 광고일까? 정작 중요한 것은 보이지 않는다는 힌트밖에 줄 수 없지만 정답은 브래지어 광고다. 브래지어의 판매 포인트selling point 중 하나는 가슴을 받쳐 주는 보정력이다. 말로 직접 표현하기보다는 (브래지어의 보정력 때문에) 치마가 올라가서 팬티가 보일 정도라는 사진만으로 충분하다는 것이다.

그러면 방법론적으로 접근해 보자. 상상을 한다는 것은 구체적으로 어떤 행위를 하는 것일까? 실제로 상상을 하는 것은 연상聯想과 유추類推를 하는 과정이다.

유추는 사물 A와 사물 B 간에 유사한 속성 c가 있음을 바탕으로 하여 속성 d도 유사할 것이라고 미루어 짐작하는 것이다. 이를테면 늘 일등을 하는(속성 d) 경민(A)은 공부 시간에 항상 수업을 열심히 듣는다(속성 c). 그런데 새로 전학 온 재우(B)도 경민처럼 수업을 열심히 듣는다(속성 c). 그렇다면 재우도 경민처럼 공부를 잘할 것(속성 d)이라는 식의 유추가 가능한 것이다.

이에 비해 연상은 A와 연관지어 B를 떠올리는 것이다. 이때 떠올리는 매개체로서 두 사물의 공통점을 바탕으로 할 수도 있지만, 공통점이 없어도 자유롭게 떠올릴 수 있다. 즉, 어떤 익숙한 사물(현상) A를 보면서 A에 내재된 속성 a를 갖고 있는 다른 사물(현상) B를 떠올리거나, 공통된 속성 a가 없어도 개인의 주관적인 감성에 의해 B를 떠올리는 것이다.

비즈니스 상황에 적용하여 연상의 예를 살펴보자. 신제품이나 아이디어를 고민하고 있다고 가정하자. 현안 과제나 기존 제품을 A라고 하면 A에 국한하여 고민하지 말고 다른 분야로 상상의 나래를 펴야 한다. (물론 혁신은 A에서 출발하여 A를 파괴하는 것이지만) 이때 연상은 A가 보유한 속성(a)을 띠고 있는 엉뚱한 분야의 B를 상상하는 것이다. 그리고 떠올린 B의 다른 속성들을 A에 적용시켜 새로운 A의 모습을 도출함으로써 신제품 A*를 발굴하는 것이다.

유추의 비즈니스 사례를 보자. 여러분은 비가 범람할 때 중요한 역할을 하는 댐의 개념을 맨 처음 창안한 사람이 레오나르도 다빈치라는 사실을 아는가? 그는 베네치아 강이 범람하는 것을 보고 고민하던 중, 자연스럽게 흘러가는 흐름이라는 속성(c)에 있어, 강(A)과 우리 몸의 혈류(B)가 유사함을 인식한 후, 두 사물의 다른 속성(d)도 유사할 수 있음을 미루어 짐작했다. 그것은 혈류의 판막이라는 자동조절 시스템이었다. 범람하는 베네치아 강에 혈류의 판막 개념을 도입한 것이 바로 오늘날의 댐이다.

새롭게 비교되는 대상인 B에 초점을 맞춰서 두 개념을 비교해 보

자. 연상은 우리가 공들여서 B를 상상해야 하지만, 유추에서의 B는 우연한 상황에서 접한 것이다. 그러나 B의 속성 b를 A(현안 이슈나 기존 제품)에 적용하여 신제품 A*를 발굴하는 후반부의 작업은 연상이나 유추나 서로 같다고 볼 수 있다.

연상력과 유추력을 배양하기 위해서는 평소에 무엇을 해야 할까? 첫째, 상상하는 습관을 길러야 한다. 이를테면 출퇴근길의 전철 안에서 아무 생각 없이 맞은편 사람을 바라보지 말고, 상상의 나래를 펴보자. 옷차림과 생김새와 표정을 보면서 그 사람의 캐릭터를 연상해 보는 것이다. 연상된 그 사람의 캐릭터를 나와 연관 지어 가상의 시나리오나 스토리를 만들어 볼 수도 있다. 실제로 상상하는 습관은 뇌를 젊게 만들어 준다는 연구 결과도 있다. 둘째, 직유와 은유를 많이 사용하는 시와 소설, 미술 작품, 음악회 등을 많이 접해야 한다. 직유와 은유는 서로 이질적인 요소끼리 과감히 연결하는 능력이다. 창의력을 요하는 지금의 시대에 인문학이 각광받는 것 역시 이러한 배경이 자리 잡고 있다. 사실 자기 계발서나 비즈니스 서적에 비해, 시집은 실생활에 직접적인 도움이 되지 않는다는 인식이 있는 것이 사실이다. 많은 사람들은 연주회 티켓을 얻어야 한 번쯤 음악회에 참석하고, 커다란 빌딩 현수막에 걸려 있는 시 한 수를 모처럼 읽을 뿐이다. 물론 시를 읽는다고 바로 돈이 나오지는 않지만, 그보다 더 중요한 영감, 창의성, 감성을 일깨울 수 있다.

세계적인 리더 중에는 시를 즐겨 읽는 사람이 많다. 빌 게이츠, 사막의 창조 도시인 두바이를 건설한 셰이크 모하메드, 나이키 창업자 필 나이트 등. 애플의 스티브 잡스는 아이디어가 막힐 때마다 영국 낭만주의 시인의 시집을 보았다. 흔히 애플의 경쟁력의 원천은 디자인이라고 하지만, 더 본질적인 기반은 인문학인 것이다. 은유와 직유가 만연한 시에 심취하면 평소 다른 경계에 있던 상이한 개념들과 자연스럽게 만난다. 바위같이 무겁다, 바다같이 깊다, 비처럼 흐른다 등 수많은 말들이 직유를 활용하

는바, 직유는 유사점을 찾아내는 게 일차 목표다. 반면에 은유는 한 개념을 설명하거나 전달할 때, 무언가 다른 것에 비교해서 설명하는 것이다. 직유에 비해서는 비교되는 두 대상이 닮은 점이 거의 없을 뿐이다. 은유는 상징이기에 일상적인 말이나 직설적인 표현보다 훨씬 빠르고 효과적으로 감정의 강도를 높여 준다. 타인의 생각과 행동을 바꾸는 파급력을 갖고 있는 은유, 이 상징 화법을 특히 리더들은 많이 활용해야 한다. 사업이 어려울 때, '추락'이라는 직설적 표현 대신, 우리는 지금 어둠 속에서 '항해'하고 있다는 은유조의 표현을 쓰는 리더처럼 말이다.

최근 서울대에서 융합과학 기술을 책임지고 있는 안철수 대학원장은 국내 IT 중소기업은 대기업의 동물원 우리에 갇혀 있다는 은유조의 표현을 썼다. 중소기업들이 엄격한 먹이사슬에 묶여 있는 비좁은 생태계(동물원 우리)에 갇혀 있다 보니 경쟁력이 떨어지는 현실을 호소한 것이다. 대기업에 종속되어 있다는 직설적인 표현보다 이렇게 다른 현상(동물원)에 과감히 연결시켜 보니, 사람들의 상상력과 공감대를 훨씬 더 자극하지 않는가?

그런데 상상력은 젊은 층의 전유물이 아니라는 점에 주목해야 한다. 기업의 중역이나 40대 팀장들은 뭔가 새로운 아이디어를 갈구할 때, 신입 사원에 의지하는 경우가 많은 게 사실이다. 또한 창조력이 생명인 연구 개발 부서나 광고 회사에서도 40대 이후에는 대부분 지원 부서장으로 옮기는 것이 일반적인 현실이다. 그러나 『나니아 연대기』의 루이스는 52세, 『반지의 제왕』의 톨킨은 62세, 『해리포터』의 조앤 롤링은 40대에, 『센과 치히로의 행방불명』의 마야자키 하야오는 60세에 각각 상상력의 대작들을 펴냈다.

결국 상상력에 대한 장애물은 연령 자체가 아니라 연령에 대한 선입견이다. 연령층별로 구분하려는 계층적인 문화 방식도 그중 하나일 듯싶다. 즉, 초등학교 6학년 학생이 중학교 1학년 학생에게 존댓말을 하며, 문학에서조차 아동 만화, 청소년 동화, 성인 소설 등으로 독자의 연령층을 구분하려는 현재의 풍토에서, 모두를 아우르는 노벨 문학상 작품을 기대하는 것은 무리다. 이미 히딩크도 선수들 간에 호칭을 파괴함으로써 창의적인 축구를 선사하지 않았는가?

지금까지 살펴본 바와 같이 나이와 창의성은 생각보다 관계가 깊지 않다. 차라리 출생 순위와 창의성의 관계가 더 의미 있는 것 같다. 프랭크 설로웨이Frank Sulloway에 의하면, 대체로 맏이보다는 맏이 이후에 태어난 아이가 더 창의적이라고 한다. 부모의 관심을 독차지하는 맏이는 자신의 현 상태를 지키기 위해서 부모의 기대에 잘 따르고 가족의 전통을 잘 지키는 경향이 있다. 그러나 나중에 태어난 아이들은 맏이가 가진 특별한 지위에서 소외되어 있다고 느끼기 때문에 맏이의 힘에 반항하는 경향이 있고, 인정과 특권을 얻을 수 있는 방안을 고민하게 된다. 따라서 나중에 태어난 아이들은 관습이나 전통에 도전하는 창의적 성향을 학습하게 된다. 그렇다고 채용할 때 맏이를 뽑는 데 신중하라는 얘기는 아니다.

　다음의 그림을 통해 여러분의 연상력을 한번 테스트해 보라. 이미 얘기했듯이 상상력은 젊은 층의 점유물이 아니니 자신감을 갖고 도전해 보기 바란다.

다음 그림은 각각 어떤 상품의 광고일까요?

정답 : 1) 헤드폰　2) 구강청정제　3) 브래지어　4) 콘돔

피카소, 입체적 시각
이건희, 히딩크의
공통점은?

그라운드 보다는 벤치에 앉아 있던 시간이 훨씬 많았던
후보 선수 시절의 경험 덕분에, 벤치에 있는 후보 선수와 경기장에 있는
다양한 선수들의 마음을 꿰뚫어 볼 수 있었다. 그러한 다양한 관점의
입체적 시각이 팀을 잘 조율하는 감독으로 만든 것 같다.

히딩크 전 한국 국가대표 감독

●●● 우리는 보이는 것만 보고 판단하는 데 익숙하다. 입체적 시각
은 어떤 사물이나 현상을 볼 때, 정면으로만 보지 말고 보이지 않는
각도(뒷면, 옆면, 바닥)도 상상하거나 통찰하는 폭넓은 시야를 말한다.
우리가 살아가는 이 세상은 2차원의 공간이 아닌 3차원의 공간이기
때문이다. 이러한 넓은 시야를 형성하기 위해서는 익숙한 사물을 낯
설게 바라보는 외계인이나 어린이의 시각도 필요하다. 외계인이 대기
권에서 우리 지구의 모습을 처음 본다고 생각해 보라. 어쩌면 그들은
자동차가 주인이고 인간이 노예라고 생각할지 모른다. 왜냐고? 그들
의 시각에서는 이렇게 보이지 않을까? 차들이 인간들을 여기저기 실
어 나른 후 쉬고(주차하고) 있으면, 인간들은 큰 건물 안에 갇혀서 온
종일 일하고 저녁때가 되어서야 피곤한 상태로 주인(차)에게 허리를

굽히며 안으로 들어오는 것으로 말이다.

　이어령 전 문화부 장관은 우리가 아무 생각 없이 매일 신는 양말을 뒤집어 보라고 주문한다. 그러면 그동안 우리가 보지 못했던 양말을 짠 실들의 오묘한 구조를 보게 될 것이란다. 비록 속이 단정하지는 않지만 그동안 우리가 얼마나 겉의 단정한 모양에만 속고 살아왔는지 느낄 것이다. 색다른 유(有)와 유(有)를 섞는 것도 창조지만, 현상을 낯설게 보는 가운데 새로운 각도에서 새로운 유(有)를 발견하는 것도 창조다. 지금까지는 보이는 각도에서 경쟁해 왔지만 이제는 보이지 않는 각도에서 경쟁을 넘어선 블루오션 시장을 찾아야 한다. 정작 중요한 본질은 정면에서 쉽게 볼 수 없는 경우가 많고, 현실적으로 정면을 통해 나올 것은 다 나왔다. 하긴 정면으로 보이는 것도 다 못 보거나, 보이는 것 중에서도 보고 싶은 것만 보려는 사람들도 많다. 여기서 간과해서 안 될 점은, 보이는 부분도 아는 만큼만 보인다는 사실이다. 축적된 다양성(지식과 경험) 정도만큼만 보이기 때문에 같은 신문 기사 내용을 보더라도 판단하는 내용과 수준이 다른 것이다. 그래서 깊이 있는 지식뿐만 아니라 다양한 지식과 경험이 필요하다.

　미술 분야에서 입체적 시각을 가장 많이 갖고 있는 사람은 피카소라고 생각한다. 실제로 우리는 그를 입체파 화가로 분류한다. 동일한 사물을 다양한 각도에서 특징 있는 부분만 발췌하여 2차원 평면에 그린 것이다. 그러니 피카소의 그림을 제대로 이해하려면 다양한 각도에서 상상하는 입체적 시각을 견지해야 한다.

　『육일약국 갑시다』의 저자 김성오 대표는 육일약국 경영 시절, 돌아가는 손님의 뒷모습을 보면서 항상 세 가지를 생각했다고 한다. '오늘 이 손님이 나를 통해 만족했을까? 다음에 다시 올까? 다음에 다른 손님을 데리고 올까?' 아마 그는 약봉지를 받아 가는 손님의 뒷모습까지도 유심히 본 거의 유일한 약사일 것이다. 이처럼 통찰력 있는 사람들은 동일한 현상도 남이 안 보는 각도에서 보는 데 익숙하다.

우리 앞에 놓여 있는 박스의 옆면과 뒷면을 보기 위해서는 어떻게 해야 할까?

1) 정면의 당연한 현상들을 낯설게 보거나 문제를 제기한다.
2) 뒷면이 보이는 사람 입장에서 뒷면을 상상해 본다.
3) 몇 걸음 뒤로 물러나서 전체를 본다.
4) 있는 자리에서 몸을 움직여 사물과 현상을 삐딱하게 본다(역발상, 고정관념 파괴).

정면만 보(려)는 사람들은 그간 살아오면서 축적된 선입관과 고정관념을 통해 윗면과 뒷면을 쉽게 판단할 것이다. 그러나 통찰력 있는 사람들은 다음과 같은 방법으로 이들 사각지대를 본다.

익숙한 정면을 좀 낯설게 본다

데자뷔déjà vu 현상이라는 말을 들어 본 적이 있을 것이다. 체험한 적이 없는 일을 마치 이전에 경험한 것처럼 느끼는 현상 말이다. 그런데 반대로 부자데vuja de라는 용어도 있다. 이는 이전에 동일한 경험을 수십번 했는데도 접할 때마다 첫 경험처럼 느끼고 행동하는 것이다. 이처럼 익숙한 현상을 낯설게 보는 관점은 창조적인 시각을 키우는 데 중요하게 작용한다. 물론 반복적인 일을 오차 없이 정확히 수행해야 하는 분들에게는 예외지만. 똑같은 현상을 보고도 일반인들과 다른 생각을 하는 사람들, 창조적으로 성공을 일군 부자들 역시 문자 그대로 부자데 습관이 있다.

제2차 세계 대전 때의 일화다. 당시 연합군의 공군은 많은 전투기가 격추당하는 피해에 대한 방지책으로 전투기에 방탄재를 씌우기로 했다. 문제는 방탄재를 씌울 위치를 결정하는 일이었다. 한 통계학자는 생존하여 귀환한 전투기에 남아 있던 모든 탄환 자국에 별도의 표시를 했다. 그 결과 특정한 두 부위의 총탄 자국이 다른 부위보다 유독 적게 발견된 것을 분석해 냈다. 여기서 여러분은 방탄재를 어느 부위에 씌워야 한다고 생각하는가? 상식적으로 보면 총탄 자국이 많은 부위에 방탄재를 씌워야 하겠지만 부자데 능력을 보유한 이 통계학자는 총탄 자국이 훨씬 적은 두 부위로 결정했다. 왜 그럴까? 낯선 관점에서 이 현상을 1분간 생각해 보라. (……) 자, 그럼 답을 말하겠다. 우선 격추되는 전투기는 일정한 규칙 없이 무작위로 격추된다는 점을 인식해야 한다. 이 문제에서 우리에게 익숙한 현상은 생존하여 귀환한 전투기였지만 낯선 관점(부자데 관점)에서 보면 귀환하지 못하고 격추된 전투기에 남아 있는 총탄 흔적에 주목해야 한다. 결국 방탄재가 필요한 부분은 귀환하지 못하고 격추된 전투기에 남아 있을 총탄 흔적이다. 전투기가 무작위로 격추된다면 격추된 전투기가 가장 많은 총탄을 맞은 부위는 귀환한 전투기에서 총탄 흔적이 적은 부위인 것이다.

사실 평소 당연하게 보던 현상을 낯설게 보기란 쉽지 않다. 간편한 뇌 활동을 지향하는 뇌 구조 때문이다. 세상 경험이 적은 아이들에게는 모든 것이 낯설지만, 이미 수많은 고정관념으로 가득 찬 어른 입장에서는 인위적으로 낯설게 보기가 어렵다. 낯설게 보기 위한 하나의 예를 제시한다.

GE 전 회장 잭 웰치는 매년 연초에 경영진을 소집해 다음과 같이 주문했다.

"연초에는 막 부임한 듯이 업무해 보라."

새로운 시각에서 업무하도록 경영진을 자극한 것이다. 새로운 업무를 맡았다고 생각하면 새로운 시각으로 접근하기가 쉽다는 취지다. 이와 비슷한 차원에서 가끔 업무 도중에 이러한 방법을 활용해 보면 어떨까? 첫째, 숨을 깊이 들이쉬고 스스로를 해고해 보자. 둘째, 지금의 자리에 재취업하려고 한다면 무엇을 해야 할지 생각해 보자. 취업 면접 시 받게 될 질문을 생각하고, 입사 후 어떤 노력을 할지, 이 자리에 지원한 이유는 무엇인지, 회사의 사업 전략과 경영진에 대해 어떻게 평가하고 있는지를 생각해 보자. 그러면 그동안 업무의 정면만 바라보는 가운데 지나쳤던 것들이 새롭게 보이지 않을까?

당연한 현상에 문제를 제기하거나 본질을 따져 본다

2005년 부산 APEC 정상 회담 후, 현대자동차와 BMW는 의전에 활용된 차량을 처리했다. 당시 현대자동차는 사용한 의전 차량을 당연히 중고차로 생각하여 렌터카 회사에 싼값에 넘겼지만, BMW는 이를 기념품으로 간주하여 인터넷을 통해 선착순으로 판매했다. 현대자동차는 의전 차량을 겉으로 보이는 그대로 중고차로 보았지만, BMW는 사용된 의전 차량이 중고차인가라는 점에 문제를 제기해 의전 차량의 본질을 기념품으로 생각했다. 결과가 궁금한가? BMW는 단 4시간 만에 원래 가격보다 비싼 2억 원에 의전 차량 150대를 팔았다.

삼성이 창조 경영의 결과물로 자랑하는 보르도 TV 역시 다른 각도에서 본질을 제대로 꿰뚫은 작품이다. 주요 구매층인 여성들은 성능, 화질보다는 TV의 크기, 색상, 디자인 등이 거실이나 가구와 얼마나 어울리는지에 관심이 높다는 사실이다. 결국 TV의 본질은 전자제품이 아니라 가구라는 관점에서 붉은색 포도주 잔을 TV로 표현한 것이다. 사실 집에 있는 가전제품 중에 냉장고를 제외하고 하루 종일 가동되는 제품은 없다. 하루 5~6시간의 시청 시간을 벗어나면 TV도 하나의 가구에 불과할 뿐이라는 본질을 제대로 본 것이다. 가전제품을 가구라는 본질에서 보면 이제 첨단의 부속 장비들도 점차 우리 눈에서 사라져야 할 것이다. 제품의 본체 속에 들어가 복잡한 첨단의 기술 냄새를 지워야 한다는 얘기다. 예전에 어느 침대 회사 광고가 생각난다. 침대는 가구가 아니라 과학이라더니, 첨단 기술의 산물인 TV가 가구라는 본질의 규명은 아이러니하지 않은가? 현재 삼성전자가 TV, 냉장고, 세탁기 등으로 전 세계의 거실과 주방을 점령해 가고 있는 배경에는 이처럼 첨단 제품의 가구화가 중요한 역할을 하고 있다. 애플도 가까운 미래에 거실이라는 플랫폼에 52인치짜리 아이패드를 내놓는다면 강력한 첨단 가구 싸움이 벌어질 것이다.

엘리베이터가 미국에 도입된 초기의 일이다. 사람들이 엘리베이터의 신기술에 익숙해지면서 점차 속도에 민감해졌다. 어느 순간 많은 사람들이 속도를 좀 높여 주었으면 하는 바람과 불평이 들어오기 시작했다. 일반적인 시각으로는 속도 증강을 위한 기술에 집착하고, 또 그 막대한 개발 비용에 고민들을 했을 것이다. 그러나 이 회사는 빌딩 청소부의 지나가는 얘기에 귀를 기울였다. 청소부가 뭐라고 했을까?

"거울 하나 달면 될 텐데."

그렇다. 우리는 속도라는 말 자체에서 절대적인 속도만 떠올리지만 사용자 관점에서의 본질은 상대적인 속도일 수 있다. 거울을 보면서 속도에 둔감해지도록 만드는 상대적 속도. 요새 엘리베이터 내 디지털 액정에서 나오는 재미있고 적시성 있는 콘텐츠들을 보고 있노라면, 가끔은 엘리베이터가 천천히 올라갔으면 하는 생각도 들지 않는가?

비슷한 집단이 아닌, 보다 다양한 분야의 사람을 접해 본다

최근 여러 분야를 아우르는 통섭(융합) 학문이 인기를 끄는 이유는 다양한 각도의 사고를 모아 보려는 노력 때문이다. 다양한 관점이 결합되었을 때, 고객에 대한 통찰력이 생긴다. 인터넷 뉴스가 우리를 흥미 있게 만드는 것은 뉴스라는 실시간 콘텐츠보다 동일한 사실을 바라보는 다양한 의견을 피력한 댓글 때문이다. 비록 신문처럼 깊이도 없고, 상스러운 욕과 편견을 피할 수는 없지만 평소 생각지도 못한 각도에서 새로운 통찰적 문제점을 던져 주곤 한다. 특히 고정관념에 사로잡히지 않은, 상상력과 호기심을 간직한 초등학생들의 얘기도 접할 수 있다. 그래서 다양한 시각을 키우려는 사람들이나 상품 기획자들은 관련 기사의 댓글에도 주목할 필요가 있다.

2011년 일본 쓰나미 참사 때, '태평양까지 밀려온 집'이라는 제목

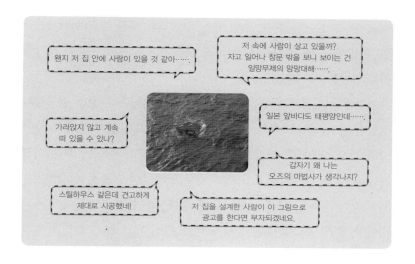

의 사진 하나가 인터넷에 떴다. 그림만으로도 많은 상상을 유발하지만 나는 그림 밑의 수많은 댓글을 보면서 '아! 이런 다양한 각도에서도 생각들을 하는구나!'라는 신선한 충격을 받았다.

보이지 않는 뒷면을 보는 사람의 관점에서 상상한다

여러분은 영화를 볼 때 음향 기사 관점에서만 영화 전편을 본 적이 있는가? 일반적으로 영화란 주인공의 시선에서 보면서 감동하도록 치밀하게 제작되지만, 가끔은 다양한 사람의 관점에서 볼 필요가 있다. 만약 호감 가는 조연이 있다면 조연의 관점에서 몰입하여 영화 전편을 보라. 아주 색다른 느낌을 받을 수 있다. 조연뿐 아니라 등장인물 각자의 처지에서 보면, 영화에 나오는 모든 사람의 인생을 느끼게 된다. 거기에 감독, 카메라맨을 생각하면서 보면 또 다른 감동을 맛본다. 이건희 삼성 회장은 이러한 입체적 시각으로 한 영화를 수십 번 본다고 한다. 음향 감독 입장으로 영화 전편에 빠져든다면 주연 배우 입장에서 볼 때 보지 못했거나 느끼지 못했던 생각들이 보인다는 것이다.

기업에서 영업 사원을 제외한 대부분의 직원은 온종일 동료들과 생활한다. 따라서 고객의 시각에서 업무를 하기가 쉽지 않다. 요새는 고객 정보 시스템이 기업 내에 갖춰져 나름대로 고객을 이해한다고는 하지만 데이터를 보고 고객의 새롭고 다양한 모습을 상상하기도 쉽지 않다. 이제는 모든 직원이 고객의 관점과 입장에서 일해야 하는 시대다. 현대카드의 경우, 본사 로비에 수십 개의 LED 액정을 설치하여 온라인을 포함한 다양한 채널을 통해 들어오는 고객의 소리, 댓글, 불평 등을 가감 없이 실시간으로 보여 주고 있다. 그 장소의 이름이 '통곡의 벽'으로 되어 있는 것을 보면 회사에 좋은 얘기보다는 부정적인 얘기가 더 많은 것 같다. 모든 직원이 드나들면서 고객의 쓴소리를 보고, 공유하고, 서로 얘기해 보라는 취지다.

앞으로 선진 기업이 되려면 회사 조직도에서 마케팅 부서를 빨리 없애야 한다. 모든 직원이 고객을 바라보며 일하는 마케터가 되어야 하기 때문이다. 최근 성공한 제품들의 개발 환경을 보면 과거와 같이 고객 조사를 통해 신상품을 발굴하기보다는 고객의 생활 현장(제품의 구입 장소, 사용 장소)에 직접 파고 들어가 고객과 함께 호흡하면서 아이디어를 도출하는 추세다. 우리는 역지사지易地思之라는 말을 통해 고객의 관점에서 생각하는 정도에 그치지만, 해외 선진 기업들은 일찍이 영문 'If I were in your shoes 내가 너의 입장이라면'의 뜻 그대로 고객의 신발을 신고 그들의 입장을 실제 체험해 보려는 노력을 해왔던 것이다.

한편 고객의 시각이 아닌 제품의 시각에서 상상하는 것도 추천해 볼 만한 입체적 시각이다. 창의적인 문제 해결 기법인 트리즈에서는 기계에 문제가 생기면 자신이 기계라 생각하고 해결책을 찾아보라고 주문한다. 이는 외부에서 제품을 파악하기보다는 제품 속에 들어가 내부에서 제품을 보는 것을 말한다. 물론 제품 속에 물리적으로 들어가라는 것이 아니다. 최면술을 걸거나 몰입의 환경을 조성하는 것이다. 마치 어릴 적의 에디슨이 달걀을 직접 품어 보듯이. 낚시꾼의 경우에는 자신이 물고기라면 이 낚시터의 어디가 가장 좋은 장소일까를 생각해 보는 것이다. 낚시의 고수들 역시 물고기가 되어야 강태공이 될 수 있다고 하지 않는가?

이처럼 대상에 동화되어 자신이 그 대상이 된 상태에서 대상을 살펴보는 것은 장자가 얘기하는 호접몽胡蝶夢과도 맥을 같이한다. 자신이 꿈속의 나비인지 꿈속의 나비가 자신인지 혼동되는 상태 말이다. 사실 일본의 일부 중소 업체에서는 예전부터 이러한 방법을 이용하여 아이디어를 얻고 있다. 이를테면 만년필의 상품 개발자라면 최면술사의 도움을 받아 자기가 정말 만년필이라고 생각한 후, 하루 종일 만년필이 사용되는 상황을 지켜본다. 이렇게 외부에서 그 대상을 관찰하는 대신 직접 대상 내부에 들어가서 그 대상을 보면 평소보지 못했던 것들이 보인다고 한다. 이러한 관찰 방법을 직관直觀이라고 한다.

어느 가공 식품업체의 제품 개발 연구진이 이러한 방법을 활용하는 상황을 보자. 우선 각자 볶음요리 재료로서 닭고기, 식용유, 콩나물 등의 역할을 지정받아 각자 맡은 부분만을 유심히 관찰한다. 식용유 역할을 부여받은 사람은 마치 자기가 식용유라고 생각하면서 일종의 역할 연기role playing를 하는 것이다. 그래서 요리 과정에서 다른 부분은 보지 않고 식용유에만 몰입한 담당자는 이런 얘기를 할 수 있지 않을까?

"충분히 달궈지기 전에 요리 재료들을 넣는 것 같다."

그러면 이러한 문제점들로부터 다음과 같은 신제품 아이디어들이 나오지 않을까? 요리 재료를 제대로 익히기 위해 재료들에 볶는 순서를 표시하여 별도로 포장한다든지, 적당한 온도가 되었을 때 스스로 색깔이 변하는 식용유를 개발하는 등의 아이디어들 말이다.

멀리 떨어져서 일상 업무에서 보지 못했던 전체를 바라본다

때로는 고민 중인 문제에 집착하지 말고 문제에서 한 발 물러나서 그 문제를 보라. 문제가 작게 보이면서 통째로 볼 수 있다. 어쩌면 문제가 사소해 보이면서 다른 관점에서 해결책이 나올 수도 있다. 직장인이라면 집보다 회사에서 지내는 시간이 훨씬 많다. 회사에선 주로 정면을 보는 경향이 많을 수밖에 없는데, 이는 회사가 불확실성을 지양하고, 생산성과 효율성을 지향하는 집단이기 때문이다. 그러나 경쟁보다는 새로운 가치 창출의 패러다임으로 접어든 지금 시점에서는 뒷면과 윗면, 밑면도 보아야 한다. 안 보이는 면은 상상하거나 삐딱한 시선(문제 제기, 고정관념의 피괴)으로 보아야 하지만 때로는 멀리서 보면 이러한 사각 지대가 보일 수도 있다. 지금까지 역사적으로 유명한 신제품 아이디어들은 재미있게도 회사(회의실, 연구실) 이외의 비업무적 공간에서 많이 탄생되었다. 서양에서는 창조가 잘 일어나는 3대 창조 공간으로서 3BBed, Bench, Bath를 언급한다. 비슷하게도 북송시대 학자 구양령은 아이디어가 잘 떠오르는 장소로 화장실, 침대, 말의 안장을 꼽았다.

그래서 요즘 창조적인 기업 문화로서 통풍 경영을 도입하는 기업들이 많다. 회사 내에 비일상적인 체험 공간과 휴식 공간, 비업무 시간 등을 도입하는 기업들 말이다. 단순한 복리 후생 차원이 아니다. 이는 업무에의 몰입을 위한 휴식의 배려뿐만 아니라 업무에서 멀리 떠나 업무를 관조해 보라는 의미도 담겨 있다. 사실 회의실의 차단막, 업무 프로세스, 업무 매뉴얼, 정보 시스템, 야근, 넥타이 등은 일상 업무를 멀리서 볼 수 없게 만드는 장애물일 수 있다. 구글처럼 회사 내 이러한 통풍 문화를 만들 여력이나 자신이 없으면 차라리 직원들에게 충분한 휴식과 정시 퇴근을 제공해야 한다. 한편 개인 차원에서도 이러한 통풍 문화를 받아들이는 습관을 길러야 한다. 아래 그림은 개인 차원의 통풍 습관으로서 저자가 강의에 활용하는 슬라이드다. 물론 이러한 딴짓거리를 몇 번 한다고 평소 안 보이던 것들이 보이지는 않을 것이다. 그러나 이러한 통풍 체험이 습관화되면 틀림없이 남이 보지 못하는 새로운 것을 볼 수 있을 것이다.

낯선 환경에 노출되는 개인적 습관

- 행동반경을 넓힐수록 평소 안 보이던 것들이 보인다.
- 평소의 출근 수단을 가끔 변경하라!
- 평소 안 보던 케이블 채널과 개그 프로를 시청!
- 자녀 동화책이나 문화 서적 탐독하라!
- TV 광고도 건너뛰지 말고 한 번씩 보라!

- 평소 안 만나던 부서(타 업종 친구)와 점심 식사를 하라!
- 살 것이 없어도 할인점을 한 번씩 둘러보라!
- 대중문화의 흐름과 멀어질수록 노화는 진척된다.
- 취향에 관계없이 500만 동원 영화는 꼭 보라!
- 추상화, 초현실주의, 입체파 그림을 가리지 말고 감상하라!
- 서점에서 평소 가지 않던 코너를 둘러보라!
- 평소 아이와 놀며 그들의 세계를 관찰하라!

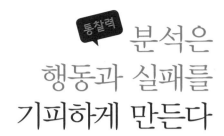

분석은
행동과 실패를
기피하게 만든다

놀랍게도 경복궁과 거북선은 설계도 없이
만들어졌다. 이는 분석보다는 전체를 꿰뚫어보는
우리 민족의 뛰어난 통찰력을 시사해 준다.
반면 설계도 방식과 같이 모든 것을 계량화하여
분석하는 합리주의는 실패를 우려하고 행동을 기피하게 한다.
우리 주위에는 여전히 분석이 필요한 부분도 많지만
분석할 수 없는 것까지 굳이 분석하려 들지는 마라.

●●● 우리가 생활하면서 내리는 수많은 의사 결정 과정을 생각해
보자. 먼저 문제점을 파악한 뒤, 나름의 판단 기준을 통해 모든 대안
에 대한 장단점을 치밀하게 비교하고 최종 결정을 내린다. 그러나 때
로는 무의식에 맡긴 직관적인 판단이 옳을 때도 많다. 특히 요즘처럼
복잡하고 빠르게 변화하는 환경에서는 분석력 못지않게 중요한 것이
통찰력이다. 통찰이란 한눈에 알아보는 기술로서, 겉으로 드러나지
않는 본질을 직관적으로 파악하여 표면 아래의 진실을 헤아리는 것
이다. 결국 통찰 역시 현상을 다른 관점에서 살펴보고 그 관계의 의
미를 발견하는 입체적 시각이다. 사실 모든 것이 서로 복잡하게 연
결되어 있는 지금의 네트워크 시대에서 분석적으로 쪼개어 접근하는
것은 자칫 장고 끝에 악수를 두는 현상을 초래할 수 있다.

사실 기업에서 만들어 내는 보고서는 대부분 분석의 산물이다. 보고 주제에 영향을 미치는 제반 환경 요소 및 경쟁 상황, 내부 자원 분석 등은 세부 목차별로 치밀한 분석을 한다. 그러나 정작 목차별 상관관계를 종합한 전체적인 통찰은 별로 보이지 않는다. 결국 통찰은 보고를 받는 사람의 몫인 것이다. 사실 복잡해지는 현대의 네트워크 사회는 목차별 분석보다 목차 간 연결고리가 더욱 큰 파급력을 가져올 때가 많다.

직관이나 통찰은 이렇게 구성 요소를 쪼개지 않고 전체를 보면서 본질을 찾는 것이다. 이렇게 전체에 단순하게 접근하면 그동안 보지 못했던 본질을 보기 쉬울 때가 많다. 그러나 이러한 통찰력을 갖추기 위해서는 다양한 경험이 축적되어야 한다. 다행히도 창의를 부담스럽게 느끼는 중년 비즈니스맨들에게 통찰력은 유리한 영역이다. 즉, 기억력이나 연상, 그리고 익숙한 것을 낯설게 보는 능력에서는 젊은 층이 유리하나 통찰력·직관력 등에서는 중년층이 더욱 강점을 갖고 있다. 나이 들어 옛날 학창 시절의 교과서를 보면, 그때는 어려웠던 개념이 쉽게 이해되는 경험도 이러한 통찰력과 관계가 있다. 젊을 때에 비해 다양한 경험이 축적되어 있기 때문이다.

통찰력과 관련하여 말콤 글래드웰이 쓴 『블링크Blink』라는 책을 재미있게 읽은 기억이 난다. 블링크란 어떤 현상을 접했을 때, 짧은 순간 사소한 정보에 입각하여 전체 유형을 판단하거나 예측하는 현상이다. 이를테면 케네디 대통령의 부친은 구두닦이가 주식을 샀다는 얘기(사소한 정보)를 듣자마자 주식을 모두 팔아치워 대공황기에 살아남았다는 것이다. 이 책에 따르면, 많은 사람들은 충분한 시간을 들인 이성적 판단을 중요시하여 장고 끝에 악수를 두곤 한다며, 직관의 중요성을 언급한다. 학창 시절의 경험에 비춰 보면 객관식 문제도 대체로 처음 판단한 것이 정답인 경우가 많다는 의미다. 엄밀히 보면 직관은 직감과 다르다. 직감은 막연히 그럴 것 같은 감성이나 감정적 판단이지만 직관은 이성적 판단이다. 어느 순간 갑자기 떠오른 것이 아니고, 그간의 경험과 지식의 결과가 순간적으로 발휘된 것이다. 예를 들어 볼까? 어떤 남자가 보일러가 고장 나서 기술자를 불렀는데, 이 기술자가 보일러 옆구리를 한번 툭 치자 보일러가 제대로 돌아갔다. 기술자가 수리비를 청구하자 남자는 별로 한 일도 없는데 무슨 수리비가 그렇게 비싸냐며 따졌다. 그러자 기술자가 말했다.

"보일러를 툭 치는 데 걸린 시간에 대한 비용이 아니라, 정확히 어디를 쳐야 하는지 알아내는 데 걸린 세월에 대한 비용입니다."

이처럼 겉으로 보면 직관력은 순간적인 판단력으로 치부할 수 있으나 평소의 부단한 노력과 경험이 뒷받침되어야 한다.

될 성부른 나무는 떡잎만 봐도 알 수 있다는 직관의 경험을 여러분도 많이 겪어 봤을 것이다. 모두가 발가벗고 있어 재력을 알기 힘든 목욕탕에서, 목욕 직후 타월을 몇 장 사용하는지를 보면 그가 부자인지 아닌지 대충 알 수 있다. 수건 한 장으로 몸을 닦는 사람은 부자일 가능성이 높고, 내 돈 안 든다고 여러 장의 수건을 사용하는 사람은 부자가 아닐 가능성이 높다. 노련한 치과의사 역시 입을 벌린 상태에서 아픔을 제대로 표현하지 못하는 환자의 눈썹을 보고 고통을 짐작한다. 아파서 이마를 찌푸리면 눈썹 안쪽 부분이 밑으로 당겨진다나.

엔진 기술에 관한 한 당시 세계 최고의 경험을 지녔던 혼다 소이치로 회장(혼다 그룹 창립자)의 본질을 꿰뚫는 사례도 흥미롭다. 엔진이라는 핵심 역량을 갖고 오토바이에서 승승장구하던 혼다가 자동차 시장에 진출할 때다. 당시 혼다 간부들은 대부분 자동차 사업에 부정적이었다. 당시 자동차 시장에 진출하기 위해서는 품질은 최상급이면서 저렴한 제품을 내놓아야 하는데, 신생 기업으로서 그 방법이 묘연했던 것이다. 간부들의 다양하고도 정교한 분석 보고를 받은 창업주 혼다의 대응은 본질을 꿰뚫는 선문답 한마디였다.

"자동차가 별건가? 우리가 만드는 오토바이 두 대를 쇠파이프로 연결하고 뚜껑 덮은 것에 불과한데."

그러면 직관과 통찰력을 배양하는 방법은 무엇이 있을까? 사실 직관은 이성적인 사고 과정 없이 오감으로 그냥 느끼고 경험으로 축적하는 것이기에 논리적인 설명이 어렵다. 따라서 오감을 열어 다양한 예술(미술, 음악, 오페라, 연극)을 접해야 한다. 예술 감상은 이러한 통찰력과 직관을 높이는 수단이다. 비행기도 하루가 다르게 첨단 장치의 수준이 높아지지만 조종사는 여전히 창을 통해 밖을 봐야 하는 것처럼, 경영자도 정보 분석력에 더하여 예술과 인문학을 겸비해야 한다.

또한 통찰력을 기르기 위해서는 순식간의 판단에 필요한 다양한 경험 축적이 필요하다. 평소 다양한 상황에 노출되고 다양한 경험을 쌓아서 어떠한 일이 닥쳐도 무의식적으로 대응할 수 있어야 한다. 별 경험 없이 정확하고 신속한 직관을 바라는 것은 어불성설인 것이다.

『블링크』에 나오는 사례를 보면, 사실 할리우드 영화와 달리 미국 경찰의 90퍼센트 이상은 경찰직에 있는 동안 총 한 번 쏘지 않는다고 한다. 총을 쏜 적 있는 사람들은 발포 경험에 의해 상상을 초월한 스트레스를 받는다. 그들에 따르면 총을 쏠 당시 총소리를 듣지 못했다거나 시간이 순간적으로 느리게 흘러갔다는 믿지 못할 이야기들을 한다. 즉, 급박한 경우에는 처리해야 하는 정보의 범위와 양이 크게 제한받으며 시야가 매우 좁아지는 것이다.

상식과 발상 전환 고정관념을 건드리는 4가지 방법

한때 솥뚜껑 삼겹살이 유행한 적이 있다.
그러나 너도나도 뛰어들어 장사가 시원치 않자
그중 한 사람이 솥뚜껑을 반대로 뒤집어 놓고는
낚지를 볶기 시작했더니 손님이 몰려들었다.
놀부보쌈

● ● ●   발상 전환이란 생각하는 방식을 좀 바꾸자는 것이다. 여기서는 발상 전환의 방법으로 많이 거론되는 '역발상'을 포함하여 몇 가지 방법들을 살펴본다.

역발상

발상의 전환과 관련하여 가장 많이 거론되는 것은 역발상이다. 역발상과 비슷한 '고정관념의 파괴'의 영어 표현을 확인해 봤더니 'think out of box'였다. 다음 페이지 왼쪽 그림을 보자. 점 아홉 개를 떼지 않고 4개의 선으로 연결하는 방법은 무엇일까? 많은 사람들은 점을 담고 있는 상자 안에서만 선을 이으려다가 제풀에 지친다. 질문에서

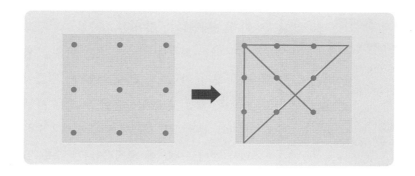

는 박스 안에서만 선을 이어야 된다는 얘기가 없는데도 말이다. 오른쪽 그림처럼 박스를 이탈하면 점을 쉽게 연결할 수 있다. 이처럼 사람들은 수십만 가지 이상의 고정관념과 선입관들이 뭉쳐진 상자를 갖고 산다. 거리에서 중국산 제품을 보면 확인해 보지도 않고 당연히 가격이 쌀 것이라 생각하는 고정관념들.

또한 이 박스는 고정관념 이외에 자기의 전문 분야를 의미하기도 한다. 그런데 문제는 다른 분야를 주목하지 않고 한 우물만 팔수록 고정관념이 깃들 확률이 높다는 점이다. 혹자는 한 분야(박스)의 달인이 되려면 총 1만 시간 동안(하루 3시간씩 10년 동안 끊임없이) 그 일을 계속해야 한다고 하는데, 지금은 그 박스에서 가끔 벗어나 보라는 주문도 하는 시대다. 보통 역발상은 180도 정반대로만 뒤집는 것으로 인식한다. 그러나 한자 그대로 현 상태를 거스른다는 인식을 하게 되면 반드시 180도가 아닌 80도라든가, 280도로 뒤집을 수도 있는 광의의 개념으로 봐야 한다.

일전에 신문 기사를 보니 힘들수록 힘든 상황의 단어를 거꾸로 해보자는 얘기가 있었다. 이를테면 자살 → 살자, 피해 → 해피, 기아 → 아기, 학대 → 대학 등 안 좋은 단어들을 거꾸로 하면 희망적인 단어가 나타난다는 것이다. 회사를 그만두고 싶을 때는 거꾸로 회사가 좋은 이유를 생각해 보라. 자영업과 달리 꼬박꼬박 월급이 나오며, 개인 용도로 사용할 수 있는 사무 집기와 컴퓨터를 지급해 주지 않나? 또한 회사 경비로 해외에 출장을 나갈 수도 있고, 병원에 입원하거나 예비군 훈련 기간에도 돈이 나와 생업에 지장이 없다 등.

개인이 역발상으로 돈을 번 사례도 있다. 사과 산지인 일본 아오모리에 엄청난 태풍이 몰아친 적이 있었다. 대부분의 과수원 주인은 땅에 뭉그러져 있는 사과를 보며 망연자실해 있을 때, 유독 한 사람은 아직 나무에 매달려 있는 사과들을 유심히 바라보았다. 태풍에 겨우 매달려 있는, 그것도 표면에 흠집이 많이 나 있는 사과를 절실히 원하는 시장을 생각하고 있었던 것이다. 그는 사과 1개당 당시 우리 돈으로 10만 원 정도의 브랜드 사과로 포장하여 입시장으로 달려갔다. 모두가 겪은 그해의 태풍에도 붙어 있는 사과, 붙기를 가장 원하는 시장은 입시장의 수험생과 가족이었다.

이처럼 위기와 기회는 반대 개념이 아니라 동전의 앞뒷면과 같은 공존의 관계다. 위기 때는 항상 함께 붙어 있는 다른 면, 기회라는 면을 보는 습관을 기르자. 일회용 반창고 업체인 큐래드도 재미있는 역발상 사례다. 큐래드가 일회용 반창고 시장에 후발 주자로서 진출할 당시, 대부분의 여론은 큐래드를 미쳤다고 평가하였다. 당시 시장 지배자인 밴드에이드가 이미 미국 가정의 필수품으로 자리 잡고 있었기 때문이다. 이때 큐래드의 발상이 흥미롭다. 반창고는 상처를 가리기 위해 살색이어야 한다는 상식을 뒤집어 상처 부위가 돋보이는 반창고를 개발했다. 즉 캐릭터가 인쇄된 반창고를 만들어 아이들에게 접근한 것이다. 캐릭터 반창고는 아이들 외에도 소녀층의 폭넓은 시장을 형성하였다. 아프지 않아도 귀엽고 연약하게 보이고픈 소녀들의 본능에 패션화 욕구를 가미한 것이었다. 문자 그대로 '아파 보이고 싶으니까 청춘'인 셈이다. 이처럼 뒤집으니 상처 난 사람뿐만 아니라 패션과 재미를 추구하는 사람들이 새로운 시장으로 다가왔다.

보험에 가입할 때 역발상을 이용한 정보를 하나 제공할까 한다. 많은 설계사들은 영업을 할 때, 거의 다 보장하는 것처럼 얘기한다(실제로 예전에 어느 인기 상품이 다보장이라는 브랜드로 홈쇼핑에서 수년간 공전의 히트를 친 적이 있었다. 물론 나중에 금융 당국의 제재를 받아 브랜드 사용이 중지되었지만). 이럴 때는 보험에 가입하기 전 꼭 확인해 보라. 거꾸로 보장이 안 되는 부분은 없는지. 그리고 이를 녹취하거나 문서화하여 증빙으로 남겨 두면 나중에 문제될 일이 별로 없을 것이다. 이처럼 가끔 익숙한 것을 뒤집어 보는 습관을 갖자. 물론 뒤집어 보면 말이 안 되는 것도 많지만 운 좋으면 새로운 해결책을 찾을 수도 있다.

역발상은 매사에 기존의 것들을 부정하고, 회의적으로 대하는 것이기에 정서적으로 쉬운 방법이 아니다. 또한 뒤집어 본다고 아이디어가 나올 확률도 높지 않다. 그러나 이러한 한계점으로 인해 많은 사람들이 소홀히 했기 때문에 더욱 시도해 볼 만하다. 지금은 상식을 건드릴수록 성공 가능성이 높아지는 시대다.

한편 낚싯바늘을 바꿔야 고기를 잡듯이 역발상을 통해 과거와 다른 답을 구하려면 지금껏 던지지 않았던 질문을 던지는 습관을 가져야 한다. 창의적 사고는 남다른 질문을 던지는 가운데 비롯된다. 비숫한 생각과 아이디어가 나오는 이유는 예전에 던졌던 질문과 비슷한 질문을 반복해서 던지기 때문이다. "기도하는 도중에 담배 피워도 되나요?"라는 질문을 던진 사람은 담배를 피우지 못하지만, "담배 피우는 도중에 기도해도 되나요?"라는 질문을 던진 사람은 담배를 피울 수 있다.

상품 이름(고유의 속성)에서 탈피하기

앞서 얘기했듯이 발상 전환은 영어로 'think out of box'다. 그래서 고정관념의 덩어리라고 볼 수 있는 상자에서 출발해 볼 수 있다. 현재 우리의 업계나 상품과 관련하여 당연시하는 고정관념들을 수집해 보자. 브레인스토밍brainstorming을 통해 당연한 상식과 고정관념의 가설 리스트를 작성해 보는 것이다. 당연하게 생각하는 정도가 높을수록 기존에 누구도 건드리지(활용하지) 않았을 확률이 높다. 그러고 나서 그 가설들을 뒤집어 본다. 가장 쉬운 접근 방법은 상품 이름이 갖고 있는 고유의 속성들을 한번 건드려 보는 것이다.

다음은 상품 고유의 속성을 뒤집어서 성공한 제품들이다.

- 굽 높은 하이힐 ················▶ 필요에 따라 굽을 쉽게 조절하는 하이힐
- 날개 있는 선풍기 ·············▶ 날개 없는 선풍기
- 기저귀(두 살까지 착용) ·········▶ 팬티용 기저귀(두 살 넘어도 착용)
- 바늘 주사기 ·················▶ 바늘 없는 주사기(레이저를 통한 입력 방식 무통증)
- 알코올 도수 높은 소주 ·······▶ 저도수 소주(웰빙층과 여성층 유입)
- 옷감을 빠는 세탁기 ···········▶ 고구마 씻는 세탁기(중국 가전업체 하이얼)
- 바르는 화장품 ···············▶ 먹는 기능성 화장품

- 남자 이발소 ·····················▶ 여성 전용 이발소(여성의 잔털 제거, 일본 히트 상품)
- 여자 미용실 ·····················▶ 남성 전용 미용실(블루클럽)
- 청소년이 이용하는 게임기 ···▶ 5〜95세를 겨냥한 닌텐도 게임기
- 가벼운 신발 ·····················▶ 무거운 구두(운동이 부족한 직장인 겨냥)
- 집에서 입는 속옷 ···············▶ 밖에서도 입고 다니는 패션 속옷
- 시력을 저해하는 게임 ·········▶ 시력을 좋게 하는 게임

문제의 본질을 건드리지 않고 주변 상황을 약간 바꾸기

문제에 부딪혔을 때, 정면 돌파하지 말고 문제를 둘러싼 주위 여건에 약간의 변화를 주는 방법이다. 너지 Nudge(슬쩍 옆구리 찌르기)라는 접근 방식으로 불리기도 한다. 이것은 규칙에 의해 사람들을 특정 방향으로 몰아붙이기보다는 주변의 작은 정황만 바꿔 줌으로써 원하는 행동을 유발하는 것이다.

너지와 관련한 대표적 사례로는 암스테르담 공항의 화장실 변기에 작은 파리 하나를 그려 넣었더니 변기 밖으로 흘리는 오줌의 양이 대폭 감소했다는 일화가 있다. 너지는 원칙만으로 사람의 행동을 유발하는 데 한계가 있음을 전제하고 있다. 그래서 엄격한 규제와 자율 방임이라는 양극단의 중간에서 작은 정황적인 변화만으로도 특정 행동의 유발이 가능하다는 것이다. 또 다른 사례 두 가지를 살펴보자.

벤저민 프랭클린은 양초 가격이 비싸 겨울철 저녁 시간에 불을 밝히기 힘들어하는 당시 미국 국민들을 위해 양초가 아닌, 시간에 초점을 맞춰 서머타임 제도를 제안했다. 즉, 저렴한 양초 개발이라는

정공법보다는 시간을 앞당겨서 양초를 사용할 시간을 줄인 것이다.
어느 아파트 주변의 전봇대 밑에 사람들이 불법으로 쓰레기를 버리
는 일이 많았다. 주변 관리소에서 아무리 단속하고 경고문을 붙여
도 별 효과가 없었다. 그런데 전봇대 상단에 커다란 볼록 거울 하나
를 붙여 놓았더니 쓰레기가 감소했다. 즉, 불법으로 쓰레기를 몰래
버리는 초라한 자기 모습을 거울을 통해 보면서 스스로 반성하는 기
회가 되었던 것이다.

문제를 확대하기

어떤 문제나 이슈가 생겼을 경우, 그 문제를 제거함으로써 해결하
기보다는 문제를 더욱 확대해 놓고 접근하면 새로운 발상이 떠오를
수 있다. 예전에 일본의 어느 슈퍼마켓에서 손님들의 객단가를 높이
기 위해 장바구니의 크기를 두 배로 늘렸다. 그러자 고객들이 바구
니가 너무 커서 거추장스럽다고 불평하는 것이었다. 이에 담당자는
장바구니 크기를 다시 줄이기는커녕 더욱 확대해 놓고 고민하던 중,
장바구니에 부착할 바퀴를 생각해 냈고, 결국 여기서 오늘날의 쇼
핑 카트가 탄생했다.

세계적인 백색 가전업체로 부상한 중국의 하이얼 역시 고객의 클
레임을 더욱 확대하여 새로운 시장을 발굴했다. 언제부터인가 중국
농가로부터 세탁기 고장 신고가 자주 접수되었는데, 그 원인을 알
아보니 채소 찌꺼기 때문이었다. 채소를 넣고 세탁기를 돌린 것이었
다. 하이얼은 고객의 무지를 일깨우기보다는 오히려 채소 이외에 고
구마나 감자도 씻을 수 있는 세탁기 연구 개발에 착수했다. 결국 문

제를 확대하여 신제품을 개발한 결과, 중국 농가라는 거대한 신시장을 개척하였다.

한 손님이 호텔 주방장에게 감자튀김이 두껍고 덜 익었으니 다시 만들어 달라고 했다. 이에 기분이 상한 주방장은 일부러 그 손님이 먹기 힘들도록 감자를 아주 얇게 썰어서 오랫동안 튀겨 냈다. 그런데 예상과 달리 손님은 얇은 감자를 매우 좋아했다. 이 잘못 만든 얇은 감자튀김은 오늘날 수십조 시장의 감자 칩으로 발전했다.

한 우물만 파다간 매몰된다. 넓게 파라!

이제는 메모리 저장 용량이 1년마다 두 배씩
늘어난다는 '황의 법칙'도 맞지 않는다.
매년 반도체 집적도를 두 배씩 늘리는 게 점점 어려워진다.
미래의 반도체는 용량과 스피드보다 다양한 응용처로
쓰일 수 있는 기술이 중요해지고 있다.

황창규(황의 법칙을 만든 전 삼성전자 사장)

● ● ●　수직적 사고가 한 분야에만 선택과 집중을 하여 '한 우물을
파는 것'이라면, 수평적 사고는 이 분야 저 분야를 살펴 가며 자기 분
야와의 접목을 시도하는 방식이다. 수직적 사고가 수학이라면 수평
적 사고는 음악, 미술로 비유된다. 수학 문제에는 정답이 하나뿐이지
만 그림 그리기에는 정답이 수없이 많고, 모두가 답이 될 수 있기 때
문이다. 사실 그동안 성공을 키워 주는 많은 교훈들은 수직적 사고
와 맥을 같이해 왔다. 한 우물을 파라, 선택과 집중을 하라, 한눈팔
지 마라, 편집광만 살아남는다 등. 그러나 이제는 시장과 산업의 경
계가 무너지는 초경쟁주의 시대다. 우물도 깊게 파려면 넓게 파야 한
다. 한 우물을 파더라도 전후좌우를 둘러보면서 파야 자기가 판 우
물에 매몰되지 않는다. 넓게 파면서 동시에 깊게 파고 들어가야지만

깊게 파다가 장애물에 직면했을 경우 다른 길로 방향을 전환할 수 있다. 유전 탐사 역시 처음부터 여기저기 조금씩 판다고 들었다. 이제는 일하면서 한눈도 팔아야 한다. 21세기에는 스키점프 선수보다 여기저기를 곡선 주로로 둘러보며 내려오는 활강 선수가 필요한 시대다. 기업 인사 팀에서 바라는 핵심 인재형도 점차 바뀌는 추세다. I자형(한 분야의 전문가) → T자형(다양한 경험을 보유한 사람) → A자형(일하면서 다양한 분야와 접목을 시도하는 사람) → S자형(유연한 사고를 하는 사람). 지금 우리 앞에 닥친 문제들은 한 분야만으로 해결하기 어려운 복잡한 성격을 띠고 있다. 즉, 한 분야의 전문성만으로는 부족하다. 전문화는 창조성을 저해하기도 한다. 애덤 스미드의 전문·분업화는 효율성과 대량 생산에 기여했지만 창의성의 고갈이라는 대가를 치르게 했다. 즉, 다른 분야와 연결할 필요성을 느끼지 못하게 한 것이다.

혁신은 경계를 초월함으로써 출발한다. 한 우물의 깊은 지식을 가지면서 동시에 관련 있는 다른 분야의 지식들을 폭넓게 아는 특정 분야의 다재다능인Special Generalist이나 다방면의 전문가General Specialist, 즉 A자형 인재가 요구된다. 이들은 항상 인접 분야와의 연계성 속에서 자신의 전문성을 부단히 연마하기 때문에 다른 전문가와는 질적으로 다른 전문성을 보유한다.

실제로 얼마 전부터 이러한 사람들이 다양한 직종에서 나타나고 있다. 현재 하고 있는 업무와 다른 배경을 달고 있는 개그하는 치과 의사, 의사 출신 보험 설계사, 시나리오 작가 출신 게임 개발자, 노래하는 펀드 매니저 등.

평발에도 불구하고 하루에 3천 번 이상, 발등 구석구석에 볼이 닿도록 훈련했다는 박지성 선수가 생각난다. 아무 생각 없이 3천 번을 반복적으로 슈팅 연습하는 것이 아니라, 실전에서 직면할지 모르는 다양한 각도의 상황을 상상하면서 근육에 주입하는 것이다. 신발과 공이 접촉하는 다양한 각도에서 3천 번의 실전 훈련은 바로 다양성의 축적인 것이다.

이처럼 개인이 보유한 다양성은 매우 중요하다. 우리가 가지고 있는 지식과 개념만큼 세상은 보인다. 이를테면 내가 사용하는 단어의 세계가 내가 상상하고 생각할 수 있는 세계의 한계인 것이다. 서양 속담에 '내가 아는 단어만큼 세상이 보인다'(Words create World)라는 말이 있다. 다른 세상을 상상하고 창조하고 싶으면 다른 개념을 갖고 세상을 다르게 보라는 것이다. 나이테의 간격이 넓은 나무는 너무 쉽고 빨리 자랐음을 보여 주며, 나이테의 간격이 좁은 나무는 풍상과 고초를 겪으며 힘겹게 자라 왔음을 보여 준다. 대체로 태풍에 쓰러진 나무를 보면 나이테 간격이 넓다. 여러분의 나이테 간격은 지금 촘촘한가?

일본 소프트뱅크의 손정의 회장은 다양한 분야의 접목을 위해 낱말 카드를 이용하는 것으로 유명하다. 즉, 300여 개의 낱말 카드에서 매일 세 개씩 무작위로 뽑아 세 단어의 조합으로 사업 아이템을 발굴하는 노력을 습관화하고 있다.

2010년 하버드 대학에서 전 세계 대기업 임원 3천 명을 대상으로 조사한 결과가 흥미롭다. 혁신적 임원과 비혁신적 임원의 첫 번째 차이는 '전혀 관련 없는 다른 분야와 연결하는 능력'의 여부라는 것이다. 수평적 사고는 현재의 사업과 이질적인 사업 간에 접목을 시도하는 능력이다. 벤치마킹을 비롯한 많은 경영 혁신 기법들로 인해 이제 한 산업 분야 내에서 나올 만한 것은 대부분 다 나왔다. 최근의 성공

제품들을 보고 있노라면 그 아이디어의 원천이 남들이 생각도 못했던 이질적인 분야와의 접목에서 나오고 있음을 느낄 때가 많다.

예를 하나 들어 볼까? '키스 사과'라는 브랜드 사과가 있다. 일반 사과는 당도를 높이는 데만 초점이 맞춰져 있었는데, 키스 사과는 생뚱맞은 '입 냄새'를 사과에 접목했다. 재배할 때부터 입 냄새 제거 성분을 넣은 이 사과는 새로운 시장을 개척한 셈이다. 연인들이 키스할 때 찾는 기능성 사과 시장 말이다. 아마 스토리텔링에 따른 구전 효과도 클 것이다. 다른 것과 연결하는 수평적 사고는 그다지 어려운 일이 아니다. 당장 쉽게 할 수 있는 방법 중 하나는 이미 나온 상품의 새로운 용도를 찾는 것이다.

이처럼 제품의 사용 상황을 매우 색다른 경우(time, place, occasion)에 접목시킨 제품들이 생각보다 많다. 특히 제품 이름이 주는 고정관념에서 탈피하여 색다른 상황에 연결할수록 성공도가 높다. 직장에서도 신는 골프화·조깅화, 정장용 비즈니스 캐주얼, 40~50대가 눈치 안 보고 편히 입는 청바지, 바깥에서도 입는 패션 속옷, 일상 나들이에서도 입는 트레이닝복 등. 또한 오래 방치되거나 실패한 아이디어에서도 새로운 용도를 발견할 수 있다. 전 세계 남성의 밤을 지배한다는 비아그라도 실패에서 비롯되었다. 원래는 고혈압·심장병 치료 용도로 개발되었으나 임상 실험에서 번번이 실패했다. 그러나 이미 개발된 이 약이 심장 혈관 이외에 성기 혈관까지 확장시킨다는 피시험층의 항의 속에 발기부전이라는 새로운 용도를 발견한 것이다. 발모제인 미녹시딜 역시 처음에는 고혈압 치료 용도로 개발되었지만 털이 자라는 부작용이 생겼다. 그러나 여기에 굴하지 않고 털을 간절히 원하는 사람들의 시장을 개척한 것이다.

단순해야 ^{단순화} 본질이 쉽게 보인다

역대 최고의 명 주례사 : "어~ 내가 무슨
이야기 하려는지 알지? 그럼 됐어."
배삼룡(코미디언)

한국 팀을 특별히 바꾼 것은 없다.
불필요한 것을 약간 걷어 내고
필요한 것을 약간 주입했을 뿐이다.
히딩크(전 한국 축구대표 감독)

● ● ● 어떤 현상을 창조적으로 보기 위해서는 우선 단순하게 바라
볼 줄 알아야 한다. 즉, 쉽게 보이는 정면도 너무 복잡하게 보이면 그
속에 묻혀 있는 본질을 꿰뚫어보기가 어렵다. 수십 년 전 우주 공간
의 무중력 상태에서 쓸 수 있는 볼펜을 수십억 원이나 들여서 개발한
미국 항공우주국NASA에서는 러시아 우주인들이 연필을 사용하는 것
을 보고 자신들의 복잡한 사고방식을 반성하였다. 갈수록 환경이 급
변하고 복잡하게 얽히면서 현상을 제대로 파악하기도 어렵고, 해법
을 찾기는 더욱 어려워지고 있다. 물리학에서는 말하는 엔트로피(무
질서)의 팽창을 비즈니스 환경에도 곧잘 활용할 정도다. 이렇게 의사
결정의 대상이 복잡할수록 의사 결정은 단순해야 한다. 중요한 것은
면밀히 파악하되 덜 중요한 것은 가지를 쳐가면서 문제를 단순하게

만들어야 한다. 그러나 한 업계의 많은 제품들은 숱한 벤치마킹을 통해 서로 간의 큰 차이도 없이 소비자들에게 혼란만 주고 있다. 혁신은 현실을 깨쳐 나가는 것이지만 현실의 불필요한 요소를 제거하는 데서 출발해야 한다. 그래야 정말 필요한 요소가 제대로 기능할 수 있다. 자동차가 모래 속에 빠지면 타이어 바람을 좀 빼야 한다. 빠져나오려고 강하게 페달을 밟을수록 타이어는 더 깊숙이 처박힌다. 예전에는 속 빈 강정으로 폄하했던 '비어 있다는 개념'은 다시 가득 채울 여유가 있다는 의미이기도 하다. 복식 호흡을 할 때에도 숨(이산화탄소)을 최대한 내뿜어야 보다 많은 산소가 들어올 수 있는 것처럼.

저자는 공간을 가득 채운 서양화보다는 감상자의 상상이 파고드는 여백이 있는 동양화를 좋아한다. 여백은 내가 그림과 대화하여 상상력을 채우는 공간이다. 서양화는 여백으로 남겨 둘 부분마저 하얀색 물감으로 칠한다. 동양화 기법과 관련된 용어로 홍운탁월烘雲拓月이라는 말이 있다. 달을 직접 그리지 않고 주변 구름을 그려서 달 모습을 드러낸다는 뜻이다. 달의 자리에는 붓의 흔적이 없지만 아무도 거기에 달이 없다고 여기지 않는다.

58억 인구 중에서 단순함의 미학을 사업 차원에서 가장 성공적으로 일구고 세상을 떠난 스티브 잡스는 단순함을 어떻게 정의했을까? 그는 '무언가를 없애는 것이 아니라 제품의 핵심 가치에 집중하는 것'이 단순함이라고 말했다. 일찍이 불교에 심취한 그는 다양한 기능보다는 단순함 하나에 집착하였다. 경쟁사가 아이팟과 차별화하기 위해 각종 부가 기능을 집어넣을 때, 아이폰은 '버튼은 오직 하나'라는 원칙을 밀어붙였다. 빌 게이츠가 우리에게 편리함을 주었다면 잡스는 우리에게 감동을 주었다. 그래서 그의 제품 시리즈는 발매 전부터 고객들이 밤을 지새우며 기다리고, 또한 고객들이 자발적으로 광고한다.

그는 제품뿐만 아니라 단순해서는 안 되는 분야까지도 단순함을 시도했다. 애플의 재무 책임자CFO에게 회계 방식도 애플식으로 단순하게 하라고 주문했을 정도다. 상품 가격과 기대 수익을 공인된 회계법보다 더 단순히 만들어 한눈에 볼 수 있게 분석하라는 것이었다. 회계란 원래 엄격한 규정과 국제적인 기준이 있는데 말이다. 불행히도 당시 책임자는 제대로 대응을 못해 해임되었고, 결국 신임 CFO가 애플식 회계를 만들어 냈다고 외신은 전했다. 한마디로 그는 혁신적인 신제품을 개발한 것이 아니라 제대로 된 단순함을 처음 개발한 사람이다. 사실 애플이 내놓은 것들(컴퓨터, MP3, 음악 공유 사이트, 휴대전화, 태블릿 PC) 중에서 애플이 처음 개발한 것은 하나도 없다. 단순함Simple이 선두First를 넘어설 정도로 중요함을 시사해 준다.

일찍이 생텍쥐페리는 완벽함이란 '더 이상 더할 것이 없는 상태'가 아닌 '더 이상 뺄 것이 없는 상태'라고 하였다. 사실 더 이상 뺄 것이 없는 상태로 만든다는 것은 쉬운 얘기가 아니다. 왜냐하면 뺄 것이 없다는 상태는 거기에 모든 것이 포함됨과 동시에 본질도 담고 있어야 하기 때문이다. 진정한 무림의 고수는 손에 힘이 안 들어가기에 혹이 없으며 몸동작도 간결하다. 손바닥에 혹이 생기는 골퍼는 아마추어이며 타이거 우즈에게서는 혹을 찾아볼 수 없다. 글쓰기의 대가들 역시 매우 간결하고 쉽게 쓴다. 그러나 그 이면에 엄청난 노력들이 수반되어야 함은 말할 나위도 없다.

현재 사업이나 업무상에서 어려움을 겪고 있는가? 혹시 세부 요소들이 복잡하게 꼬여 있기 때문인가? 아니면 복잡하게 꼬여 있다고 본인이 생각하는 것은 아닌가? 현실은 놀랄 정도로 단순한데도 사람들은 너무 복잡하게 생각한 나머지, 정교한 설명과 복잡한 해결책을 찾기도 한다. 중요하지 않은 잔가지들은 걷어 내면서 생각을 단순화시켜 보라. 그리고 일에서 멀리 벗어나 그 일을 바라보라. 즉, 고민의 상자 안에서 고민하지 말고 상자 밖에서 더 큰 판의 흐름을 봐야 한다. 바둑 고수가 아마추어의 눈에는 중요하게 보이는 돌에 집착하지 않는 것처럼. 작은 집 안에서 묘수로 버티려 하지 말고, 집 전체를 계산하며 생각을 단순화시킬 일이다.

요즘 금융업계에서는 새로운 시장을 개척할 수 있는 신상품 개발에 많은 고민을 하고 있다. 은행, 보험, 증권, 카드 등의 영역 간에 장벽이 철폐되면서 다양한 영역과 여러 회사의 금융 상품을 판매하는 독립 채널들이 증대하고 있기 때문이다. 특히 앞으로는 소비재 판매만 전담하는 이마트처럼 대형 금융 판매 전문 회사들이 들어설 추세다. 저자가 금융업에 몸담고 있으면서 느낀 점은 금융 상품이야말로 단순함이 중요하다는 사실이다. 대체로 괜찮은 상품일수록 상품 설명서와 설계사의 얘기가 길어지는 경향이 있다. 그러나 판매자가 20초 안에 자신의 상품을 자신 있게 설명할 수 없다면 그 상품을 팔지 말아야 한다. 설계사의 얘기가 장황하다는 것은 그만큼 상품력이 떨어진다는 반증이다. 이러한 단순함의 강점은 애플의 아이팟을 보면 더욱 극명하지 않은가? 아이팟의 포장을 뜯으면 그 안에는 복잡한 사용 설명서 대신 달랑 양면으로 인쇄된 포스터 한 장이 들어 있을 뿐이다. 설명서가 없는 단순함은 제품(조작)의 단순함으로 연결되고. 이러한 단순함을 경쟁사는 쉽게 모방하지 못하고 있다.

버림과 비움

> 그릇의 쓰임은
> 비워짐에 있다.
> 그릇이 가득 차면
> 더 이상 그릇이 아니다.

현대인은 왠지 시공간의 공백으로부터 편안함이 아닌 두려움과 불안을 느끼는 것 같다. 마치 일요일에 아무 일 안 하고 쉬고 있으면 왠지 불안함을 느끼는 것은 왜일까? 뭔가 끊임없이 채워야 안심이 된다. 모래를 세게 쥘수록 손가락 사이로 더 빠르게 빠져나간다. 손에 힘을 빼고 느슨하게 쥐어 보라. 손에 빈 공간이 있으면 더욱 많은 모래를 쥘 수 있다.

요즘 아파트 수납 공간을 보면 어떻게 그런 아이디어를 떠올렸는지 감탄이 절로 나온다. 주방, 화장대, 신발장, 발코니, 화장실, 드레스룸, 다용도실 구석구석에 어떤 잡동사니도 다 담아낼 정도로 생각지 못한 공간들을 창조해 낸다. 우리는 잡동사니를 사들이기 위해 돈을 벌어야 하고, 그것을 담아내기 위해서도 돈을 벌어야 한다. 이래저래 몸은 고단하고 마음은 산란하다. 자칭 미국 최고의 잡동사니 처리 전문가라는 브룩스 팔머(코미디언)에 따르면, 어떤 집을 막론하고 그 집 물건의 75퍼센트는 쓸데없는 잡동사니라고 한다. 결국 우리는 비싼 쓰레기통 속에서 산다는 얘기인데, 그러면 무엇이 잡동사니일까? 독자 여러분의 판단을 돕기 위해 그의 저서 『잡동사니로부터의 자유』에 나오는 '잡동사니 판단 기준'의 일부를 소개한다.

- 어떤 물건이 가치 있는지 없는지 결정하는 데 우물쭈물한다면 그것은 잡동사니다.
- 물건이 비싸다는 이유로 버리지 못하고 붙들고 있다면 그것은

잡동사니다.

- 만일 어떤 물건이 잡동사니라는 첫인상을 받는다면 그것은 잡동사니가 확실하다. 첫인상은 틀리는 법이 없다.
- 잡동사니는 접착성이 탁월하다. 겹겹이 쌓여 있거나 뒤엉켜 있는 물건들을 주목하라. 그런 물건은 모두 잡동사니일 가능성이 높다.

단순화를 지향하기 위해 현실적으로 필요한 역량은 무엇일까? '버릴 것은 버리고 비울 것은 비우는' 능력이다. 몇 년 전부터 한국 경영자들에게 많은 영향을 주었던 베스트셀러『좋은 기업을 넘어 위대한 기업으로Good to Great』의 저자 짐 콜린스가 생각난다. 그가 휴렛팩커드에 다닐 때 지도 교수로부터 들은 말이다.

"자네는 삶의 원칙 없이 그저 바쁘게만 사는 것 같아. 만약 유산 2천만 달러가 생겼는데 앞으로 10년밖에 살 수 없다고 상상해 보게. 그럼 지금 어떤 일을 시작하고 어떤 일을 그만두겠나?"

이 질문에 대해 많은 시간을 고민하던 콜린스는 결국 회사를 그만둔 뒤 10년 동안 하고 싶었던 경영학 교수의 길을 택했고, 세계적인 경영학 베스트셀러들을 썼다. 그는 항상 신년 초에 그해의 '꼭 해야 할 목록Must do-List'에 '그만두거나 버릴 항목'을 선정하고 있다.

세계적인 유통업체 월마트가 생기기 전까지 미국인은 그때그때 필요한 것만 구입했다. 그러나 월마트의 전략, 즉 필요한 것뿐만 아니라 앞으로 필요할 수 있는 물건도 미리 사게 하자는 전략은 미국인의 쇼핑 라이프스타일을 바꿔 놓았다. 우리도 마찬가지다. 대형 마트에 한번 가면 커다란 쇼핑 카트에다가 당장 필요한 양 이상으로 많이 사가지고 오지 않는가? 우리 가정의 싱크대와 화장실 선반을 보면 다음 달에 쓸 세제와 화장지가 놓여 있다. 이처럼 기업의 전략과 맞물려 우리는 미래에 생각하고 행동해야 할 일을 앞당겨 채워 넣고 있다. 옷장이나 책장을 정리하면서 실컷 버리고 나서 나머지를 정돈하며 속 시원했던 느낌들을 갖고 있을 것이다. 그러면 남아 있는 옷과 책들이 더욱 입고 싶고, 읽고 싶어지는 기분이 든다. 이렇게 빈 공간이 더 충만한 느낌이 드는 것은 버리고 비울수록 남은 것들이 소중해지기 때문이다. 자원이 점점 부족해지는 앞으로의 사회에서도, 중요한 것은 소유가 아니라 필요할 때만 제대로 사용하고 누리는 것이다.

경영자는 15세 소녀처럼 유행에 민감하다. 그래서 다른 기업들이 새로운 경영 기법을 사용하는 것을 보면 이를 자기 회사에도 적용하고 싶어 한다. 그래서 기업의 전략과 경영 혁신들은 세월이 가면서 사람들의 머릿속, 폴더 속, 캐비닛 속에 계속 쌓여 간다. 그러나 팀장의 폴더 안에서든 사장실의 캐비닛 안에서든 정리하면서 버릴 것은 과감히 버리고 잊을 것은 잊으며 가야 한다. 전략이란 한정된 자원을 어디어디에 배분할지 결정하는 것이다. 그러나 경쟁 영역이 전면 확대된 현시점에서의 전략은, '우선 하지 말아야 할 것'을 결정하는 것도 중요하다. 2000년대 후반의 세계적인 금융 위기도 많은 기업들에겐 불필요한 사업을 정리하는 기회를 제공해 주었다. 비록 혁신에 대한 노력은 주춤하게 했지만. IT 거품이 붕괴되고 9·11 테러 사건이 발생했을 때에도, 많은 기업들은 바닥에 몸을 낮추고 버텼지만, 구글과 애플은 사업 구조를 새롭게 개편하여 성장의 발판으로 삼았다.

애플은 이런 개념의 전략을 잘하는 것 같다. 무엇을 해야 할지보다 무엇을 안 해야 할지를 우선 결정하고 그대로 따르는 전략의 단순화

말이다. 전략뿐만 아니라 제품만 보더라도 엔지니어가 잘난 체하며 많은 기능을 보여 주면 스티브 잡스는 다양한 기능들을 자동으로 만들라고 지시했다. 기술진들은 이것저것 다양하게 장착하고 싶지만, 정작 스티브 잡스는 사람

잡스가 거실에 두었던 유일한 가구
로지 나카시마의 의자

들의 삶을 편하고 단순하게 하는 데만 관심 있었던 것이다. 1997년 애플에 복귀해서 가장 먼저 한 일도 목적 없고 비전 없는 제품 라인을 줄이는 일이었다. 본질만을 중시한다는 그의 집 거실에는 가구 하나만 달랑 있었다고 한다. 일찍이 불교에 심취해서 그런지 동양의 냄새가 풍기는 의자 하나뿐이었단다.

버림과 비움의 중요성과 개념 및 방법은 이 정도로 마치고, 버림과 비움의 미학에 관한 몇 가지 사례를 제시한다. 독자 여러분의 상황에 접목할 부분이 있다면 한번 실천해 보기 바란다.

골프 황제 타이거 우즈가 실수를 어떻게 비우는지 알아보자. 그는 티샷이 OB(규정된 공간 이외로 날아가는 잘못된 샷)일 경우, 열 걸음 걸어갈 동안 확실히 화를 뱉은 후 열한 걸음부터는 깨끗이 잊어버린다. 그리고 샷과 샷 사이에서는 골프 생각보다는 농담과 가벼운 대화로 고요한 상태에 빠져든다.

혼다 소이치로 사장이 회사를 스스로 그만둘 때, 후지사와 다케오 부사장과 나눈 대화 내용이다. 그들은 창업 동지로서 혼다는 기술의 신, 후지사와는 영업의 신으로 불릴 정도로 절묘한 파트너십을 유지해 왔다. 당시 그들의 나이는 60대 중반으로서, 일본의 관행상 그 나

이에 은퇴하는 것이 오히려 이상한 상황이었다.

"그저 그런 정도군."(혼다)

"네, 그럭저럭."(후지사와)

"이쯤에서 그만두는 게 괜찮겠지?"(혼다)

"글쎄요. 그렇게 하지요."(후지사와)

"행복했어."(혼다)

"정말 행복했습니다. 감사합니다."(후지사와)

"나도 고마울 뿐이네. 하지만 우린 괜찮은 인생이었어."(혼다)

우린 왜 비싼 돈을 주고 심한 스트레스를 받으며 번지점프를 할까? 하지만 번지점프는 극한 상황에 대비한 정신 건강에 도움이 된다고 한다. 살면서 사고를 당하거나 충격을 받을 때가 있는데, 충격을 미리 경험해 본 사람은 끄떡없다.

"유언을 써놓고 싸늘한 관에 들어가 보는 '죽음 연습'도 평소 마음을 비우거나 죽을 고비에서 초연해지는 데 큰 도움이 된다. 평상심만 가지면 지옥에 가도 아무 일 없다."

정무 스님의 얘기다.

스티브 잡스 역시 스탠퍼드 대학 연설에서 그의 암 투병 경험을 이렇게 소개했다.

"내가 죽음에 직면했던 경험은 이후 인생의 중대한 결정을 할 수 있는 가장 중요한 힘이 되었다. 왜냐하면 죽음 앞에서는 모든 것들, 실패의 두려움이 의미가 없어지고 진실로 중요한 것만 남기 때문이다."

한양대 교육공학과 유영만 교수는 버림의 미학을 동식물에 비유한다.

"아픈 동물은 굶으면서 속부터 비우며, 새도 높고 멀리 날기 위해 미리 뼛속까지 비운다. 산불이 난 자리 역시 시간이 지나면 토양이 비옥해져 큰 나무들이 새롭게 자라는 밑거름이 된다. 왜냐하면 다른 나무의 성장을 방해하는 죽은 나무 밑의 엉켜 있는 덤불이 제거됨으로써, 직사광선이 필요한 식물들이 잘 자라기 때문이다. 이처럼 모든 걸 비울 때 새싹이 솟아 나온다."

창조적 생활 방식

●●● 이 책에서 개인의 창조 경영은 크게 세 부분(창조적 사고방식, 창조적 생활 방식, 창조적 행동 방식)으로 구성되어 있다. 앞서 살펴본 창조적 사고방식(혁신, 상상력, 입체적 시각, 통찰력, 발상 전환, 수평적 사고, 단순화)들이 창조적 행동 방식(기본·디테일, 시간 관리, 몰입, 외모 관리, 대화, 질문, 경청, 발표, 문서 작성, 대인 관계)으로 표출되기 위해서 일상화된 창조적 생활 습관들이 필요하다. 즉, 창조적 생활 방식은 창조적 사고를 창조적 행동으로 연결시켜 주는 중요한 촉매 역할을 한다.

●●● 여기서는 창조적 생활 방식의 구성 요소로서 독서, 예술·인문학, 여유·휴식, 재미·유머, 행복, 우뇌 자극 등을 선정하였다. 사실 이러한 구성 요소들은 새로운 개념들이 아니다. 이미 자기 계발류의 서적들에서 많이 언급해 왔던 화두들이다. 그러나 이 책에서는 창조적인 사고와 행동을 유발하는 관점에서 이들 개념을 풀어 보고자 한다. 아울러 창조적인 삶을 지향하는 독자들에게 추천할 만한 창조적 생활 습관들도 함께 녹여 보았다. 우선 이들 6가지 구성 요소들을 가만히 살펴보면 뭔가 공통분모가 떠오르지 않는가?

● ● ●   우리는 지금까지, 지금도 여전히 각자 주어진 영역 안에서 치열한 경쟁을 하고 있다. 그러나 이러한 창조적 생활 방식들은 효율과 스피드, 제로섬 게임, 시장 점유율 등을 중시했던 경쟁 지상주의 시대에 등한시되어 왔던 개념들이다. 저자는 창조와 경쟁을 굳이 이분법적으로 구분하지는 않지만, 그렇다고 동전의 앞뒷면처럼 공존의 개념으로도 보고 싶지는 않다. 다만 20세기의 생활환경에 적합한 성장 동력이 경쟁이었다면, 21세기에 적합한 성장의 패러다임은 창조라고 생각한다. 그래서 창조적 사고방식을 배양하기 위해서는 독서와 예술·인문학을 통해 다양성을 축적해야 하며, 아울러 우뇌를 자극하는 생활 습관들이 필요하다. 또한 원활한 창조적 행동을 유발하기 위해서는 여유와 휴식, 재미·유머, 행복 등이 필요하다. 개인 창조의 대명사격인 스티브 잡스의 창조적 생활 방식 역시 이 6가지 구성요소들과 조화를 이룬다.

가장 값싼
다양성 축적 방법은
독서다

독서

5년 후 내 모습을 미리 보려면 두 가지만 보면 된다.
지금 내 곁에 있는 사람과 내가 읽고 있는 책이다.
기업도 마찬가지다. 기업의 5년 후를
결정짓는 것은 직원들의 독서 역량이다.

황을문(서린바이오사이언스 사장)

● ● ● 창조의 기반인 다양성을 축적하기 위한 가장 값싼 방법은 독서다. 여기서의 독서는 자기의 업무 분야나 취미 분야에 국한된 서적뿐 아니라 다양한 분야의 서적을 접하는 것이다. 창조의 시대에는 독서력readership이 리더십leadership의 원동력이다. 책을 읽지 않는 사람은 책을 읽는 사람에게 지배당하기 쉽다. 독서에 기반한 개인 간의 다양성 축적의 차이가 이제 성과의 차이로 가시화되기 때문이다. 나 역시 다양한 분야의 독서를 기반으로 이 책을 쓰고 있지만 나에게 독서는 점을 보는 것과 같다. 우리는 골치 아픈 문제가 생기거나 일이 잘 풀리지 않을 때 점을 보러 다닌다. 그러나 나는 남에게 내 미래의 답을 구하기보다는 내 안에 존재하는 정답을 책갈피를 통해 발견하는 기쁨을 누린다. 일요일 저녁만 되면 보통 월요일에 느껴야

할 월요병을 느끼는 사람도 많다. 그러나 일요일에 독서를 하면 월요병에서도 자유로워진다. 독자 여러분도 그렇게 느끼지 않는가? 책을 읽으면 내 머리를 아프게 하는 사소한 고민들이 아주 작아지는 뿌듯한 느낌 말이다.

참고로 일찍이 나에게 독서의 중요성에 대해 지대한 영감을 준 몇 분의 얘기를 정리하여 보았다.

현대 사회에서는 너무 많은 변화가 동시에 일어남으로써 미래를 확신하기 어렵다. 그래서 많은 양의 독서를 통해서 미래를 예측할 수밖에 없다. 금융 위기 이후 많은 사람들이 인문서에서 혜안을 찾고 통찰력을 구하고 있다.

_앨빈 토플러

안철수 연구소를 그만두고 미국에서 경영학 공부를 하던 당시, 나는「뉴욕타임스」책 코너를 본 적이 있다. 그런데 내가 보기에 매우 어려운 책인데도 몇 년간 베스트셀러로 올라 있는 것들이 많은 것을 보면서 두려움을 느꼈다. 왜냐하면 한 분야에 공감하는 사람이 그만큼 많으며, 이는 자연히 사회적 커뮤니케이션 비용이 감소하는 것을 의미하기 때문이다. 반면 한국은 OECD 중 대졸자 수가 가장 많은 고학력 국가인데도 책을 읽지 않는다.

_안철수(서울대 융합과학기술대학원 원장)

앞으로 직원들을 상대로 얘기할 때, 조직의 3년 후 미래만 얘기하고 다른 말은 하지 마라. 처음에 임원들은 어리둥절했으나 막상 3년 뒤 얘기만 하려니 자신이 아는 게 별로 없다는 것을 깨달았다.

할 얘기가 없다 보니 자연스럽게 직원들의 목소리에 귀를 기울이게 되었고, 또 잘 모른다는 자각 때문에 책을 읽고 모르는 분야를 공부하게 됐다. _이건희(1993년 신경영 선포 시 임원 대상 강연)

임원들은 경영학보다는 소설에서 경영 이론을 배워라! 소설 속에서는 실제 생활에서 겪지 못하는 많은 인간 군상들을 실제 이상으로 실감나게 겪을 수 있지 않나. 어떤 비즈니스든 인간의 마음을 아는 것이 관건이다. _이병철(삼성 그룹 선대 회장)

사실 독서의 모양새를 보면 정적이고, 소극적인 인상을 주기 때문에 학자나 나이 든 사람들의 전유물로 인식하는 경향이 없지 않다. 또한 젊은 층을 보더라도 협소한 분야의 독서에 진한 아쉬움이 남는다. 중고교 시절에는 사교육으로, 대학에 들어가서는 취업 준비로, 그리고 학교 이외에서는 인터넷이나 핸드폰으로 시간을 많이 보내는 라이프스타일 말이다. 사실 독서의 모습은 소극적이지만 독서는 권투의 섀도우복싱처럼 실전을 위한 연습 과정이다. 섀도우복싱은 경기 전에 미리 상대의 움직임을 상상하면서 그 대책을 몸으로 익히는 훈련이다. 그래야 실전에서 체계적인 인지 과정 없이 몸이 알아서 상대 주먹을 피할 수 있다. 독서도 저자의 해결책들을 보면서 나중에 자신이 그 상황에 직면할 때, 적절히 대응하도록 도와준다. 따라서 젊은 층도 불확실한 정도가 짙어 가는 사회와 직장 생활에서 생존하려면 독서가 절대적으로 필요하다. 현실에서 닥치는 다양한 상황에 민첩하고 유연하게 대처할 수 있기 때문이다.

한편 어떤 사람들은 책을 읽고 난 직후의 뿌듯함을 빨리 느끼려고 속독에 치중한다. 주말에 1~2권은 꼭 읽는다고 자랑하는 사람도 보았는데, 이는 맥주 빨리 마시기 대회에서 1분에 500cc 12잔을 마셨다고 자랑하는 것과 뭐가 다를까? 사실 인문학이나 문학 작품은 여유를 갖고 상상하며 읽어야 한다. 상상력에 주는 도움이 크며 다양한 사람의 관점에서 사물을 접할 수 있기 때문이다. 마음속으로 저자와 대화하거나 질문도 던지고, 때로는 등장인물의 관점이 되어 보면서 말이다. 사실 고전을 읽는다고 해서 그 책 속에서 더 많은 내용을 발견하지는 않는다. 다만 고전을 통해 이미 일어난 과거의 인과 관계를 해석하면서, 그리고 나에게 일어난 일을 되새겨 보면서 앞으로 어떻게 해야 할지 자신을 반추하게 되는 것이다.

또한 창조적인 독서는 입체적인 시각을 갖고 읽어야 한다. 그래서 한 권의 책에 담겨 있는 핵심 내용을, 관련된 다른 책의 내용과 연결시켜 볼 것을 권한다. 즉, 이미 읽었던 책의 내용과 지금 읽는 책의 내용을 연결하면 새로운 발상을 할 수 있다는 것이다.

지금까지 소개한 것처럼 충분한 시간 속에 문제의식을 갖고 독서를 하면 같은 책이라도 읽을 때마다 느낌이 달라진다. 얼마 전에 학생 때 읽었던 소설을 아이들 책꽂이에서 꺼내 읽어 보았다. 신기하게도 그때와 또 다른 감흥이 일었다. 하긴 읽는 내가 그때와 다른 사람이 되었으니 당연한 일이기도 하다.

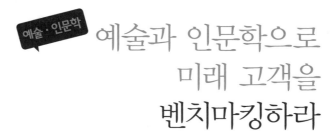

예술과 인문학으로 미래 고객을 벤치마킹하라

예술·인문학

인문학이 없다면 나도, 컴퓨터도 있을 수 없다.

빌 게이츠

소크라테스와 점심만 할 수 있다면
회사의 모든 기술과 바꾸겠다.

스티브 잡스

● ● ● 세계적인 생활용품 업체인 P&G는 '리빙 잇Living it'이라는 제품 개발 프로그램을 통해 고객의 생활 현장을 관찰한다. 이 과정에서 문화 인류학자를 채용하여 가정에서 주부들의 생활을 면밀히 관찰함으로써 신제품 아이디어를 얻는다. 철강이라는 거친 이미지를 버리기 위해 포항제철이라는 회사명을 일찍이 바꾼 포스코 역시 인문학에 대한 집착이 남다르다. 신입 사원을 교육할 때부터 문文·리理 과목을 교차 학습시켜 인문학적 상상력을 육성시킨다. 애플이 인문학과 IT의 교차점에서 아이폰을 만든 것처럼 포스코 역시 인문학과 철강의 교차점에서 혁신적인 제품을 개발하겠다는 것이다. 최종 소비자를 상대하지 않는 철강업체가 인문학에 집착하는 것이 생소하다면 세계적 반도체 업체인 인텔을 보자. 전자제품의 부품을 만드는

이 회사는 후진국에서 기술이 어떻게 적용될지를 파악하기 위해 제품 개발 과정에 인류학자를 참여시키고 있다.

과학 분야의 노벨상을 많이 수상한 나라일수록 유명한 미술가가 많다고 하니 창의성과 예술은 서로 통하나 보다. 사실 기술이라는 개념은 르네상스 시대까지만 해도 아트art와 같은 개념으로 쓰였다. 다만 르네상스 이후 의미가 분화되면서 아트가 예술의 의미로 한정된 것이다.

소위 문사철文史哲(문학, 역사, 철학)로 대표되는 인문학이 경영에 도움 되는 이유는 뭘까? 바보는 경험에서 배우고, 천재는 역사에서 배운다. 최근의 금융 위기는 금융 공학보다는 인문학의 중요성을 일깨워 주었다. 금융 위기가 인간의 탐욕에서 비롯되었기에 인간에 대한 이해가 필요함을 인식한 경영자들은 인문학을 통해 본질적인 해법을 찾으려고 한다. 마케팅에서는 비즈니스의 전쟁터가 이마트나 홈플러스가 아니라 고객의 마음속이라고 강조한다. 그런데 지금의 고객들을 단순한 상품 구입자로만 봐서는 안 된다. 그들은 같은 값의 물건이면 환경오염이나 원주민 노동 착취가 반영된 상품은 거부하는 '성숙하고도 착한' 소비자들이다. 따라서 소비자 행동 이론보다는 문학, 역사, 철학 등의 인문학적 배경이 더욱 필요하다. 결국 급변하는 기업 환경과 글로벌화되어 가는 시장에 적응하기 위해서는 기업 내부의 자원을 다루는 경영학(생산 관리, 인사 조직, 재무 회계 등)만으로는 한계가 있다. 지금은 고객의 내일 행동도 예측하기 어려우며, 미래 고객의 욕구까지도 감지해야 하는 시대다. 상품과 기술을 이해했던 예전과 달리, 사람을 제대로 이해하려면 역시 인문학을 통해 종합적 사고력, 문제 해결력, 통찰력 등을 소화해야 한다.

이 책의 다양한 부분에서 인문학을 언급하였다. '상상력'에서는 인문학이 상상력을 자극함으로써 미래를 내다보는 자양분을 제공한다고 주장하였다. '감성'에서는 제품과 직원들의 마음속에 꿈과 감성을 반영해야 하는 스토리텔링을 다루었는데, 스토리텔링도 인문학의 활용이 필수적이다. '입체적 시각'에서 언급했던 사물의 본질을 꿰뚫어 보는 통찰력 역시 그 기반은 인문학이다. '수평적 시각'에서는 다양한 분야와의 연결을 강조하였는데, 이질적인 다양한 부분의 연결과 조합을 도와주는 것도 인문학이다. 이처럼 인문학 없는 창조 경영은 사상누각이다. 일반적으로 벤치마킹할 대상이 없는 업계의 리더들일수록 누구보다 인문학을 강조하는 경향이 있다. 경쟁사보다는 고객과 경쟁해야 하는 위치에 있기 때문이다. 마치 '고객의 기대를 넘어선 기발한 상품을 만들었는데 이래도 안 살 건가?' 하는 식으로 말이다. 고객 입장에서 사야 할지 고민하게 만드는 상품은 이처럼 고객과의 경쟁, 더 나아가 인문학에서 발굴된다.

창조 경영을 위해 인문학과 예술의 중요성은 이미 이 책의 많은 부분에서 강조했다. 여기서는 창조와 관련된 인문학과 예술에 대한 몇 가지 상식들을 모아 봤다.

조선 최고의 산수화가라고 칭송받는 정선 이전 시대에는 자연의 실제 경치를 그리지 않았다고 한다. 정선이 처음으로 실제 모습의 산수山水를 그릴 때까지, 조선 화가들은 상상력을 동원하여 신선이나 상상 속의 자연을 그렸다. 상상력이 부족하면 중국 화풍인 옛 대가들의 그림을 베끼기도 했다.

미술 감상에 취미나 조예가 없는 분들에게 도움될 감상법을 소개한다. 도난 경보기가 고장 나서 그림 한 점 정도는 집에 가져갈 수 있다는 생각을 하고 감상해 보라. 어떤 그림을 가져 갈지 스스로 동기 부여를 하다 보면 나중에도 그림의 잔상이 남는다.

상상력과 가장 코드가 맞는 화풍을 꼽으라면 나는 초현실주의라고 답하겠다. 현실의 모습에 충실하지 않고 상상력을 동원하여 억압된 자아의식을 표현하는 초현실주의 말이다. 르네 마그리트의 「겨울비」를 보면 음산한 날씨의 겨울비 자리에 중년 신사를 배치하여 가정과 직장에서 겉도는 중년의 처량한 신세를 풍자하고 있다. 만약 중년 신사 대신에 원래의 비를 그대로 그렸다면, 「겨울비」의 가격인 수백억 원의 가치가 형성되지 않았을 것이다. 이런 비현실적인 그림은 보는 사람 입장에서도 상상력이 필요하다. 일상에서 친숙하게 접하는 사물들을 생뚱맞은 환경 속에 배치함으로써 익숙한 것을 새롭게 보도록 유도하기 때문이다. 이런 그림을 보고 있노라면 왠지 모르게 경직된 사고방식이 유연해지는 느낌을 받는 것은 나만의 생각인가? 최명환의 「죽은 청년의 사회」는 르네 마그리트의 「겨울비」를 패러디한 작품이다. 중년 신사의 자리에 취업난으로 극단적인 선택을 하는 청년들을 배치했다.

반면 감상자의 호기심과 상상력을 동원하기 위해서 일부러 약간 미완성 상태로 남기는 그림도 있다. 나머지는 감상자의 창의성으로 메우는 영역이라나? 괜찮은 방법인 것 같다. 기업에서도 이러한 방법을 활용해 보면 어떨까? 가끔 완성된 보고서의 결론 부분을 덜어 내고, 다른 부서의 직원들에게 공유하면서 이렇게 제안하는 것이다.

'보고서 앞에 제시된 환경 분석, 문제점 진단 등과 연결되도록 비어 있는 결론 부분을 각자 완성하시오.'

그러면 다양한 각도의 생각들이 나오지 않을까?

3대
창조 공간

사람의 손이 빚어낸 문명은 직선이지만, 자연과 인생은 곡선이다.
끝이 빤히 보인다면 살맛 나겠나? 모르기 때문에 살맛 나는 것이지.
직선은 조급하고 냉혹한 속성이 있지만 곡선은 여유, 인정, 운치를 띤다.
때로는 천천히 돌아가기도 하고 어정거리고 헤매면서 목적보다
과정을 충실히 깨닫고 사는 삶의 기술도 필요한 시대다.

법정 스님

● ● ● 기술의 발달은 인간을 육체노동에서 해방시킴으로써 많은 자유 시간을 확보해 준다. 사실 스마트폰, 인스턴트식품, 고속 철도 등을 통해 추가로 확보된 시간을, 많은 사람들은 3D TV와 오락 영화를 보면서 시간을 잊는 데killing time 쓴다. 시간으로부터의 해방이 아닌, 시간에 구속되는 현실이다. 사실 우리가 다양한 첨단 기기를 통해 바쁘고 빠르게 사는 것은 빠른 속도를 즐기기 위한 것이 아니다. 오히려 여유와 휴식으로 재충전하며 새로운 차원의 가치를 창출하기 위함이다. 효율과 속도가 직선이고, 여유와 휴식이 곡선이라면 우리의 현실은 곡선이 되어야 할 부분도 직선으로 펴려 한다. 모두 직선을 추구하면서 남보다 빨리 가려는 경쟁에 몰두해 왔다. 교육 현실이 그렇고, 기업 간 경쟁이 그렇다.

그러나 지금 성공하는 획기적인 신제품을 보라. 업계 선두를 벤치마킹하기보다는 경쟁사와 차별화하는 가운데 새로운 아이템들이 나오고 있다. 성공하는 초일류 기업들에게 군이 경쟁 대상을 물어보면 미래 소비자나 다른 업계를 꼽을 정도다. 효율과 속도를 추구하는 기업 내부의 시간과 공간(인트라넷, 화상 회의, 커튼이 드리운 회의실, 야근, 매뉴얼, 검정/갈색 정장) 속에서는 새로운 창조가 흘러나오기 힘들다. 창조의 공간을 3Bbed, bath, bench라고 얘기하는 것도 비일상적·비업무적인 곡선의 공간을 염두에 두었기 때문이다.

일(노동)의 반대 개념은 휴식일까? 최근에는 게으름이라고 주장하는 사람들이 늘어나고 있다. 맞는 말이다. 일과 휴식은 반대말이 아니라 동전의 양면과 같은 보완 관계. 일에 가치를 둔 1970~1980년대 고도 성장기에는 휴식 하면, 일의 반대말로 치부하면서 왠지 부정적인 느낌을 갖게 했다. 주말에 충분히 쉬면 뭔가 개운하지 않은 마음가짐으로 월요일을 맞는 느낌이 들었다. 그러나 최근 기업에서 많이 요구하는 새로운 아이디어는 휴가를 통해 재충전할수록 획득할 가능성이 높다. 주말에 휴식을 통해 충전을 제대로 못한 사람들은 월요일에 출근해서 시간만 허비하고 게으름 피우는 경우가 종종 보인다.

실제로 성공한 사람들은 주말에 제대로 휴식을 취한다. 일전에 본 어느 기사가 생각난다. 성공한 사람들과 일반인들을 대상으로 금요일 저녁과 일요일 저녁 중 언제가 더 즐겁고 행복한지, 설문 조사를 한 내용이다. 두 집단이 통계적으로 유의한 차이를 보인 결과에 따르면, 성공한 사람들은 일요일 저녁이 행복하다고 응답한 반면, 일반 직장인은 금요일 저녁을 꼽았다. 월요병을 느끼는 직장인일수록 금요일 저녁 시간에는 무엇인가 묶여 있던 곳에서 풀려나는 해방감을 느끼며 자유를 만끽한다. 제대로 충전(휴식)하기 위해서 방전(일)을 하듯이, 또한 제대로 방전(일)하기 위해서는 확실하게 충전(휴식)하자.

여러분은 대학이나 일부 기업에서 시행하는 안식년安息年의 반대말이 무엇인지 아는가? 미친년이란다. 안식년이 주어지기 전에 미친 듯이 몰두하는 몇 해를 의미한다고. 여기서 미친다는 개념은 정신이 머리 밖으로

우리도 독일처럼 고등학교 2학년 때 '안식년'을 도입할 필요가 있다. 독일 고등학교의 11학년 차에서는 1년 동안 수학을 제외한 모든 과목을 복습만 한다. 대부분 학생들은 이 시간을 생각의 폭과 깊이를 더하는 시간으로 활용한다
_ 오성삼(건국대 교육학과 교수)

나가out of mind 제정신in mind으로 생각하지 못하는 일을 해내는 초인간적 상태다. '열심히 일한 당신 떠나라'는 말 역시 열심히 일한 사람만이 휴식다운 휴식을 보낼 수 있음을 시사한다. 회사 일로 바쁜 중장년층들은 은퇴 후에 '태국이나 오스트레일리아에서 노후를 보내며 골프나 실컷 쳐야지, 전원에 카페를 열고 친구들과 술이나 마시면서 살아야지' 하는 꿈들을 갖고 산다. 그러나 실제로 은퇴한 지인들의 얘기는 다르다. 시간에서 자유로운 가운데 치는 골프는 재미가 없다는 것이다. 특히 평균 수명이 60대인 예전에는 50대에 은퇴하여 10여 년 정도를 골프와 여행으로 보낼 수 있었다. 그러나 90대까지 살아야 하는 지금의 장수 시대에는 적합하지 않은 얘기다. 세상에서 가장 힘든 일은 일 없이 계속 노는 것이라는 말도 설득력 있게 들린다. 노는 것도 하루 이틀이고, 술 마시는 것도 한두 번이지 계속 놀기는 힘들다. 우리는 북유럽 사람들이 오랜 기간 동안 휴가를 즐기는 것을 부러워하면서도 의아해한다. 그러나 오랜 기간의 충전이 있기에 일하

는 동안 충분히 방전할 동기 부여가 되는 것이다. 어쨌든 근무 시간이 짧은 북유럽이 여전히 잘살며, 소득의 양극화가 적은 이유 중 하나는 이처럼 일과 휴식의 균형이 아닐까? 일과 휴식의 균형은 창의적인 유대인에게서도 찾아볼 수 있다. 오늘날 세계 경제를 좌지우지하는 유대인의 노동 철학 역시 열심히 일하는 것만큼이나 잘 쉬는 것을 강조한다. 농업적 근면성을 앞세운 화교와 크게 대비된다.

인내는 쓰지만 열매가 단 이유는 무엇일까? 후쿠오카 켄세이는『즐거운 불편』에서 쓴맛을 봤기 때문에 열매가 달게 느껴진다고 해석한다. 만약 인내가 달다면 열매가 달다는 사실을 느끼기 힘들 것이라는 논리다. 추운 문 밖에 있다가 난방이 잘된 따뜻한 방으로 들어왔을 때는 안락과 쾌락을 모두 느낄 수 있지만, 계속 따뜻한 곳에서 지내다 보면 안락하긴 하지만 더 이상 쾌락은 느낄 수 없는 것도 마찬가지 이치다. 휴식은 언제나 안락하지만, 지쳐 있을 때의 휴식이 진정한 쾌락을 준다. 문명의 편리함에 둘러싸인 현대인은 카네기나 록펠러보다 안락할 수 있지만, 안락만의 추구로는 더 이상의 만족을 느끼지 못한다. 결국 이 메시지의 시사점은 두 가지다. 첫째, 소소하나마 쾌락을 원한다면 언제든지 만들어서 느낄 수 있다. 이를테면 소변도 좀 참다가 해결한다든지, 식사도 시장기가 느껴질 때 한다든지 말이다. 둘째, 편리함으로 무장한 문명의 이기에 너무 의존하지 말고, 일할 때는 미치도록 방전하라는 교훈을 준다. 그래야 휴식이 달콤한 쾌락으로 다가오기 때문이다.

일의 반대편에 자리 잡고 있는 게으름에 대해 짚고 넘어가야 할 것이 있다. 가끔 게으름의 동업자는 야근이 아닐까 하는 역설적인 생각을 해본다. 특히 과거의 고도 성장기가 아닌 지금 시대에서 볼 때

말이다. 구글이 창조적 기업 문화를 벤치마킹했다는 소프트웨어업체 SAS의 짐 굿나이트 회장 얘기를 소개한다.

"대체로 야근은 낮 시간의 업무를 비생산적으로 만든다. 한번은 늦은 밤까지 남아서 컴퓨터 프로그램을 만든 적이 있었다. 다음 날 아침에 내가 만든 프로그램을 다시 보고 형편없다는 것을 깨달은 이후 야근은 비효율적이라 생각했다."

어떤 경제 연구소의 연구 결과를 보니 직장 업무의 90퍼센트는 잡무에 이용되기 때문에 업무 시간을 단축하면 생각하는 시간을 늘릴수 있다고 한다. 아니, 90퍼센트가 잡무라니? 하루 종일 바빴는데 정작 한 게 없는 것처럼 느껴지는 이유는 제대로 몰입하지 않았기 때문이다. 이제 새로운 가치를 창출할 것을 요구하는 직장은 강제로라도 퇴근 시간을 규정해 야근을 엄금해야 한다. 특히 인사 고과 직전 기간에는 더욱 그래야 한다. 공정한 고과 평가는 어디까지나 정해진 업무 시간과 동일한 제반 비용(수도 광열비, 야근 식비, 초과 근무 수당) 내에서 얼마나 성과가 났는지로 한정해야 한다. 아마 이렇게 근무 시간을 확고하게 제한하면 정해진 시간 내에 최대한 생산성을 높이는 방안을 스스로 강구하려 할 것이다.

휴식의 중요성을 좀 더 살펴보자. 사람이 늘 긴장하고 최선을 다하면서 지낼 수는 없다. 긴장한 시간만큼 풀어 주고 느긋하게 지내는 시간 또한 필요한 것이다. 바이올린도 연주가 없을 때는 줄을 풀어두며, 활도 평소에는 줄을 풀어 놓는다. 이처럼 줄을 풀어 놓는 이유는 활의 탄성 피로 때문이다. 계속 줄을 매어 놓으면 필요할 때 바로 꺼내서 쓰는 편함은 있지만, 탄성 피로 때문에 화살이 더 멀리 더 강하게 날아가지 않는다. 이미 우리 조상들은 휴식의 개념과 노동의 탄성 피로에 대한 지혜를 깨치고 있었던 것이다. 월요일부터 월요병 없이 새로운 마음으로 일하려면 이처럼 주말에 탄성 피로를 없애야 한다. 주말에 아무것도 안 하고 잠만 자거나 오락 영화를 보는 것이 결코 줄을 풀어 놓는 것은 아닐 것이다. 왜냐하면 몸의 탄성 피로는 가실지 몰라도 마음과 머리의 탄성 피로는 남아 있기 때문이다. 우리의 조상뿐만 아니라 그리스의 조상들도 휴식을 강조했다. 그리스 철학자들은 휴식을 '창조적인 조물주의 영역에 다가가는 최고의 행동 양식'으로 간주했다. 오죽하면 철학자 디오게네스는 통 속에서 알렉산더 대왕에게 "햇빛 가리지 말고 비켜 달라"는 말까지 했을까? 그러나 위에서 언급했다시피 미친년(미치게 일한) 후에 이어지는 안식년(철저한 휴식)처럼, 휴식(충전)은 충분한 몰입(방전)이 앞뒤에서 병행되어야 한다. 지나친 휴식은, 빚으로 휴식만 즐기다 망해 가는 현재의 그리스 사태를 초래할 수 있다.

다행히 휴식이 경쟁력이라는 관점을 많은 기업들이 깨닫고 있다. 그래서 업무 시간 이외에 일터 밖이나 가정에 대해서도 비용을 아낌없이 지원한다. 더 나아가 회사의 업무 시간과 업무 공간에도 이러한 휴식과 여유의 개념을 반영하는 회사들이 늘어나는 추세다. 구글은 회사 내에 상상을 초월하는 편의 시설을 갖춰 놓아 퇴근 후에도 집에 가기를 꺼려하는 직원들이 생겨날 정도다. 이렇게 회사에서 방전뿐만 아니라 충전을 하는 생활이 1년간 누적되면 회사 입장에서도 지출한 비용이 아깝지 않은 투자 효과를 거두지 않을까? 국내에서도 포스코나 현대카드 같은 회사들이 이와 유사한 기업 문화를 이미 실행하고 있다. 창조 경영의 선구자로 꼽히는 레오나르도 다빈치도 휴식을 강조했다.

"충분히 쉬었기에 일할 때 더욱 분명한 판단력을 행사할 수 있었다. 아울러 휴식은 일을 작게 보이고 전체가 한눈에 들어오게 만들기 때문에, 어느 곳에서 균형이 부족한지를 쉽게 발견하게 해준다."

직원의 비업무적인 생활 가치에 대해 가장 진정성을 갖고 실천한 사람으로서 코카콜라 회장을 역임한 더글러스 테프트를 꼽을 수 있다. 그가 2000년도에 전 세계 직원들에게 보낸 신년사의 원문을 번역하여 소개한다.

"삶은 공중에서 5개의 공을 돌리는 저글링 같습니다. 일, 가족, 건강, 친구, 자신의 영혼의 공들 말입니다. 이 중 '일'만이 고무공이고 나머지는 모두 유리공입니다. 그러니 여러분 각자 5개의 공이 떨어지지 않고 유지될 수 있도록 노력합시다. 무엇보다도 타인과 비교함으로써 그 가치들을 과소평가하지 마세요. 우리는 서로 다르고 모두 특별한 존재이기 때문입니다. 타인들의 말에 당신 인생의 목표를 두지 말고, 자신에게 최선인 것에 의미를 부여하세요. 당신이 지금 어디에 있는지, 또 어디로 가고 있는지도 모를 정도로 그렇게 바쁘게 당신 인생을 내달리게 하지 마십시오. 시간과 말을 함부로 사용하지 마세요. 그 어떤 것도 다시 주워 담을 수 없습니다. 인생은 경주가 아닙니다. 한 걸음씩 음미하며 나아가는 여행입니다.

평소 우리가 보던 기업의 신년사가 아니다. 그 어느 때보다 급변한 경영 환경 운운하며 현재에 안주하지 말고 변화와 혁신으로 매출 1천억 원을 달성하자는 우리네 신년사 말이다. 여러분은 공장 얘기로 일관하는 신년사와 '자신과 가정을 돌아보며, 자신이 어디로 가는지 모를 정도로 바쁘게 살지는 말라'는 신년사를 접할 때, 어떤 경우에 더욱 열심히 일할 맛이 나는가?

안철수연구소로 직장을 옮긴 송태경 이사의 신문 기사 얘기도 인상적이다. 다섯 번이나 이직한 그는 연구소에 와서 사장을 흉보는 직원이 한 명도 없어 놀랐다고 한다. 직장인들의 가장 흔한 술안주는 상사인데, 여기서는 그런 일이 정말 없다는 것이다. 보통 기업의 목표가 이윤 극대화인 데 반해, 이곳에서 제일 중요한 것은 직원 개인의 발전이며, 그다음이 회사라고 한다.

휴식과 여유는 창의적인 업무를 위해서도 중요하지만 개인의 인생에서도 중요하다. 먼 훗날 돈과 시간에서 자유롭게 살겠다는 꿈 때문에 지금 내 주위의 소소한 것들이 주는 잔잔한 즐거움을 놓치는 것은 어리석다. 존 레논의 노래 「뷰티플 보이Beautiful Boy」의 가사가 기억난다. '인생이란 다른 계획을 세우느라 바쁠 때 일어나고 있는 일……'

느리게 살면 새로운 행복을 접할 기회가 많다. 인디언은 사냥감을 몰다가 어느 순간, 추적을 멈추고 뒤를 돌아본다. 너무 빨리 달리면 자기 영혼이 자신을 쫓아오지 못하고 헤맬 수 있기 때문이란다. 인디언은 옛날 사람이라서 실감나지 않는다면 오스트리아(클라겐푸르트)의 시간감속협회 얘기를 해볼까 한다. 이 협회는 느리게 살기 운동을 추진하며 과속한 사람을 단속한다. 여기서 과속한 사람이란 '38초 안에 50미터 이상을 가는 과속자'를 지칭한다. 과속한 사람에게는 서두른 이유를 물은 뒤 그 벌로 거북이와 50미터를 가게 한다. 물론 대부분의 과속한 사람은 기꺼이 벌을 받으며 거북이와 함께 가는 동안, 느리게 사는 삶에 대해 생각할 기회를 갖는다.

사실 운도 우연히 오는 게 아니라 노력으로 만들어지며 여유 있는 자에게 많이 오는 것 같다. 운은 누구에게나 살그머니 노크하면서 다가오지만 많은 사람은 너무 바빠서 지나치는 게 다반사다. 여러분도 아마 바빠서 지나쳐 버린 '슬그머니 찾아온 운'이 많을 것이다. 생각은 잘 안 나겠지만.

그럼 휴식을 어떻게 보내야 할까? 사실 주 5일제 근무를 시작할 당시, 앞으로 삶의 질이 높아질 거라는 얘기들을 많이 했다. 하지만 초기의 현실은 그렇지 않았다. 휴가 문화가 정착된 서구와 달리 제대로 쉬는 것도 익숙하지 않아 '열심히 일한 당신 떠나라'는 말에 정작 '뭐 하지?'하는 사람들이 많았다. 거기다가 1년에 48번이나 찾아오는 주말 여가 비용 역시 만만치 않았던 것이다. 결국 집에서 부인과 보내는 시간이 많아지면서 평소에는 지나쳤을 일이 말다툼으로 확대되어 이에 따른 이혼율도 증가한 게 사실이다. 휴식에 많은 돈을 수반하는 주위 분위기에 이끌리지 말고 그냥 자신을 놓아둔다고 생각해 보면 어떨까 싶다.

아이러니하게도 인류 역사상 창조적인 발명품들의 아이디어는 연구실과 사무실 이외의 휴식 공간에서 많이 탄생되었다. 그래서 3B를 3대 창조 공간이라 부를 정도다. 그 배경을 약간 과학적으로 접근해 볼까? 사람은 생각과 고민이 많아지면 호흡이 가빠지면서(배보다는 가슴 쪽에서의 호흡) 뇌 작용에 필요한 산소 공급이 원활치 못하게 된다. 결국 신체가 이완되고 편안한 상태일 때, 생각지도 못한 아이디어가 나오는데 그러한 시간이 침대에 누워 있을 때, 벤치에서 시원한 바람을 맞을 때, 샤워할 때라는 것이다. 그럴듯하지 않은가?

요즘 사람은 연예인의 사생활에 대해서는 너무도 잘 알지만 정작 평생을 함께하는 자기 마음에 대해서는 잘 모른다. 그러므로 비일상적인 공간에서 휴식하거나 책을 보는 것도 좋지만 집 주위의 공원을 거닐면서 자신과 대화를 해보는 것도 바람직하다. 현대인은 생각의 힘이 약해져 지식이 도태되고 지적 능력이 약화되고 있다. 불확실성과 복잡성이 증대되면서 '알고 있는 것'보다는 '생각하는 능력'이 중요한 역량으로 부각되고 있는 반면 '왜?'라는 의문을 가지고 논리적이고 분석적으로 깊게 고민해 보는 훈련이 되어 있지 않다. 특히 주입식 교육에 익숙한 우리는 혼자만의 시간을 가지고 생각하는 데 어색하다.

더구나 자신 속에 또 다른 자신을 두고 질의응답을 하는 것은 단순히 곰곰이 생각하는 차원과 또 다른 일이다. 아마 처음에는 내 속의 또 다른 자신에게 말을 걸어도 응답을 듣기까지 상당한 시간이 소요될 것이다. 어느 오락 프로그램에서 자신에게 영상 편지를 낭독하는 코너가 있었는데, 낯설지만 좋은 시도라고 생각한다.

아이디어를 발굴할 때에는 산책을 강력 추천한다. 평범한 얘기로 들리지만 꽤나 과학적인 바탕이 깔려 있다. 걸으면 뇌에 산소를 공급하여 더욱 활발한 자신과의 대화가 가능하고, 주위의 다양한 환경이 몸의 감각 기관(오감)을 통해 뇌에 전달되면서 다양한 아이디어가 나올 가능성이 높다. 니체는 "자연 속에서 자유롭게 몸을 움직이면서 얻은 게 아니라면 어떤 사상도 믿지 마라"라고 말했다. 2010년과 2011년 연속 『포춘』지가 선정하는 '미국에서 가장 일하고 싶은 기업' 1위에 뽑힌 SAS(소프트웨어업체)의 본사는 산책이 창의성 함양에 왜 중요한지를 보여 준다. 3600제곱킬로미터(110만 평)의 우거진 숲 속에 드문드문 들어선 대학 캠퍼스 분위기의 건물들은 평균 800미터의 간격을 두고 있다. 회의나 업무를 위해 다른 건물로 걸어가면서 생각하기에 딱 좋은 거리다. 또한 걸으면서 다른 자극을 받아 창의적인 사고를 하도록 총 64킬로미터의 산책로 주변에는 조각품과 설치 미술 작품 4천 점을 배치하였다.

호기심, 질문, 역발상, 몰입의 어머니는?

재미·유머

필요가 발명의 어머니라면,
재미는 발명의 아버지다.
2010년대는 '재미있는 기업이
재미 보는' 시대다.

재미

창의적인 사고방식은 사물을 새롭고 다양한 방식으로 재결합하는 과정이기 때문에 일종의 재미있는 놀이다. 창의성에 관한 많은 연구에 따르면, 창의적인 사람들은 마치 아이들과 비슷한 성향이 있다고 한다. 긍정적 감정은 창의적인 사고를 촉진시키는바, 특히 새로운 방법으로 사물을 조합하고 다양한 사물 간의 관계를 볼 수 있게 해준다. 뇌 연구에서 밝혀진 바에 의하면, 긍정적 감정 상태가 되어 도파민 수준이 높아지면 인지적 융통성이 증가한다. 결과적으로 다른 방식으로 사물을 볼 수 있게 된다. 재미가 있어 일에 푹 빠진 사람은 미친 상태에서 일한다. 그래서 천재는 노력하는 자를 이길 수 없고, 노력하는 자는 즐기는 자를 이길 수 없다는 말이 나온 것이다. 지구 중력에 익숙해질 정도로 축구를 잘하는 '외계인'이라는 브라질의 축구 스타 호나우지뉴는 2002년 한일 월드컵 때 보니 예술 같은 드리블을 하다 강한 태클을 당해도 특유의 미소를 잃지 않았다. 그는 정말 축구를 재미로 하는 것 같다. 남들이 못 보는 새로운 것을 보기 위해서는 재미있게 일하며, 유머와 친숙해야 한다. 지금 세대는 열심히 일하기 위해서 즐거움과 재미가 수반되어야 하는 사람들이다. 일이 즐거워야 오래 몰두할 수 있고, 다소 무리하게 일해도 건강이 유지된다.

반면 정말 잘하는 수준에 도달하기까지는 일에서 결코 재미를 느낄 수 없다는 얘기도 있다. 물론 성공한 사람이 느끼는 여유스러운 재미를 말하는 것이 아니다. 나는 얼마 전에 은퇴한 삼성 라이온즈의 양준혁 선수가 한 얘기를 가끔 생각해 본다. 다른 선수보다 늦은 나이까지 오랜 기간 선수 생활을 해오면서 단 한 번도 즐겁게 야구를 한 적이 없다는 얘기였다. 가장 소중히 생각하는 기록은 프로 야구 신기록인 최다 홈런, 최다 안타가 아니라 최다 사사구(볼넷)라며, 인내심과 동료애를 강조하는 그를 폄하할 수는 없다. 그러나 그가 결혼도 미루면서 야구 하나에 목숨을 건 지독한 성실함과 더불어 즐겁게 야구를 했더라면 어땠을까? 아마 이승엽 다음의 2인자라는 소리를 안 들었을 정도로 더욱 뛰어난 활약을 보이지 않았을까?

PC 게임의 재미에 중독된 아마추어가 정작 거액의 돈을 목적으로 하는 프로 게이머가 된 후에는 재미를 느끼기 어렵다. 그러나 프로 게이머 중에서 우승하는 선수들은 여전히 즐긴다는 표현을 많이 쓴다. 즐기는 선수에게는 승부에 집착하는 선수가 보지 못하는 승리의 패턴이 보이는 모양이다.

앞서 얘기한 대로 창조적인 아이디어가 나오기 위해서는 제대로 쉴 줄도 알아야 하지만 아울러 재미있게 놀 줄도 알아야 한다. 창조 경영에서 재미는 어떻게 봐야 할까? 나는 창조와 재미는 항상 함께 붙어 다니는 동전의 앞뒷면이라고 생각한다. 우리 뇌에는 수십만 가지의 잠재적인 고정관념(가설)이 뿌리박혀 있어 익숙한 것은 그냥 지나칠 수밖에 없다. 뇌의 에너지 소모량은 다른 부위에 비해 몇십 배 높기 때문에 최대한 효율적으로 신진 대사 활동을 할 수밖에 없다. 즉, 뇌 활동은 창조적 사고에 장애물인 셈이다. 그래서 창조라는 비일상적인 인지 작용을 위해서는 호기심이 필요하다. 결국 자발적인 호기심을 갖기 위해서는 재미가 있어야 한다. 모든 현상을 처음 접하는 어린 시절에는 재미가 없어도 마냥 호기심이 생겼지만, 어른들에게는 재미가 필요한 것이다.

궁극적으로 회사와 가정에서 재미있게 지내는 직원이 많아야 경쟁사보다 창의적인 아이디어가 나올 가능성이 높다. 서양에 비해 우리 사회의 창의적 능력이 낮은 배경에는 호기심과 질문이 없고, 배우기learning보다는 가르치기teaching를 지향하는 주입식 교육 제도가 자리 잡고 있다.

기업에서 재미fun를 중시하는 이유는 창의성뿐만 아니라 재미 속에 몰입이라는 중독성이 있기 때문이다. 앞에서 언급한 대로 아마추어 게이머가 프로 게이머가 되면 재미를 못 느끼는 이유가 여기에 있다. 아마추어 때 느꼈던 '자발적인 동기에서 오는 자발적 몰입'을 프로의 세계에서는 유지하기 힘들기 때문이다. 창조를 위해서는 몰입이 선행되어야 한다고 주장한 시카고 대학 심리학과 미하이 칙센트 교수의 얘기를 들어 보자(그가 만든 몰입의 개념은 committment가 아니라 flow이다). 자발적 몰입flow는 주위에서 무슨 일이 일어나는지 모를 정도로 어떤 일에 푹 빠져든 상태다. 어떤 일에 푹 빠져들 수 있는 이유는 그 경험이 너무 재미있어서 어떤 고생(오랜 시간의 집중 연구 등)도 쉽게 감내할 수 있기 때문이다.

21세기에 가장 불쌍한 사람은 근면 성실하기만 한 사람이라고 한다. 매일 반복적으로 해야 할 일은 점점 IT가 대신해 주거나 외국인 노동자로 대체되고 있기 때문이다. 한마디로, 근면 성실이 적용되는 일자리는 점점 구조 조정이나 아웃소싱 1순위가 되고 있다. 사실 근면 성실이라는 관점에서는 아침형 인간early bird이 바람직하지만 창조라는 관점에서는 심야형 인간late bird도 주목받고 있다. 물론 밤을 어떻게 보내는지에 따라 다를 수 있지만. 아침형 인간은 가치의 중심을 일에 맞추고 있지만 심야형 인간은 밤 시간대의 놀이와 재미에 주목한다. 사실 아침형 인간의 경우도 이른 시간에 하는 일이 자기 계발보다는 다람쥐 쳇바퀴 도는 일이라면 그다지 바람직하지 않다.

창조적인 일을 하는 사람들 가운데에는 아침형 인간보다 심야형 인간이 많다. 지금은 주로 예술과 엔터테인먼트 분야에 치중되어 있지만 앞으로는 연구 개발 인력뿐만 아니라 일반 직장인들에서도 심야형 인간이 많아질 것이다. 개인별 생체 리듬의 차이가 있지만 유달리 밤에 상상력을 발휘하는 체질이 따로 있기 때문이다. 다만 지금까지는 제약된 근무 시스템 때문에 심야형 인간도 아침형 인간으로 살아왔을 뿐이다.

어느 휴대폰업체에서는 아예 홍대 카페에서 좀 놀아 본 사람들을 뽑는다던데, 업무상 관계가 있다면 직원들을 밤새도록 다양한 놀이 공간에 노출시킬 필요도 있다. 앞으로 많은 기업들이 동참할 탄력 근무제 시행에는 이러한 상황을 반영해야 한다. 주로 밤과 심야에 새로운 것들을 보는 삼성의 이건희 회장 같은 분이 비즈니스 현장에서 더욱 많이 나오려면 더 많은 심야형 인간이 필요하다. 그러니 탄력 근무 제도의 유형도 좀 더 다양하게 구성할 필요가 있다. 이틀 꼬박 일하고 이틀 쉰다든가 하여, 일과 휴식의 집중도를 강화하는 것이 보다 바람직한 업무와 부서가 있을 것이다.

21세기는 즐거움과 웃음의 중력을 받는 시대다. 앞으로 우리 생활과 경제는 즐거움이라는 새로운 중력의 지배를 받게 된다. 세계적인 자기 계발 컨설턴트 브라이언 트레이시에 따르면, 성공의 85퍼센트는 인간관계에 달려 있으며, 훌륭한 인간관계의 핵심은 웃음이라고 한다. 제품에도 재미있는 스토리가 들어가야 잘 팔리고 구전거리가 되는 시대다.

반면 재미를 모르고 일하는 사람은 어떤 모습일까? 재미없이 한 분야에서 평생 일하는 사람은 먼 훗날에도 여전히 그 분야의 사람답게 보인다고 한다. 소설가 김훈 역시 같은 맥락의 얘기를 전해 준다.

"검사가 검사답지 않게 보여서, 도대체 뭘 하고 사는지 감이 안 와야 온전한 인간이다. 반면 기자가 기자 같고, 검사가 검사같이 보이는 자들은 노동 때문에 망가진 거다."

일이란 게 원래 인간을 파괴하는 속성이 있다는 얘기다. 유감스럽게도 일하는 중에는 이를 잘 느끼지 못하며 한껏 놀아 본 사람만이 이러한 노동의 파괴력을 인식하게 된다. 결국 쉴 때 제대로 놀고 즐겨야 다시 일에 몰입할 수 있는 것이다.

앞으로는 품질에 별 차이가 없다면 재미 있는 서비스가 깃든 상품이 더 잘 팔릴 것 이다. 세스코 역시 고객의 사소한 농담에도 관심을 갖고 재미있게 응대한 직원의 답변 이 크게 회자되어 회사 이미지 향상에 엄청 난 성과를 가져왔다. 최근 어떤 호텔에 갔 더니 정말 재미있는 서비스를 하고 있었다. 종업원의 명찰마다 이름과 함께 더 큰 글씨

**해충방제업체 세스코의
펀 마케팅**

바퀴벌레와 사랑에
빠졌는데 어떡하죠?
(게시판에 올라온 고객의 농담)
바퀴벌레의 수명은 2년인데
그 후엔 어떻게 하실 거죠?
(직원의 답변)

로 취미가 적혀 있었다. 아마 그냥 이름만 있는 경우보다 손님과의 대화 기회가 많을 것이고, 대화상에서 획득된 고객 정보는 고객 응 대에 효과적으로 활용될 것이다. 공식적인 자리에서 자기를 소개할 때에도 이름만 밝히기보다는 "요새 미국 드라마를 즐겨 보는 재미 로 사는 전재우입니다"라고 소개하면 어떨까? 명함에도 이름 밑에 그런 문구를 넣으면 초면에도 구면 때와 같은 부드러운 대화가 오가 지 않을까 싶다.

업무 공간인 직장 내에 딴짓을 할 수 있는 시공간을 제공하는 기 업이 늘고 있다. 창의의 씨앗이 비업무적인 시간과 공간에서 많이 생 기기 때문이다. 이들 기업들은 업무 공간에서 나올 수 있는 아이디 어는 대부분 다 나왔다는 생각들을 갖고 있는 것 같다. 여기서 딴짓 한다는 것은 두 가지 의미를 담고 있다. 첫째, 업무 이외에 다양한 것들을 볼 수 있게 함으로써 이들에게 현재의 업무(과제)와 연결하여 새로운 것을 발굴하는 기회를 제공한다. 둘째, 일단 업무의 열기에 서 벗어나 쉬게 하는 가운데 멀리서 다양한 각도로 업무를 보는 수 평적 사고력을 배양한다. 이러한 딴짓거리에 함께 넣어야 할 양념이

바로 재미와 즐거움이다.

　사실 회사에서 별도의 시간과 장소를 제공하지 않지만 우린 대부분 이러한 딴짓거리를 하고 있다. 일하면서 중간 중간에 다양한 실시간 뉴스 검색, 오락 콘텐츠, 트위터, 페이스북 등. 이렇듯 인터넷은 이미 일과 놀이 간의 경계를 무너뜨리고 있다. 지금의 젊은이들은 일할 때 일하고 놀 때 노는 세대가 아니다. 일하듯 놀고, 놀듯 일하는 신인류인 것이다. 기성세대의 눈에는 놀이로 보일 수도 있으나 단순히 노는 게 아니라 일하는 과정일 수도 있다. 그러니 뒷전에 앉아 있는 팀장들은 이를 불편하게 대하면 안 된다. 팀장이나 경영진도 놀기 삼아 인터넷을 활용할 필요가 있다. 이를테면 매일 한 번씩 회사명이나 브랜드명을 쳐서 연관 검색어를 살펴보는 것도 좋은 습관이다. 연관 검색어는 바로 잠재 고객들의 실시간 고객 욕구이기 때문이다. 또한 우리 회사 기사와 관련된 댓글들도 정기적으로 읽고 회의 때 한 번씩 공유해야 한다. 댓글에는 영업 현장에서도 얻을 수 없는 다양한 바닥의 얘기가 맴돌고 있기 때문이다.

　기업에 재미를 들여 놓으려는 편 경영은 이미 서구 선진 기업의 경쟁력으로 자리 잡고 있다. 실제로 일상 업무를 즐겁게 만들기 위해서 인터내셔널 비즈니스 머신과 컨설팅업체 딜로이트 등의 기업은 비디오 게임 요소를 차용하기 시작했다. 게임에 흔히 등장하는 포상 개념과 경쟁적 전략을 이용해서 경영 훈련, 데이터 기입, 브레인스토밍 등의 기업 업무에 재미를 더하려는 것이다. 우리는 사장들이 공식 석상에서 우스꽝스러운 모습을 연출하는 정도이지만, 그래도 시작이 반이다.

　마지막으로 그 누구보다 일과 재미를 공존시키려고 1960년대부터 노력해 온 창조인의 얘기로 이 장을 마칠까 한다. 그는 일본 호리바 제작소(세계 분석·계측 장비업계 1위)의 전임 사장 호리바이다.

어릴 때부터 일은 힘든 것이라고 세뇌되어 있는 것부터가 잘못됐다. 뭔가 힘든 일을 하면 '고생하셨습니다'라고 말하는데, 이것도 일이 힘들다는 것을 전제로 하고 있다. 일에서도 뭔가 재미를 찾아보면 반드시 재미있는 일이 될 수 있다. 예를 들어 지루한 일이라도 '남이 10시간 걸릴 일을 나는 3시간에 해보자' 이렇게 생각하면 재미있을 수 있다. 내 직장 생활 동안 최고의 바람은 일이 곧 놀이가 되는 것이다. 일생 중에 가장 중요한 나이와 시간을 회사에서 보내는데, 당연히 그래야 하지 않을까? 가끔 본업보다 취미 활동에서 두각을 나타내는 사람들이 있다. 안타까운 사실은 그것이 본업이 아니라는 점이다. 각자 좋아하는 일을 하고 어울릴 수 있는 환경이 주어진다면, 효율성은 이루 말할 수 없을 텐데. 그렇게 중요하고도 긴 시간을 바치는 회사인데도, 많은 이들이 마지못해 회사로 무거운 발걸음을 옮기는 것은 개인과 회사 모두의 불행이다.

「Weekly BIZ」 (2010년 1월 9일자).

유머

우리 머릿속에는 수십만 가지의 고정관념이라는 가설들이 쌓여 있다. 마치 중국산 제품을 보면 가격표를 보지 않고도 당연히 싸다고 인식하는 가설들 말이다. 창조적인 발상 중 하나인 역발상이나 고정관념의 파괴는 당연시하는 가설의 굵은 끈을 끊어 다른 곳으로 연결하는 작업이다. 이 가설의 끈은 당연하고 익숙할수록 굵기 때문에 끊기 어렵다. 마치 서커스단의 코끼리가 새끼 때부터 작은 말뚝에 묶인 경험 때문에 도망갈 수 없다는 생각을 평생 간직하는 것처럼.

고정관념의 연결 고리를 헐겁게 하려면 어떻게 해야 할까? 여기서는 세 가지 방법을 제안한다. 오전과 오후의 일상생활에서는 재미와 유머, 저녁에는 술, 잠잘 때는 꿈이다. 다들 공감하겠지만 술 마시면 맨 정신에 생각하거나 말하기 힘든 얘기들이 쏟아진다. 말도 안 되는 가설들이 판친다. 이런 얘기 중에는 낮에 회의실에서 들으면 창조적 아이디어로 연결될 만한 내용도 많다. 꿈은 일찍이 프로이트가 얘기한 대로 이성에 구속받지 않는 정신세계로서, 꿈속에서는 현실의 관점에서 보면 말도 안 되는 상황들이 연출된다. 실제로 몽롱한 상태는 다양한 현상을 접목시키고 현재의 고정관념을 파괴하는 데 도움이 된다. 마지막으로 정상적인 상황에서 활용되는 유머는 기존의 가설 고리를 매우 헐겁게 작동시키는 좋은 도구임에 틀림없다. KBS「개그콘서트」의 콘텐츠를 보라. 상식적으로 당연히 B에 연결해야 할 A는 엉뚱하게 Z에 연결되어 웃음을 자아낸다. 그것도 직유(A는 B 같다)로 사용되지 않고 바로 은유(A는 Z이다)로 연결된다. 이를테면 이런 식이다.

"고깃집에서 불판 위의 삼겹살을 뒤집으면서 외친다. '삼겹살은 국회의원이다.' 왜냐고? 때(총선)가 되면 뒤집어 주어야 하니까!"

이처럼 이성적인 지식과 경험이 쌓여서 형성된 연결 고리(고정관념)를 쉽게 끊기 위해서는 사물을 유머러스하게 봐야 한다. 웃기는 사람도 창조적 사고를 키울 수 있지만, 웃는 사람 역시 창조적 자극을 받는다. 웃을수록 이성적인 고리를 헐겁게 만들기 때문이다. 선진국의 토크쇼를 보면 별것 아닌데 그렇게들 자지러지지 않는가? 웃음은 건강에도 좋을 뿐 아니라 사물을 새롭게 보도록 하는 문화적 수단이다. 지금 재미와 유머를 사업에 연결하여 성공하는 엔터테이너(개그맨)들이 많은 것도 창조를 요구하는 시대상과 부합되는 현상이다. 그래서 그런가? 연예인 중에서도 개그맨들이 유독 미인들과 결혼하는 경우가 많다. 못생긴 개그맨도 배우자를 보면 대개 미인이다. 아마 여자 입장에서는 못생긴 사람과는 살아도 재미없는 사람과는 못 산다는 생각이 있나 보다.

한때 국민 MC라고 하는 유재석, 강호동의 고액 출연료에 대해 말들이 많았다. 그러나 정보 사회를 잇는 다음 사회를 꿈과 재미가 있는 드림 소사이어티로 규정하는 것을 보면 이들의 출연료는 앞으로 더욱 올라갈 것이다. 1~2시간 동안 그들로 인해 웃고 재미있게 보내는 사람의 규모를 생각한다면, 또한 매주 한정된 시간 내에 유머를 생산해야 하는 개그맨들의 정신적 고통을 생각한다면 이들의 출연료가 그리 고액은 아니다. 유머의 원천은 슬픔이다. 천국에는 유머가 없다고 하지 않는가? 극과 극은 통하는 것처럼 눈물과 웃음은 서로를 잡아당기는 것 같다. 기뻐서 눈물이 나기도 하고, 슬픔이 극에 달하면 어이없어 웃기도 한다. 광대의 입에는 과장된 웃음이 있지만 눈에는 눈물방울이 찍혀 있다는 점도 이와 같은 맥락이다. 미국의 전설적인 코미디언 밥 호프는 제대로 울어 본 사람만이 상대방에게 눈물을 숨기고 웃음을 줄 수 있다고 했다. 실제로 개그맨 중에는 어릴 때부터 유복했던 사람은 찾기 힘들다. 유재석의 말솜씨도 철저한 노력의 산물이다. 데뷔 초 리포터 시절에는 카메라 울렁증과 무대 공포증으로 땀을 뻘뻘 흘리며 말을 더듬어 사회자가 애처롭게 여길 정도였다.

따지고 보면 하루 중에서 우리가 느슨하게 보내는 시간이 얼마나 될까? 이제는 회사도 개그콘서트 무대가 되어야 한다. 개그 코너의 PD가 관객에게 웃는 타이밍에 박수를 요청하고 관리하듯이, 기업 경영진도 딱딱한 업무 프로세스상에서 직원의 웃음을 생산하고 관리해야 한다. 이미 일부 CEO들은 공식 석상에서 우스꽝스러운 모양새로 자신을 망가뜨리고 재미를 안겨 주고 있는 것처럼 말이다.

나는 창조적인 사고를 키우기 위해 TV 개그 프로그램을 매주 놓치지 않고 보는 편이다. 그런데 요새 대중 매체로 생산되는 웃음을 보면 좀 아쉽다. 웃음 뒤의 시원함이나 가벼운 페이소스조차 없는 것 같아서이다. 고달픈 현실을 순간적으로 잊게 해주는 느낌이랄까, 그냥 간단한 1회용품을 쓴 느낌이다. 예전에는 풍자나 저항으로서의 웃음이라도 있어서 현상의 이면에 대한 본질을 생각할 기회도 주었는데. 다행히 최근 들어 현실 풍자형 개그들이 다시 복원되어 인기를 누리고 있다. 오죽하면 '웃자고 풍자한' 개그맨의 말에 '죽자고 달려든' 국회의원의 개그맨 고소 사건까지 나왔으니까 말이다. 어쨌든 웃으면 복이 온다는 말처럼 자꾸 웃다 보면 정말 웃을 일이 생긴다. 미래학자 다니엘 핑크에 따르면, 인간이 평생 웃는 시간은 고작 20일이며, 하버드 대학 출신으로 성공한 사람들의 공통점은 세상을 유머러스하게 보는 것이라고 한다. 또한 개그맨 이윤석의 논문에 따르면, 고교 졸업 사진에서 활짝 웃는 사람들이 무표정한 사람들보다 50년 후에도 훨씬 행복하게 살고 있다는 것이 통계적으로 증명됐다.

나는 10여 군데의 직장을 다니면서 경영진을 크게 두 부류로 구분하는 습관이 생겼다. 주어진 테두리 안에서만 판단하려는 관리자 부류와, 되도록 테두리 바깥으로 나가서 안쪽을 보려는 경영자 부류 말이다. 물론 어중간한 사람들도 있으나 많이 접해 보면 대충 이러한 이분법이 가능하다. 중요한 사실은 관리자가 아닌 경영자에게 유머가 많다는 점이다. 물론 경영자 중에서도 유머 감각이 떨어지는 사람이 있는데, 이들 주위에는 사람들이 별로 따르지 않는 것 같다. 사람의 마음을 움직여 자발적인 행동으로 이끄는 것이 리더라면, 역시 유머는 사람의 마음을 움직이는 활력소임에 틀림없다. 『하버드 비즈니스 리뷰』(2008)에 따르면, 평범한 임원과 뛰어난 임원 간에는 유머의 빈도에서도 큰 차이가 있다는 조사 결과가 있다.

동물 중에서 유일하게 웃음을 간직한 인간. 어떤 이는 인간이 가장 불행한 동물이기에 역설적으로 신이 웃음을 부여한 것이라고 말한다. 인류 최초의 웃음은 어떤 상황에서 나왔을까? 알려진 바에 따르면, 적이나 짐승과 맞닥뜨렸을 때 생긴 두려움이 사소한 것임을 깨닫고 누그러지는 순간 웃음이 태동되었다고 한다. 이후 문화가 진보하는 가운데 웃음은 긴장과 스트레스를 풀고 즐거운 마음을 나누는 사회적 신호로 진화했다.

역사적으로 잘 웃었던 유명인들을 연구한 이미지 디자인 컨설팅의 이종선 대표에 따르면, 『삼국지』에서도 리더십이 뛰어난 인물일수록 호쾌하고 따뜻한 웃음을 띠고 있다고 한다. 무리를 이끈 지 20년이 지나도록 이렇다 할 땅덩어리가 없었던 유비의 얼굴에서는 잔잔한 웃음이 떠난 일이 없었으며, 큰 땅을 차지한 조조는 위기에 처할수록 호방한 웃음을 지어 군사들을 안심시켰다. 유비의 웃음

김연아가 2010년 캐나다 대회에서 아사다 마오를 이긴 건, 이겼기에 웃은 게 아니고 웃었기에 이긴 것이다. 바로 앞에서 경기를 마치고 나오는 아사다 마오를 보면서 지었던 웃음. 그 웃음을 통해 바로 이어질 자신의 경기에 여유와 자신감을 주입한 것이다.

이 인격에서 나오는 것이라면 조조의 웃음은 연기에서 나오는 것처럼 묘사된다. 나폴레옹은 혼자 있을 때면 거울 앞에서 당시 유명 배우들의 표정과 말을 연구했다고 전한다. 말과 표정에 감정을 싣는 법을 연습한 것이다. 클린턴 대통령은 기자 회견 시 항상 웃는 얼굴 속의 입술 부분을 클로즈업해 줄 것을 기자들에게 부탁했을 정도다. 미소를 통해 여성 유권자들에게 자신의 섹시한 이미지를 전달하려 했던 것이다.

힘들수록 얼굴 표정을 밝게 하고 의식적으로 웃자. 구겨진 얼굴은 나도 남도 더 힘들게 할 뿐이다.

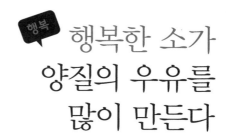

행복한 소가
양질의 우유를
많이 만든다

『포춘』이 선정한 '미국에서 가장 일하고 싶은 100대 기업'
CEO들의 공통점은? → "직원이 행복해야 고객이 행복하다"며
직원의 행복을 경영에서 가장 중요시한다.

●●● 많은 기업들은 통풍 문화 차원에서 다양한 복지 프로그램을 통해 기업의 내부에 여유와 휴식이라는 신선한 공기fresh air를 주입하고 있다. 그러나 일각에서는 복지 프로그램이 수반하는 막대한 비용에 대한 우려도 있는 것 같다. 그러나 이를 일축한 어느 회장의 답변이 인상적이다.

"행복한 소들이 양질의 우유를 더 많이 만든다."

이 회사는 『포춘』지 선정 '미국에서 가장 일하고 싶은 100대 기업'에서 2010년 1위에 오른 SAS(비즈니스 정보 분석 소프트웨어 분야의 세계 1위)이다. 구글도 지식 근로자 대우에 대해 벤치마킹한 회사다. 회사와 가정에서 행복해하는 직원이 많아야 경쟁사보다 창의적인 아이디어가 나올 가능성이 높다. 혁신은 현실을 부정하고 파괴하는 것에서 출발하지만, 창조는 새로움을 보기 위해 현실을 낯설게 보아야한다. 우리 주위의 익숙한 것들을 새로운 시각에서 낯설게 보기 위해서는 삶이 행복하고 재미있어야 한다. 실제로 학계(구재선, 2009; 구재선, 이아롱, 서은국, 2009; Lyubomirsky, King, & Diener, 2005)에서도 행복과 창조 간의 관계는 입증되었다. 행복한 사람은 확산적인 사고가 강하기에 창의력이 높다는 것이다.

그래서 구글의 최고 문화 경영자CCO: Chief Culture Officer의 핵심 임무는 직원의 행복도를 정기적으로 체크하는 것인지도 모른다. 국내 철강 기업 포스코 역시 행복 지수를 혁신에 활용해 2011년 하반기에 전 직원을 대상으로 개인, 업무, 조직 차원의 행복 지수를 설문 조사하였다. 앞으로 매년 동일 조사를 실시하여 직원의 행복을 끌어 올릴 예정이다.

행복은 50세도 안 된 저자가 뭐라고 논할 영역이 아니다. 그래서 행복의 의미 및 행복하기 위한 방법을 역설한 멋진 글들을 정리해 보았다. 그냥 읽기보다는 자신의 생활 속에 반추해 가면서 곱씹어 보기 바란다.

재산은 어느 정도 수준만 넘으면 행복과 상관관계가 없다

1인당 국민소득이 1만 5천 달러에 이르면 소득이 높아져도 행복지수는 더 올라가지 않는다.   _디딜방아의 역설(경제 성장 효용 체감 이론)

행복은 어느 정도 부富의 수준을 넘으면 증가하지 않으며, 연습할수록 느는 삶의 습관이다. 미국 『비즈니스위크』지가 2007년 세계 178개국의 국민을 대상으로 실시한 행복 지수 조사 결과, 의외로 아시아의 최빈국 부탄이 8위였다. 부탄 정부는 쓸데없는 욕망을 부추기는 광고를 금지하는 등 국민 행복 지수를 높이기 위한 강력한 정책을 시행하여 국민들로 하여금 정신적인 가치에 집중하게 한다. 『포브스』지가 선정한 세계 최고 부자 400명의 행복 수준은 아프리카 마사이족이 느끼는 수준과 동일하게 나타났다. 결국 소유에 집착하지 않는 긍정적 자세가 행복의 지름길이다.

_리즈 호가드

무소유란 소유하지 않음이 아니라 불필요한 것에서 자유로운 것이다. 우리는 필요에 의해 물건을 갖지만 결국 그 물건 때문에 마음을 쓰게 된다. 적게 소유하면 다른 것을 생각할 수 있는 시간이 많아진다.

_법정 스님

재산을 늘리기보다는 욕망을 낮추는 편이 낫다

행복=소비÷욕망. 행복은 소비에 비례하고 욕망에 반비례한다. 소비는 하면 할수록 효용이 체감되므로 욕망을 줄이는 것이 행복을 최대로 키우는 방법이다. _새뮤얼슨(노벨 경제학상 수상자)

한 달에 몇백만 원을 생활비로 쓰는 사람들이 조금은 불쌍하다. 택시 잡으려다 모범택시 오면 모른 척하는 생뚱맞음을, 쓰레기봉투가 아까워 발가락으로 꾹꾹 눌러 담는 세심함을, 500밀리리터 우유 5개 샀을 때 200밀리리터 우유가 딸려 올 때의 기쁨을, 떡볶이 한 접시에 얹혀 오는 어묵 개수가 옆 사람 것보다 많을 때의 짜

릿함을, 택시 탔을 때 길이 꽉 막히면 시계보다는 미터기에 집착하는 초조함을 부자들은 모른다. 돈 많이 버는 것도 중요하지만 돌아보면 돈 벌면서 경험했던 아기자기한 일은 곧 잊힌다. 하고 싶은 거 다 하면서 사는 사람은 세상에 1퍼센트도 안 된다. 하고 싶은 일 하며 사는 우리가 행복한 거다. _최효종(개그맨), 『개그콘서트』에서

행복하려면 금방 익숙해지는 것보다 쉽사리 익숙해지지 않는 것을 추구하라. 돈으로 사는 것에 매달리지 말고 돈으로 살 수 없는 것에 더 많은 시간과 노력을 들여라. 돈으로 살 수 없는 것들이 더 오랫동안 행복감을 느끼게 해주기 때문이다.

_민주영(에셋플러스자산운용 투자지혜연구 소장)

일정한 소득 수준을 넘으면 돈과 행복은 별 상관없으며 재미가 중요해진다. 행복은 하루 중 가장 기분 좋은 시간이 얼마나 되며, 몇 번 감탄했는가에 의해 결정된다. 일상의 작은 일에서도 행복을 찾는 훈련이 필요하다. 매일 아침에 마시는 향긋한 커피 한 잔, 아이와의 뽀뽀 등. 사람은 죽을 때 돈을 더 벌지 못한 것보다 더 재미있게 살지 못한 것을 후회한다. _김정운(명지대 교수)

행복해지기 쉬운 방법 중 하나는 옆에 있는 사람을 행복하게 하는 것이다. 자기 몸의 피곤한 부위가 있으면 상대방의 같은 부위를 마사지해 보라. 자신의 피곤한 부위와 같은 곳을 상대방에게 마사지했더니, 놀랍게도 자신의 피곤한 부위가 풀리는 것을 느끼게 될 것이다. 이는 공명共鳴 때문으로, 눈에 보이지는 않지만 서로 통하

고 있기 때문에 발생하는 현상이다. _히스이 고타로

행복하고 싶다면 남과 비교하는 마음부터 버려라

부자란 그의 동서보다 많이 버는 사람이다. _맹켄(문예 비평가)

젊어서 비교하는 마음은 동기 부여와 자극이 되지만 나이 들면서 남과 비교하면 자조와 의욕 상실로 이어지기 십상이다. 금메달은 기뻐서 울고, 은메달은 억울해서 울지만, 동메달은 메달을 획득했다는 것만으로도 감사하며 웃는다. 은메달은 금메달을 보지만, 동메달은 메달을 못 딴 사람을 보기 때문이다. _임창구(소설가)

행복은 좋은 건강과 나쁜 기억력에서 온다. 좋지 않은 사건을 잊지 못하고 가슴에 담아 두면 행복 지수의 평균이 깎인다.

_잉그리드 버그만

고액 연봉을 받아 보면 처음에는 흥분되지만 곧 익숙해지고, 비슷한 연봉을 받는 사람들과 어울리다 보면 그 흥분은 금방 시든다. 인간의 욕심이 상대적임을 카를 마르크스는 집에 비유했다. "주변 집들이 똑같이 작다면 그것은 거주에 대한 사회적 수요를 충족시키지만 작은 집 옆에 큰 집이 솟아오르면 작은 집은 곧 오두막으로 전락한다." _이훈범(중앙일보 기자)

행복은 결과가 아니라 과정에 있다

콜럼버스는 신대륙을 발견했을 때가 아니라 그 발견을 위해 계속 탐험하는 과정에서 행복을 느꼈다. 행복은 끊임없는 영원한 탐구 과정에 있지 결코 발견의 종착역에 있지 않다. _도스토옙스키

인생은 양파와 같아서 한 껍질씩 까 들어가 보지만 결국 아무것도 없음을 발견한다. 체스 게임이 끝나면 왕王이나 졸卒이나 다 같은 박스 안에 들어간다. 우리 모두 산꼭대기에서 살고 싶어 하지만 정작 행복은 산을 올라가는 도중에 있다. _마이클 린버그

행복한 가운데 행복을 의식하기란 쉽지 않다. 행복한 순간이 지나가고, 그것을 돌아보면서 그 순간이 얼마나 행복했던가를 깨닫는다. _니코스 카잔차키스

당신이 태어날 때, 당신은 울었지만 사람들은 기뻐했다. 당신이 죽을 때, 사람들은 울음을 터뜨리겠지만 당신 자신은 웃을 수 있도록 살아야 한다. 마지막에 웃는 자가 가장 오래 웃는 자이다. 무심코 보내는 오늘 하루는 수천억 원의 자산가가 어제 생을 마감하면서 전 재산을 바쳐 구하고자 했던 내일이다.

개똥밭에 뒹굴어도 저승보다 이승이 낫다. _고도원, 「꿈 너머 꿈」

행복이란 누가 물어서 "예", "아니요"라고 대답할 수 있는 성질의 것이 아니다. 그건 죽을 때에만 진정한 대답이 가능하다. 살아

온 모든 나날을 한 손에 쥐게 되었을 때 할 수 있다는 얘기다. 얼마 전에 죽은 요한 바오로 2세를 보라. 젊었을 때는 키도 훤칠하고 잘생겼는데, 남들 다 좋아하는 교황이 되어서 무슨 병인가 걸린 것이다. 전 세계 텔레비전을 통해 침도 질질 흘리고 손도 떠는 것이 날마다 생중계되었을 때 그 사람은 얼마나 자존심이 상하고 힘들었을까? 그래도 그는 죽기 전에 말하고 갔다. "난 행복합니다. 여러분도 행복하세요."

_공지영(작가)

대개의 큰 행복들은 바닷가 안락의자에서보다는 긴장된 상태에서 느껴진다. 삶의 최고의 순간은 수동적 상태나 긴장을 푼 상태가 아니라, 육체와 정신이 팽팽하게 긴장되어 있을 때 온다. 행복은 마음속에서 호기심의 불꽃이 타오름을 느끼고 그 불꽃에서 열정이 불타오를 때 느껴진다. 진정한 행복은 지속되는 것이 아니라 사소한 행복의 순간들이 모여서 만들어진다.

_베르너 티키 퀴스텐마허, 『단순하게 살아라』

걱정거리에 소모하지 않는 것이 행복이다

지난달 걱정도 기억 못하니 오늘 걱정하는 것도 별 걱정할 일이 아닌 거야. 잊어버려.

_ 아이어코카

걱정은 내일의 슬픔을 덜어 주기보다는 오늘의 힘을 앗아 간다.

_코리텐 붐

인생이란 불행한 비스킷과 행복한 비스킷이 누구에게나 동일하게 들어 있는 비스킷 통이다. 불행한 일이 계속 생기면(불행한 비스킷을 계속 먹으면) 다음에는 좋은 일이 생길(맛있는 비스킷을 먹을) 확률이 높아진다. 난 괴로운 일이 생기면 이 얘기를 생각하며 편안한 마음을 갖곤 한다.

_무라카미 하루키

인생은 가까이서 보면 비극이지만 멀리서 보면 희극이니 일희일비할 필요가 없다.

_찰리 채플린

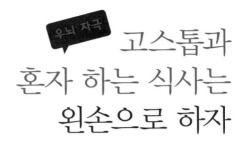

우뇌 자극

고스톱과
혼자 하는 식사는
왼손으로 하자

거짓말을 하면 뇌의 정보 처리 능력을 저하시켜서
기억력에 영향을 미친다. 사실과 다른 정보를
마음에 새기면서 정보 처리 능력이 떨어지고
장기적으로는 기억 간의 연결이 혼란스러워진다.
사소한 거짓말도 쌓이지 않도록 해야 한다.

고이케 류노스케, 『생각 버리기 연습』

●●● 앞으로는 IT가 대체하지 못하는 우뇌 영역을 잘 활용하는 사
람이 대접받는다. 인간의 뇌를 벤치마킹한 인터넷(검색 엔진의 웹 페이
지 링크는 두뇌의 신경 세포와 유사)은 앞으로 더욱 진화하여 사람의 생
각까지도 읽을 것이다. 지금은 검색 엔진을 통해 필요한 정보의 단편
만 획득하는 정도지만, 향후 인터넷은 우리가 궁극적으로 원하는 정
보를 파악하고, 그에 맞는 정보를 스스로 조합하여 가져다줄 것이다.
결국 이성적 정보 처리를 담당하는 좌뇌 영역은 IT가 담당하게 된다
는 의미다. 우뇌는 창조적인 활동을 담당하는 영역이다. 그러니 창조
적인 일을 하는 분들은 특히 오른쪽 머리를 조심해야 한다.

　창조적인 사고를 하기 위해서는 두뇌에 대한 이해가 필요하다. 그
래서 여기서는 뇌의 기능 및 창조적 사고를 위한 행동 양식 등을 살

펴본다.

일반적으로 최고 경영자CEO나 재무 책임자CFO는 좌뇌형 인간이, 마케팅 책임자는 우뇌형 인간이 적합하다. 포지셔닝 개념을 대중화시킨 알 리스(컨설턴트)에 따르면, 대개의 좌뇌형 경영자들은 어지간해서는 자기 생각을 바꾸려 하지 않는다고 한다. 자신의 믿음에 어긋나는 현실을 접하면 자신의 생각이 잘못되었다고 생각하는 대신, 무언가 잘못 돌아가고 있다고 생각한다는 것이다. 그래서 좌뇌형 경영자들은 전략이 잘못되었다는 판단보다는 전략의 실행에 문제가 있었다고 생각하는 경향이 있다. 그의 수많은 컨설팅 경험에서 우러나온 것이니 신뢰할 만한 얘기라고 생각된다. 21세기 들어 창조가 부각되고, 제4의 물결이라는 드림 소사이어티가 시대적 화두로 제시되면서 많은 영역에서 뇌에 대한 연구가 활성화되고 있다. 특히 소비자 심리와 행동에 관심이 많은 마케팅 영역에서 두뇌 연구에 대한 관심과 기대가 크다. 경제학에서도 최근 행동 경제학을 통해 좀 더 현실적인 연구를 하는 과정에서 뇌 연구를 접목시키고 있다.

사실 마케팅에서는 그동안 소비자 심리와 행동의 관계에 대해 많은 연구를 해왔으나 뇌 영역과 관련해서는 뚜렷한 성과가 없었다. 오죽하면 평생 소비자 심리를 연구했다는 어느 저명한 미국 교수는 은퇴하면서 이런 얘기를 남겼을까?

"평생 소비자 욕구와 그 결과로 나타나는 구매 행동 간의 관계를 연구했지만 결국 소비자의 구매 결정 과정은 블랙박스다. 욕구가 있다고 다 구매하는 것도 아니고, 구매하는 사람 중에는 욕구가 없는 사람도 많다."

많이 알려진 대로 좌뇌는 언어·논리·분석적인 사고를 담당하고,

우뇌는 직감·감성·재치·창의적 사고를 담당한다. 그래서 언어 장애를 겪고 있는 분들을 보면 뇌의 좌측에 위치한 전두엽 부분이 손상되어 있다. 나는 가끔 '아이디어만을 발굴하는 브레인스토밍 회의에는 우뇌만 갖고 참석하면 좋을 텐데'라는 생각을 해본다. 이성적인 좌뇌가 우뇌의 창의적인 발상을 방해하기 때문이다. 그런데 좌뇌와 우뇌는 우리 몸으로 내려오면 대각선으로 연결된다. 신경이 교차되기 때문이다. 우뇌는 왼손, 왼발의 운동 신경과 감각 기능을 통제하며 좌뇌는 오른손, 오른발의 운동 신경 및 감각 기능을 담당한다. 그러므로 왼손잡이는 창의성과 감성을 담당하는 우뇌를 자극한다. 그래서인지 창의성이 요구되는 예술, 과학 계통에 특히 왼손잡이가 많다. 레오나르도 다빈치, 뉴턴, 아인슈타인, 괴테, 베토벤, 셰익스피어, 피카소, 찰리 채플린, 빌 게이츠 등. 글쓰기, 문 열기, 가위질 등 많은 사회 관습이 오른손잡이에 맞게 편향되어 있어 왼손잡이는 오른손도 많이 사용한다. 좌우뇌의 균형적인 두뇌 활동과 관련해서는 왼손잡이가 오른손잡이에 비해 유리하다는 얘기다. 그러므로 오른손잡이인 분들은 가끔 왼손과 왼발도 사용하여 창의를 담당하는 우뇌를 자극시킬 필요가 있다. 칫솔질이나 전화를 받을 때는 의식적으로 왼손을 사용하는 습관도 괜찮을 것 같다. 명절 때도 왼손으로 고스톱을 쳐서 우뇌를 자극해 보자. 혼자하는 식사도 왼손으로 하면 어떨까? 식사할 때의 포만감이 뇌에 전달되기까지는 어느 정도의 시간 소요된다. 이 시간이 최소화되어야 과식을 피할 수 있는데 아쉽게도 나이가 들수록, 빨리 식사할수록 뇌가 알

지미 카터와 조지 W. 부시를 제외하면 34년 동안의 미국 대통령 재임 기간 중 왼손잡이 대통령이 최근 22년을 지배했다. 오바마 대통령도 왼손잡이다.

아차리는 시간이 많이 걸린다. 결국 과식으로 이어지게 된다. 따라서 중장년층의 경우, 천천히 오래 씹기 위한 수단으로 왼손으로 식사할 것을 권한다. 물론 오른손잡이에 대한 얘기다.

창의성을 위해서는 오른손보다는 왼손을 많이 쓰는 것이 바람직하지만 가장 이상적인 것은 손과 발을 보다 많이 활용하는 것이다. 좌뇌와 우뇌를 자주 자극하여 이성과 감성을 고루 배양하기 때문이다. 사실 이 지구 상에는 오른손잡이가 훨씬 많지만 원래 지구 상의 생물이나 우리 신체는 왼쪽이 더 발달했었다. 중요한 장기(심장 등)도 왼쪽에 있고, 양쪽에 모두 있는 기관은 왼쪽이 크게 발달되어 있다. 왼손의 활용을 강조한 일본의 어느 연구 결과에 따르면 좌회전하는 지구의 자전 때문에 유전자 정보를 가진 DNA 나선 구조도 왼쪽으로 굽어 있으며 물고기도 대체로 왼쪽으로 돌아 헤엄친다고 한다. 이처럼 지구의 자전 방향은 지구 상의 생물에게 왼쪽에 중요 기관이 몰리도록 진화를 유발해 왔고, 그 결과 균형을 맞추기 위해 오른손을 써온 것이다.

요즘 많이 쓰는 스마트폰에 대해서도 일각에서 걱정하는 분들이 많다. 많은 사람들이 지하철이나 버스에서 흔들리는 스마트폰에 눈과 귀를 고정하면서 100세까지 쓸 시력과 청력까지 소진한다. 이러다가는 담배 회사를 대상으로 한 소송처럼 10여 년 후에는 전자업체도 대형 소송을 제기당하는 것 아닌지 모르겠다. 담뱃갑의 경고 문구처럼 휴대 전화에도 시력과 청력에 대한 경고 문구가 필요한 시점이다. MP3 플레이어는 특정 주파수 소리를 듣는 능력을 파괴시킬 수 있다는 얘기도 들린다. 왠지 과거에 비해 공공장소에서 대화 소리의 톤이 점점 커지는 느낌을 지울 수 없다. 편리함이 커질수록 그늘도 짙어 가는 불편한 진실이다. 걱정은 이뿐만이 아니다. 첨단 IT 기기의 대용량 칩은 이미 우리의 좌뇌 영역(분석과 논리와 관련된 문자 정보)을, 콘텐츠는 우리의 우뇌 영역(지적 호기심과 관련된 영상 정보)을 대체해 가고 있다. 시력과 청력에 이어 뇌 구조까지 침범하는 것이다. 링크와 하이퍼텍스트로 이어지는 정보만을 클릭하는 동안, 깊이 있게 사고하는 능력도 손실되고 있다.

IT 미래학자로 유명한 니콜러스 카에 따르면, 인터넷은 우리에게 방대한 가상 도서관에 접속할 기회를 제공하지만, 찾아보는 정보와 기억하는 지식은 다르다고 한다. 이 과정에서 잃어버리는 것은 자신의 노력으로 깊이 알아가는 능력, 독창적인 지식을 발굴하는 능력이다. 이 때문에 스마트 기기에 기억과 정보를 계속 아웃소싱할 경우 종국에는 문화와 문명이 시들어 갈 것이라고 경고한다. IT 전문가가 경고하는 것이니 보다 더 설득력 있게 들린다.

IT 칩에 밀려나고 있는 우리의 뇌 구조를 살펴보자. 사실 저자는 접하는 정보가 모두 좌뇌에서 저장되는 줄 알았다. 기억은 좌뇌의 역할로 생각했는데 확인해 보니 입력 정보의 형태에 따라 저장 위치가 다른 것으로 나타났다. 즉, 문자 상태의 정보는 좌뇌에서 저장하고 그림 상태의 정보는 우뇌에서 저장한다. 재미있는 사실은 그림 정보는 문자보다 훨씬 많이(거의 무한대로), 그리고 정확히 저장할 수 있다고 한다.

우리가 어떤 정보를 기억하는 과정을 보면 나름대로 체계적인 프로세스(감각 기억→단기 기억→장기 기억)가 있다. 우리의 오감을 통해 들어온 정보를 처음 맞이하는 것은 감각 기억(과정·장치)이다. 오감을 통해 1~2초 정도만 일시적으로 저장하는데 여기서 잊히지 않고 생존하는 정보는 단기 기억으로 넘어간다. 단기 기억에 들어온 정보는 20초 정도 머물다가 대부분 사라지며 일부 살아남는 정보는 장기 기억으로 이동한다. 결국 기억력이 좋은 사람은 단기 기억의 정보를 소실 없이 장기 기억으로 옮기는 능력이 좋은 사람들이다. 반복해서 보고, 듣고, 읽는 습관 및 영상화하여 기억하려는 노력 등이 이러한 능력에 해당된다. 이때 우뇌는 좌뇌의 정보를 문자와 그림의 복합적인 상태로 저장하는 장기 기억의 기능을 담당한다. 먼 훗날 장기 기억 장치에서 예전 기억을 떠올릴 때, 무의식적으로 영상이나 이미지부터 생각나는 것은 바로 우뇌의 그림 저장 때문이다. 알려진 바에 따르면, 이러한 우뇌에 장기적으로 저장되어 있는 정보는 유전자를 통해 자손에게 이어진다고 한다.

여러분은 브랜드가 부각된 배경에는 뇌 기능도 한몫하고 있음을 아는가?

뇌는 다른 신체 부위의 근육보다 22배나 많은 에너지를 소모한다. 또한 두뇌의 질량은 몸무게의 2퍼센트에 불과하지만 뇌를 쓰지 않는 편안한 자세를 취할 때에도 뇌는 우리 에너지의 20퍼센트를 소모한다. 이는 항상 박동하는 심장의 10퍼센트보다도 높은 수치다. 즉, 뇌는 스스로 에너지를 절약하려는 본능이 있다. 그래서 어떤 사물을 한 번 판단하고 나면 그와 유사한 사물을 접했을 때, 처음부터 새롭게 정보를 처리하지 않고, 무의식적으로 뇌에 이미 들어와 있는 기존 정보(고정관념, 선입관)를 이용하려 한다. 한마디로 브랜드의 기능은 뇌 기능에 친화적이라는 얘기다. 일단 좋은 이미지로 각인된 브랜드 정보는 고객의 뇌 사용을 줄여 주는 역할을 하기 때문이다. 그래서 신제품을 구입할 때, 구체적인 정보 탐색이나 불확실성에 대한 걱정을 하는 데에 에너지를 소모하기보다는 브랜드로 연상된 단순화된 우뇌의 이미지를 활용하여 간소화된 의사 결정을 한다.

결국 두뇌의 절약 본능은 많은 에너지가 소모되는 창의적인 아이디어 개발에 방해물인 셈이다. 그래서 창의적인 발상은 회의실이나 업무 공간에서 나오기 힘들다. 이러한 익숙하고 틀에 박힌 공간에서는 뇌 자체가 새롭게 생각해 보려는 시도를 하지 않기 때문이다. 기업들이 비일상적 휴식 공간을 회사 내에 많이 설치하려는 이유는 이러한 두뇌 기능에도 있는 것이다. 결국 높은 민감도를 유발할 비일상적이고 비업무적인 시공간에 뇌를 노출시켜 신선한 자극을 제공해야 한다.

창조적 행동 방식

●●● 개인의 창조적 행동 방식은 자기 관리와 커뮤니케이션, 대인 관계의 세 가지 개념으로 구성된다.

●●● 자기 관리에서는 기본과 디테일, 시간 관리, 도전, 열정, 몰입, 외모 관리 등 개인 차원의 개념들을 살펴본다. 주로 한 우물을 열심히 판다는 아웃라이어(한 분야의 달인)가 되는 데 필요한 행동 양식들이다. 여러분은 자신의 몸값이 현재의 직장에서 받는 연봉이라고 생각하는가? 합리적인 상품 가격은 생산 원가와 경쟁 상품 가격을 고려하여 기업이 매기는 값이 아니다. 고객이 낼 만하다고 느끼는 가치다. 마찬가지로 여러분의 진정한 몸값은 다른 직장으로 이직할 때 받을 수 있는 연봉이다. 가끔은 자신을 헤드헌터에게 내놓고 몸값을 알아보면서 살아야 한다. 항상 나갈 준비를 하면서 직장을 다니라는 얘기가 아니다. 주위에서 나를 평가하는 합리적 가치가 항상 가변적이니, 자기 관리를 함에 있어 동기 부여의 기회로 삼으라는 얘기다.

●●● 커뮤니케이션은 기업 현장(경영 혁신, IT)이나 경영학(마케팅, 인사 조직)에서 매우 중요한 영역으로 자리 잡아 왔다. 여기서는 일반적인 대화뿐만 아니라 광의의 커뮤니케이션이라 할 수 있는 질문, 경청, 회의, 발표, 문서

작성 등을 함께 살펴본다.

●●● 마지막으로 대인 관계에서는 네트워크 환경 속에서 변화되는 관계를 살펴본다. 지금은 불특정 다수를 대상으로 한 초기 인터넷 시대를 넘어 특정 인맥 중심의 소셜 네트워크를 지향하고 있다. 그래서 지인知人 중심의 SNS 시대에서 요구되는 인맥 관리를 제시하였다.

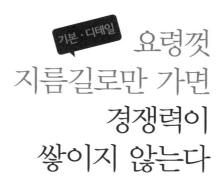

요령껏 지름길로만 가면 경쟁력이 쌓이지 않는다

원대한 전략도 결국 디테일 싸움이고
많은 혁신은 기업의 디테일한 부분에서 나온다.

루이민(하이얼 회장)

●●● 밥 짓는 것을 제대로 배우려면 3년 걸린다고 한다. 무림의 도사를 찾아가면 칼은 절대 손대지 못하게 하고 3년간 밥짓기나 빨래만 시킨다는 중국 무협 소설 얘기가 아니다. 일본 스시업계 얘기다. 한줌의 밥(니기리)을 효과적이고 정확하게 손에 쥐기 위해서는 기본적으로 밥이 잘 지어져야 한다는 것이다. 세계적으로 기발한 아이디어가 많이 나온다는 일본, 그 배경에는 하찮은 것도 무시하지 않는 이러한 스몰 중시small-oriented 문화가 자리 잡고 있다. 우리는 살아가면서 다양한 인간 군상들을 본다. 3년간 한눈팔지 않고 밥만 짓는 사람이 있는가 하면 변칙과 요령으로 지름길만 찾아다니면서 효율적으로 일을 빨리 끝내는 사람도 있다. 요령을 피우면서 그때그때 수단껏 잘 넘기는 사람치고 먼 훗날 높은 위치에 오른 사람을 본 적

이 별로 없다. 어려울 때에도 흔들리지 않는, 제대로 된 경쟁력이 쌓이지 않기 때문이다.

기본에 충실한 사람은 디테일에도 강하며, 위대한 사람 역시 작은 일도 잘 해낸다. 이렇게 디테일에 충실한 사람은 창조적으로 사물을 볼 수 있는 자질을 겸비한 경우가 많다. 평범하고 익숙한 현상에서는 뭔가 특별함을 발견할 수 있는 기회가 많기 때문이다. 또한 세밀하게 접근하면 다양한 경험을 축적할 기회도 많이 생긴다. 어떤 사람들은 디테일을 소심함의 동의어로 치부하면서 반대쪽에 있는 대범함을 추구한다. 그러나 이 사회는 그런 겉멋을 충족시켜 줄 대범한 일이 생각보다 별로 없다. 또한 사소하지만 기본적인 일도 만족스럽게 하지 못하는 사람이 큰 일을 잘 해낼 리 없다. 흔히 창의적인 직업에 종사하는 사람들도 업무의 70퍼센트 이상이 '노가다(?)'라며 70퍼센트는 대충 하고 중요한 30퍼센트만 제대로 하겠다고 한다. 사실 우리가 사소하다고 넘겨 버리는 많은 부분은 보는 입장에 따라 다를 수 있다. 자동차 엔지니어 입장에서는 사소하게 넘길 수 있는 좌석의 촉감, 뒷문 닫히는 소리, 실내 공기의 흐름이 고급 승용차의 뒷좌석에 타는 사람들에게는 더없이 중요한 것처럼 말이다.

대범하고 창의적인 일만 하겠다는 사람들은 길 가다 넘어져도 하찮게 여겼던 작은 돌에 걸려 넘어질 가능성이 높다. 큰 돌은 눈에 잘 띄기 때문에 미리 조심하면 되지만, 작은 돌은 눈에 잘 띄지 않기에 세심히 살피지 않는 것이다. 우리 사회에서 일어나는 대형 사고의 원인들도 대체로 사소한 데에서 튀어나온다. 타이타닉호가 순식간에 침몰한 결정적인 원인은 갑판을 서로 연결하는 대형 불량품인 못 하나였다. 제대로 된 못이었다면 물이 한꺼번에 몰려 들어오는 것을 늦

쳐서 생존자가 많았을 것이다. 부부 싸움 끝에 이혼하는 경우에도 근본 원인들을 살펴보면 대부분 사소한 것들에서 비롯된다. 이를테면 아내가 주는 설탕에 감자를 찍어 먹다가 남편이 "너희 집안은 설탕에 찍어 먹냐? 우리 집에선 소금을 찍어 먹는데"로 시작하여 법정에 서는 경우도 있다.

다음은 중국의 칭화대 명예교수 왕중추의 저서 『디테일 경영자만이 살아남는다』에 나오는 얘기다.

일이 완성된 상태를 1이라고 하고 0.01을 빼보자. 0.99도 그럭저럭 괜찮은 거의 완성된 상태다. 그리고 일이 마무리된 상태에서, 조금 더 정성을 기울여 더 잘한 일을 1.01이라고 해보자. 0.99와 1.01은 별 차이가 없어 보인다. 하지만 0.99를 계속 곱해 보자. 0.99 곱하기 0.99 곱하기 0.99…… 무수히 곱하다 보면 제로에 가까워진다. 반대로 1.01을 계속 곱해 나가면 무한대에 이른다. 0.99와 1.01 사이에는 0.02 차이밖에 없지만, 곱하기를 하다 보면 제로와 무한대라는 정반대의 결과에 도달한다. 이것이 디테일의 힘이다.

우리 주위에서 디테일로 성공한 사례는 다양하다. 인기 프로그램인 「무릎팍 도사」에 출연한 게스트들의 가장 공통적인 성공 요인은 디테일에 있다. 무대 위에서는 백조처럼 아름다운 자태를 보이는 세계적인 발레리나 강수진 씨, 하지만 그녀 역시 평소의 연습 과정에서는 작은 근육 하나하나까지 단련할 정도로 디테일에 신경을 쓴다. 인터넷에 회자된 그녀의 흉하디흉한 맨발 사진 한 장은 우리로 하여금 많은 생각을 하게 만든다. 마라토너 황영조는 달리기가 너무 힘들 땐 앞에 달리는 진행 차량의 바퀴에 깔려 들고 싶을 정도였다고 한다. 그러나 저자는 이봉주가 은퇴 석상에서 진솔하게 토로한 말이 더욱 기억에 남는다.

"선수 생활 중 가장 힘들었던 일은 운동화 속의 작은 모래알 하나와 싸우며 뛰어야 했던 때 같아요."

삼성 그룹의 창업주 이병철 선대 회장은 디테일에 관한 한 입신의 경지에 이른 분이다. 작은 시그널에서 큰 징후를 읽는 능력도 뛰어나, 평소 공장을 방문할 때마다 디테일한 세 가지를 유심히 봤다는 얘기는 유명한 일화로 남아 있다. 그는 현장의 청결 상태, 공장 앞에 있는 나무들의 건강 상태, 기숙사의 정리정돈 여부 세 가지만 보면 직원들의 정신 상태, 충성도, 만족도 등을 어느 정도 알 수 있다는 말을 남겼다.

시간은 추가로 만들어 쓸 수 있는 자원이다

재난은 우리가 소홀히 보낸
어느 시간에 대한 보복이다.

나폴레옹

죽음보다 시간이 더 무섭다. 죽는 시간이 정해져
있다면 죽음이 두렵지만, 그렇지 않기에 언제 죽을지
모르는 불확실함이 두려운 것이다.

김정운(명지대 교수)

● ● ● 신은 모든 인간에게 86,400초를 매일 아침 계좌에 넣어 준다. 그리고 하루가 지나기 직전에 남은 잔액이 있으면 모두 인출해 간다. 어떤 사람은 제대로 쓰지 않은 잔액이 많은데도 말이다. 그러니 어차피 매일매일 인출될 86,400초를 하루 동안에 모두 그리고 제대로 써야 한다. 서울대 안철수 대학원장의 얘기다. 그는 의사 생활을 하면서 백신 연구를 하기 위해 새벽 3시에서 6시까지 별도의 시간을 만들어 연구할 정도로 매일 잔액 없이 완전히 인출해 간 셈이다. 다른 사람과 비교해 보면 매일 무이자에 원금 상환도 없는 추가 대출을 해 간 셈이다. 무려 7년 동안을. 그는 한술 더 떠서 시간은 절대적인 게 아니라 만들려면 만들어지는 상대적이고 심리적인 것이라고 말한다. 코카콜라의 더글러스 테프트 전 회장 역시 하루에 주어진 86,400초

의 시간을 좋은 일에 최선을 다해 소진하라면서 다음의 명언을 남겼다. 저자는 이보다 더 멋진 기업의 신년사를 본 적이 없다. 2000년 신년사의 원문 중 일부를 옮겨 본다.

1년의 가치를 알고 싶으면, 학점을 받지 못한 학생에게 물어보십시오. 한 달의 가치를 알고 싶다면, 미숙아를 낳은 어머니를 찾아가 보십시오. 하루의 가치는 신문 편집자들이 잘 알고 있을 겁니다. 한 시간의 가치가 궁금하다면, 사랑하는 이를 기다리는 사람에게 물어보십시오. 1분의 가치는 열차를 놓친 사람에게, 1초의 가치는 목숨을 잃을지도 모를 아찔한 사고를 순간적으로 피한 사람에게, 1천 분의 1초의 소중함은 아깝게 은메달에 머문 육상 선수에게 물어보십시오. 당신이 갖는 모든 순간을 소중히 여기세요. 또한 당신과 시간을 공유하는 함께 있는 사람을 사랑하세요. 그 사람은 당신에게 너무나 특별하고, 그래서 시간을 투자할 만큼 소중합니다. 어제는 이미 지나간 역사이며, 미래는 알 수 없습니다. 오늘이야말로 당신에게 주어진 최고의 선물이죠. 그래서 우리는 현재present를 선물이라고도 부릅니다.

많은 이들은 우리가 육체와 지식을 통해 돈을 번다고 생각한다. 그래서 그 과정에 투입되는 시간에 대해서는 별 가치를 부여하지 않는다. 하루의 대부분을 직장에서 일하며 돈을 많이 번다 한들, 그 시간에 아이들이 자라는 모습을 제대로 보지 못한다면 여러분은 어떤 생각이 들겠는가? 사생아로 태어나 부모에게 버림받았던 스티브 잡스, 그 역시 생애 마지막 시간은 가족과 함께 보냈다. 자서전에서도 일 때문에 가족과 항상 함께하지 못했음을 아쉬워했다. 거래 업체와의 접대(친목) 골프를 치는 데 주말을 정기적으로 보낸다면 이 역시 잠재적인 비용을 치러야 한다. 왜냐하면 그의 가족은 점차 가장 없는 주말에 익숙해져 가고, 정작 그 가장은 은퇴 후에 온전한 가족생활이 어려워질 수 있기 때문이다. 결국 직장 생활에 많은 시간을 투입할수록 벌어들인 소득에서 투입 시간에 대한 기회비용도 추가로 빼야 함을 명심해야 한다.

> 새벽에 운동도 하고, 공부도 하면서 노력하는데 인생에서 좋은 일이 일어나지 않는다고 말하는 사람을 나는 본 적이 없다.
> — 앤드루 매터스

아침 시간에 대한 얘기를 꺼내 보고자 한다. 출근 시간에 여유가 나면 시간대별로 아파트 단지의 차들을 유심히 살펴보라. 저녁때 주차장에서 우리의 눈길을 끌었던 고급(외제) 승용차부터 중형차, 소형차의 순서대로 단지를 빠져나가는 큰 흐름이 보일 것이다. 아마 아침 7시를 넘으면 고급 외제 차들은 보기 힘들 것이다. 이른 새벽에 집을 나온 임원들의 상당수는 헬스장에서 아침 운동을 하고도 여유 있게 출근한다. 뉴욕의 월스트리트 역시 출근 시간대별로 출근하는 사람을 보면 그 사람의 직위와 연봉을 대충 알 수 있다고 한다. 간혹 일반 직원이 오전 6시 전후에 출근하는데, 그런 사람은 몇 년 내에 주요 자리로 승진한다고 보면 된다나.

얼마 전에 아침형 인간이 크게 조명을 받은 적이 있었다. 그러나 다른 한편에서는 일찍 일어나는 새가 먹이사슬의 위 계층에게 잡아먹힐 확률이 높다는 냉소를 보낸다. 이 책의 앞부분에서는 밤 시간대의 놀이와 재미에 빠진 심야형 인간 중에도 창조형 인간들이 많음을 역설한 바 있다. 어쨌든 중요한 것은 남보다 많이 확보한 시간을 효과적으로 써야 할 일이다.

일본 전국시대의 명장 오다 노부나가는 새벽 4시에 가장 빠른 말을 타고 달리는 것으로 하루를 시작했다. 말을 타고 가는 길에 전략을 짜고, 돌아오는 길에 결단을 내리곤 했다. 보통 사람이 하루를 3등분하는 것과 달리 아침형 인간은 하루를 4등분(새벽-오전-오후-저녁)해서 사는 사람들이다. 영국의 처칠은 독일의 영국 공습 기간에도 반드시 낮잠을 잤던 것으로 유명한데 그는 낮잠 직후, 아침 6~8시의 기분(두뇌 흐름이 가장 활발한 시간대)을 확보하여 하루를 마치 이틀처럼 활용했다니 안철수 원장의 얘기대로 시간은 만들기 나름인가 보다. 대체로 신진 대사 활동은 새벽 5시에 시작되고 오후 3시가 되면 감소한다. 그러니 가능하면 일찍 일어나 몸을 움직이면 체내 영양분을 최대한 소모시킬 수 있으니 살 빼는 데도 좋은 효과가 있다. 반면 저녁 시간을 강조한 도시바 회장 도코 도시오는 오후 6시~10시까지 어떻게 보내느냐에 따라 인생이 달라진다는 말을 남겼다.

한편 저자는 아침에 일어나자마자 TV 뉴스나 신문을 보는 것은 좋은 습관이 아니라고 본다. 뉴스나 신문은 좋은 뉴스보다 지독히 나쁜 뉴스가 많은 법이다. 하루의 시작을 살인, 사기, 테러로 시작하는 것은 건강에도 좋지 않다. 참고로 저자는 신문을 봐도 스포츠 면을 제일 먼저 본다. 성공과 환희와 교훈이 담겨 있기 때문이다. 무엇보다 하루를 문명의 첨단 기기로 시작하면 하루 종일 세상에 이끌려 다닐 것 같은 기분이 들지 않는가? 하루의 시작은 내 주도로 할 수 있는 것부터 하자. 스트레칭을 한다든지, 오늘 회사에서 처음 만나는 사람에게 어떤 색다른 인사말을 할까? 오늘 벌어질 일의 최상의 시나리오를 한번 상상해 본다든가.

시간이 무한정한 것처럼 나태해질 때마다 자신을 다잡는 말이 있다.

'나는 1년 후, 10년 후를 계획할 수가 없어서 항상 10분 후의 일만을 생각한다. 매번 10분 후에 뭘 할까 생각하며 코앞의 일을 계획하고 그때그때를 충실히 살아간다.'

누구의 말일까? 어느 에이즈 환자의 얘기다. 법정 스님은, 세월은 가는 것도 오는 것도 아니며, 시간 속에 사는 우리가 가고 오고 변하는 것일 뿐이라고 하였다. 과학적으로도 맞는 말씀 같다. 해와 달이 가는 것이 아니고 우리(지구)가 계속 태양 주위를 돌 뿐 아닌가? 돌고 도는 세월이라는 말이 더 정확하겠다. 내일의 태양이 다시 뜬다지만 사실 어제의 태양에 다름 아니다. 문제는 우리의 세포가 점점 노화될 뿐이지. 세월 자체가 덧없는 게 아니고 우리가 예측할 수 없는 삶을 살기에 덧없는 것이다. 같은 한 해가 빠져나가도 젊은이에게는 한 살이 더해지지만 나이 든 사람에게는 또 한 살이 줄어든다. 어쨌든 돌고 도는 세월을 잡아 둘 수 없다. 그러니 고민한다고 해결되지 않을, 벌어져도 내가 어떻게 해볼 도리도 없는, 그리고 실제 벌어지지도 않을 걱정거리 등에 시간을 낭비하지 말자. 요절한 영화배우 제임스 딘의 말처럼 영원히 살 것처럼 꿈꾸고, 오늘 죽을 것처럼 살자. 내가 생각해도 정말 멋진 말인 것 같다. 제임스 딘이 정말로 오늘 죽을 것처럼 매순간 열심히 살았다면 요절했다는 표현이 적합할까?

진정한 도전은 고난 속에서 싹튼다

도전

새를 쫓는 고양이는 쥐의 꽁무니만 따라다니는
고양이보다 더 높이 뛰어오른다. 그러나 쥐를 쫓는
고양이에게는 땅바닥이 이 세상 전부다.
간다 마사노리

●●● 20년 전에는 1년에 2~3명이 등정한 에베레스트를 요즘은 1년에 600명 이상이 등정한다. 이렇게 에베레스트의 정복자가 증가하는 배경이 궁금했다. 장비의 기술도 발전했겠지만 가장 큰 이유는 베이스캠프를 예전에 비해 높은 곳에 치기 때문이라고 한다. 예전에 고상돈 대원이 등정하던 시절에는 베이스캠프가 해발 3천 미터 이하였다. 그들은 6천 미터 정도를 더 올라가야 정상에 도달했지만 요즘은 6천 미터 이상에도 베이스캠프를 설치해 남은 등정 거리가 3천 미터가 채 되지 않는다. 등정 거리가 절반 이하로 줄어든 것이다. 물론 기록을 인정함에 있어, 베이스캠프 높이에 대한 별도의 규정은 없다. 다만 예전의 등반가들은 그 정도 높이면 적당하다고 생각했을 뿐이다. 여기서 하고 싶은 말을 이미 독자 여러분도 눈치챘을 것이다. 한

마디로 남이 상상도 못하는 높은 곳에 베이스캠프(목표, 비전)를 설정하자는 것 아니겠는가?

비전을 가능한 한 원대히 세우라는 말은 경영 분야뿐만 아니라 개인 관리에서도 통하는 진리다. 지금 아무리 원대한 비전도 10년 후 시점에서는 평범해 보이게 마련이다. 오히려 10년 전에 왜 더 큰 비전을 설정하지 않았을까 아쉬워할 수도 있다. 다만 원대한 꿈과 비전에는 날짜가 함께 설정되어야 한다. 꿈과 비전 속에 날짜가 포함되면 목표가 되어 적극적인 행동을 이끄는 동기 부여로 작용하기 때문이다.

또한 꿈에는 한계를 설정하지 말자. 일본에는 코이잉어라는 재미있는 물고기가 있다. 어항에서는 10센티미터 정도 자라지만, 연못에서 키우면 30센티미터, 강물에 방사해서 키우면 1미터까지도 자란다고 한다. 사실 자신의 한계는 자기가 정하는 것이나 다름없다. 불룩 나온 아랫배도 살면서 자신이 그럭저럭 타협하고 묵인해서 그만큼 나온 것이다. 공부도 마찬가지다. 중학생이 되었을 때를 회상해 보라. 새롭게 출발하자고 스스로에게 다짐하며 다들 첫 시험에 얼마나 열심히 임했는가? 그러나 정작 등수가 나오고, 자신과 타인을 각각 그 등수에서 인정하면서 3년간 석차의 변동이 크지 않게 된다. 한마디로 안주하게 된다는 의미다. 다음 번 시험 준비에서는 첫 시험 때 시도했던 '조금 더 한계를 건드리는' 노력을 쉽게 포기한다.

진정한 도전이란 더 이상은 할 수 없다고 여겨질 때, 한 번 더 시도해 보는 지독하고 뜨거운 노력이다. 여러분은 이러한 도전을 지금까지 몇 번이나 해보았는가? 저자의 어떤 상사는 '할 수 없다'는 말이 세상에서 가장 나쁜 말이라고 했다. 욕이나 거짓말보다 자신과 주위 동료들에게 더 피해를 준다는 것이다. 미국의 국민 시인 에드거 앨버트 게스트도 '할 수 없다'는 말 때문에 강한 영혼이 수없이 파괴되고 수많은 목표가 죽어 간다고도 했다. 정말로 '할 수 없다'는 상황 속에서도 진정한 도전을 감행한 대표적인 사례로 미국의 소설가 마거릿 미첼을 꼽는다. 그녀는 다리를 다친 후 소설을 쓰기 시작해서 7년 만에 탈고했다. 원고를 들고 여러 출판사를 다녔지만 계속 딱지를 맞을 만큼 누구도 관심을 보이지 않았지만 그녀는 포기하지 않았다. 미첼은 맥밀런 출판사 사장이 다른 도시로 출장 간다는 소식을 듣고 기차역으로 가서 사장에게 원고를 건네면서 읽어 봐달라고 했다. 사장은 귀찮은 표정으로 원고를 가방에 집어넣었지만 원고를 읽을 마음은 추호도 없었다. 사장은 여행 중에 '제발 저의 원고를 읽어 주세요'라는 전보를 받았다. 다음 날에도 전보가 왔고, 결국 미첼의 집념에 감동해 원고를 읽었는데, 열차가 목적지에 도착한 줄도 모르고 그 소설에 깊이 빠졌다. 『바람과 함께 사라지다』는 이렇게 진정한 도전에 의해 사라지지 않고 세상에 나왔다. 영화 수입만 7조 원을 벌어들인 『해리포터』의 저자 조앤 롤링 역시 미첼과 비슷한 도전을 보였다. 딸 하나를 둔 서른 살 이혼녀, 더운 물도 안 나오는 허름한 아파트에서 정부 보조금으로 살면서, 아이를 유모차에 재우고 카페에서 쓴 원고가 『해리포터』 시리즈다. 이 원고도 출판사마다 퇴짜를 맞다 13번째 출판사에서 겨우 빛을 보게 되었다. 그녀도 대단하지만, 『해리포터』 시리즈를 퇴짜 놓은 출판사들이 12개나 된다는 사실도 신기할 따름이다.

사람뿐만 아니라 어떤 사물은 진정한 도전과 시련 끝에 우리에게 빛을 전해 준다. 다이아몬드가 우리에게 주는 교훈은 영속적으로 빛나는 고가의 가격만은 아닐 것이다. 나는 다이아몬드에서 '혹독하게 단련된 물건일수록 비싼 값이 매겨진다'는 값비싼 교훈을 얻는다. 화학자들은 다이아몬드와 연탄이 완전히 같은 소재이며, 다른 점이라면 연탄은 도중에 배우기를 그만두지만, 다이아몬드는 엄청난 시련(단련)을 지속적으로 겪은 결과물이라고 한다. 여성들의 유별난 다이아몬드 사랑에는 이런 혹독한 과정에 대한 인식도 깃들어 있는지 궁금하다.

저자가 힘들 때마다 생각하는 격언들이 있다.

"이 고난은 불운이 아니라 이것을 잘 견디면 행운이 된다." 극복할 수 있는 정도의 고난으로서, 신이 나에게 특별히 내려준 기회로 여기라는 의미다.

더욱 힘들 때면 소설가 이외수의 다음 말을 되새기곤 한다.

"(어떤 고통도 꾹 참으면) 이 또한 지나가리라."

힘든 시기를 넘기고 나면 정말 이 얘기가 명언임을 실감하곤 한다. 결국 대부분의 고난은 생각보다 빨리 지나가는데 정작 그 당시에는 왜 그렇게도 끝이 멀어 보였을까?

"어떤 이는 25세에 이미 죽는데 장례식은 75세에 치른다."

건강하고 영리한 젊은이조차 위험과 싸우기보다는 지레 포기하고 안주함을 경고하는 벤저민 프랭클린의 얘기다. 도전의식 없이 25세부터 75세에 이르기까지 죽은 채 살아가는 젊은이들이 당시에도 많았나 보다. 용기란 두려움이 없는 것이 아니다. 어찌 인간에게 두려움이 없겠는가? 두렵지만 그보다 더 소중한 것이 있음을 아는 것이 용기의 진정한 의미 아닐까? 별에 도달할 수 없음이 불행한 것이 아니다. 정작 불행한 것은 마음속에 담아 둔 별이 없다는 사실이다.

한편 도전을 위해서는 용기와 더불어 긍정적 마인드가 필요하다.

「TV 세상에 이런 일이」라는 TV 프로그램 취재 팀이 수많은 취재 경험 끝에 내린 결론은 이를 입증한다. '운은 매사를 긍정적으로 생각하고 준비하는 사람에게 찾아온다'는 것이다. 생각 없이 뱉은 말조차 우리 뇌는 뇌세포를 움직여 행동으로 옮긴다. 미국 NBA 보스턴 셀틱스의 전 감독 릭 피티노의 말이다.

"내가 하루에 하는 생각 중 98퍼센트는 하고 있는 일의 긍정적인 부분만을 생각한다. 나머지 2퍼센트도 '어떻게 하면 매사에 긍정적이 될 수 있을까'를 궁리한다."

일본에서 경영의 신으로 추앙받는 마쓰시타 고노스케 회장은 긍정적인 사고방식의 대명사다. 그의 말을 들어 보자.

"긍정적 마인드만 있으면 어려운 환경이 오히려 득이 된다. 난 하느님이 주신 세 가지 은혜 덕분에 성공했다. 첫째, 집이 가난해서 어릴 적부터 구두닦이, 신문팔이 같은 갖은 고생을 다 해보았는데, 이를 통해 세상을 살아가는 데 필요한 경험을 많이 얻었다. 둘째, 태어날 때부터 몸이 약해 운동에 힘썼기에 늙어서도 건강하게 지낸다. 셋째, 초등학교도 못 다닌 덕분에 별 부담 없이 주위에 질문하며 배우는 일을 게을리 하지 않았다."

결국 그의 말을 듣고 있노라면 가난이 성공에 필요조건은 아니지만, 유복한 환경 역시 성공에 필요조건은 아니라는 생각이 든다.

매일매일 자신과의 타협을 뛰어넘으려면?

한 분야에만 몰입할 것인가? 아니면 다른 분야와 부단히 접목을 시도할 것인가? 깊이 없는 넓이는 참을 수 없는 가벼움이며, 넓이 없는 깊이는 대화하기 어려운 무거움이다. 창조는 한 분야의 깊이 있는 지식이 다른 분야와 우연히 만나는 교차로에서 나타난다. 따라서 특정 분야의 전문성이 없는 가운데 우연히 얻은 그 분야의 정보는 자기 분야와 관계가 없는 것처럼 보인다.

●●● 한 TV 개그 프로그램에 나오는 달인(개그맨 김병만)은 16년 동안 그 일만 했다고 한다. 물론 우스갯소리지만. 또 『아웃라이어』라는 책은 한 분야의 달인이 되는 데 1만 시간(10년 동안 하루 3시간씩)이 필요하다고 단언한다. 이 책의 저자는 1만 시간보다 적은 시간을 연습하여 세계 수준의 전문가가 탄생한 경우는 거의 보지 못했다고 주장한다. 사실 나는 이러한 몰입을 얘기하면서 고민했다. 앞서 '수평적 사고'에서는 자기의 전문 분야에만 갇혀 있지 말고 다른 분야들도 둘러보면서 일할 것을 주문했었다. 그러나 주위에 한눈팔지 않고 자기 전문 분야에만 10년 동안 갇혀 있어야 한다니, 상충되는 얘기 아닌가? 융합은 자기 분야를 정복한 다음의 일이라고 해도 10년이란 세월이 너무 긴 것 같기도 하고. 하지만 한양대 유영만 교육공학과 교

수는 전문성 없는 융합은 어설픈 겉절이와 같다고 한다. 깊이 있는 전문성을 전제로 융합을 시도할 때 숙성된 김치 맛을 내는 새로운 창조가 나온다니, 일단 어느 정도의 전문적 깊이는 필요하다.

이러한 깊이와 범위의 선택은 여러분 개인의 판단에 맡긴다. 둘(몰입과 융합) 중 하나를 선택할지, 한 우물을 파면서 동시에 다른 우물도 넘나들지 말이다.

나는 『아웃라이어』라는 책에서 1만 시간이라는 세월의 두께보다 1만 시간의 몰입이 현실적으로 어려운 배경에 주목한다. 저자 말콤 글래드웰은 하루 3시간씩 꼬박 10년을, 어떤 한 가지 일에 빠져드는 일은 재능과 노력만으로는 불가능하며 돈과 시간, 주위 여건, 운과 기회가 뒷받침되어야 한다고 주장한다. 개천에서 용(달인)나기가 힘들다는 얘기처럼 들린다. 그러나 이러한 외부 여건보다는 자신과의 타협이 가장 어려운 일 아닐까? 특히 100퍼센트 성공한다는 보장도 없이 긴 시간을 한 분야에만 투자한다는 것이 우리를 힘들게 한다. 아래에 소개되는 성공한 사람들도 그런 얘기를 하고 있다.

초등학교 5학년 때 야구를 시작한 이래 지금까지 나 자신과 단 한 번도 타협하지 않고 살아왔다.

_ 송진우(한화 이글즈의 레전드,
프로야구 선수로 21년간 국내 최다승인 210승 기록)

씨름하면서 제일 괴로웠던 것은 시즌 중의 훈련이 아니라 동계 훈련이었다. 동계 훈련의 효과가 시즌 초기에 바로 나타나지 않고 8~9월은 되어야 나타나기 때문이다. _강호동(씨름 왕 출신 개그맨)

국내의 유명한 역대 권투 챔피언들도 대체로 먹고 살 만한 어느 순간부터 링에 오르기가 두려워진다고 한다. 상대의 주먹을 보면서 예전에 못 느꼈던 두려움이 생기고, 자신과 타협을 생각하는 것이다. 결국 달인이 되기 위해서는 우선 자신과의 싸움에서 이겨야 한다.

오랜 기간의 몰입과 도전을 위해서 현실적인 타협을 넘길 수 있는 방법은 없을까? 자신이 영원히 살지 못한다는 생각을 간혹 하는가? 만일 오늘 죽는다면 누구나 최선을 다해 자신의 인생을 살고자 할 것이다. 그렇게 매일매일 살다 보면 그 사람의 인생은 최선의 결과로 이루어져 있을 것이다. 스티브 잡스는 매일매일의 현실적 타협을 넘기 위해 거울을 보며 자신을 다스렸다고 고백했다. 췌장암에 시달릴 때부터 그는 매일 아침 거울을 보면서 거울 속의 자신에게 말했다.

"오늘이 마지막 날이라면 너는 오늘 하려던 것을 할 거니?"

실제로 매일매일을 인생의 마지막 날처럼 살면 큰 결정들을 내리는 데 많은 도움이 될 것이다. 매일매일 중의 어느 날은 진짜 마지막 날이 될 테니까. 실제로 스티브 잡스에게는 10월 6일이 마지막 날이 되었다. 외부의 기대들, 좌절과 실패의 두려움 등은 죽음 앞에서 아무것도 아니며, 남의 목소리와 자신의 내면의 타협은 한낱 소음이 될 것이다. 삶의 시간은 한정되어 있기에 타인의 삶을 사느라 시간을 허비하지 말 것을 충고하는 스티브 잡스의 이 거울 얘기는 스탠퍼드 대학 졸업식 축사에서 나왔다. 대학 중퇴자인 그가, 대중 연설을 사양하기로 유명한 그가, 이러한 죽음의 얘기를 그것도 새로운 인생을 출발하는 세계 제일의 대학 졸업식에서 언급한 의미는 여러분의 해석에 맡긴다.

일부 불교도들도 어깨 위에 작은 새를 올려놓곤 매일 자기 삶을 되돌아보는 질문을 한다. 새에게 '오늘이 그날인가? 나는 죽을 준비가 되었는가? 나는 해야 할 일들을 제대로 하고 있는가? 내가 원하는 삶을 사는가?' 등을 묻는다. 우리는 인간이 언젠가는 죽을 것이라는 일반적인 생각을 하지만, 정작 자기의 죽음은 믿으려 하지 않는다. 영원히 살 것처럼 자신을 속이며 사는 것 같다. 그러나 현실적으로 언제든 죽을 준비를 하며 산다면 역설적으로 자기 삶에 더 적극적이고 비타협적으로 살 수 있을 것이다.

여러분은 매사에 몰입하며 살아가고 있는가? 야근하는 날을 생각해 보자. 오후 4시에 갑자기 생긴 일로 인해 부득이 야근하거나, 야근이라는 긴 시간으로 자신을 입증할 수밖에 없는 경우들은 제외하자. 사실 대부분의 야근을 살펴보면 다소 산만하게 일한 덕택에 보충하는 경우가 많다. 지구 상에 내려쬐는 햇빛이 아무리 세다 한들 우리가 돋보기로 초점을 맞추기 전까지는 아무것도 태우지 못한다. 똑같은 햇빛을 갖고도 어떤 사람은 정해진 시간 내에 제대로 일한다. 참고로 장시간 노동을 하면 지방이 복부에 쌓일 가능성이 높다는 의학계의 보고도 있다. 단순한 야근 무용론은 아니다. 과거와 달리 새로움을 자꾸 발굴해야 하는 지금의 시대에는 정해진 시간 내의 몰입(방전)이 중요하며 나머지 시간은 충전(휴식)해야 한다.

애석하게도 우리는 어린 시절에는 몰입에 익숙했지만 어른이 되면서 몰입하는 법을 잊은 것 같다. 우선 사회 활동을 하면 몰입을 방해하는 요소가 많아진다. 몰입을 위해서도 역시 일은 재미가 있어야 하고, 자신이 좋아하는 일을 해야 한다는 데 귀착된다. 『느리게 사는 즐거움』의 저자 젤린스키 교수는 우리가 하는 모든 걱정거리 중 96퍼센트는 쓸데없는 것이니, 고민을 하더라도 10분을 넘기지 말라고 조언한다. 96퍼센트를 세부적으로 살펴보자. 40퍼센트의 걱정거리는 절대 일어나지 않으며, 30퍼센트는 이미 일어난 사건들이며, 22퍼센트는 사소한 사건들이다. 나머지 4퍼센트도 일어나 봐야 우리가 어쩔 수 없는 것이니 고민할 필요가 없다.

그런데 안타깝게도 가장 빨리 잊어버려야 할 일들이 유독 오래 기억된다. 기억은 우리를 고통스럽게 하는 일에는 늘 친절하며 우리를 기쁘게 해줄 일에는 늘 태만한 것 같다. 정작 가장 필요로 하는 것들은 비열하게 머릿속을 떠날 뿐만 아니라 가장 원치 않는 순간에 다시 다가온다. 이러한 상황에 대해 어니 J. 젤린스키 교수는 가벼운 대응책 하나를 제시한다. 무슨 걱정거리가 있건 그것을 종이에 적어 보라고 한다. 대부분 서너 줄에 지나지 않을 테니 그 몇 줄 안 되는 문제에 대해 10분 안에 해답이 나오지 않으면 그것은 자신이 해결할 수 있는 고민이 아니라는 것이다. 그럼에도 불구하고 우리는 그 10분을 고무줄처럼 늘여 가며 하루를 허비하고 한 달을 죽이며 1년을 망쳐 버린다.

성공한 사람들의 보편적인 습관 중 하나가 순간 집중이다. 한눈팔지 않고 머리는 늘 낮게 두며 남보다 앞서 있다고 자만해 머리를 치켜들지 않는다. 골프나 야구, 축구 중계를 시청하면서 공을 치고 차는 순간의 TV 슬로모션을 보면 아름답다는 생각이 들 때가 많다. 공이 날아가는 방향을 서둘러 쳐다보기보다는 공이 클럽과 방망이와 발끝에 맞는 순간의 직후까지도 눈길이 공에 집중하는 모습들 말이다. 대어를 낚으려면 기다림에 친숙해야 하고 먼 길을 떠나는 나그네일수록 서둘러 신발 끈을 매지 않는다고 하지 않는가? 서두르지 말고 현재에 집중하자.

마지막으로 어떤 일에 몰입하는 가운데 우리가 곧잘 얘기하는 '최선'이라는 말을 생각해 보자. 소설가 조정래는 '자신의 노력이 자신을 감동시킬 수 있을 정도'가 최선이란다. 이렇게 보면 하루 3천 번 이상, 발등 구석구석마다 볼이 닿도록 훈련했다는 박지성 선수는 매일 자신의 평발을 보면서 자신에게 감동하지 않았을까? 최선을 다했다고 느꼈을 때를 회상해 보자. 당시 자신이 봐도 감동할 만한 노력을 했는가? 어찌 보면 최선을 다했다는 말은 나중에 뜻대로 안 되었을 때를 대비하여 숨을 수 있는 핑계의 그늘일 수도 있다. 우승한 프로 선수들에게서 가끔씩 듣는 얘기가 있다. 연습을 많이 할수록 행운도 많아졌다고. 그렇다. 운은 발뒤꿈치에서 솟아나는 것이지, 준비도 안 하는 자에게 깃드는 것이 아니다. 일생에 기회가 세 번 정도 온다는 말은 틀렸다. 기회는 자기가 만드는 대로 온다.

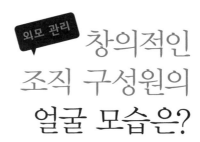

창의적인 조직 구성원의 얼굴 모습은?

외모 관리

> 인상을 쓰는 상사는 직원 앞에서
> 파업을 하는 것과 같다.
>
> *미국 격언*

> 눈은 현재 인품을 말하고,
> 입은 향후 모습을 말해 준다.
>
> *막심 고리키*

●●● 웰빙well-being, 웰다잉well-dying 뿐 아니라 웰에이징well-aging도 부각되는 시대다. 얼굴이란 '얼이 담긴 꼴'의 준말로서 안의 생각이 밖으로 드러난 형상이라고 한다. 결국 얼굴이나 첫인상 역시 내면의 생각을 말없이 전달하는 일종의 커뮤니케이션 도구이다. 수십 년 전만 해도 삼성 그룹 면접에서는 귀의 생김새를 보았다. 귀의 모양은 태아 때 형성되어 산모의 마음이 편안해야 귀 모양이 좋아지기에 안정된 가정 환경을 판가름하는 데 도움이 되었던 모양이다. 지금도 입사 면접 때의 첫인상을 염두에 두고 성형하는 젊은 남자들이 많다. 사실 나는 얼굴 균형을 깨뜨리면서까지 성형하는 것은 반대다. 어딘가 균형이 맞지 않는 얼굴은 쉽게 싫증나기 때문이다. 웰룩킹well-looking 은 젊은 사람만의 고민이 아니다. 요즘 가발을 쓰는 중장년의 경영진

들이 많다. 사실 외국에서는 머리숱이 얼마나 많은가보다는 그 머리 안에 무엇이 들어 있는가에 더 관심이 높다.

UCLA 심리학 교수 메라비언에 따르면, 첫인상의 결정 요소로서 표정(35퍼센트), 태도(20퍼센트), 말의 내용(7퍼센트)보다는 의외로 목소리(38퍼센트)가 큰 영향력을 발휘한다고 한다. 청각의 중요성을 TV CF에 활용하여 성공한 광고 사례도 많다. 적어도 시청자들의 오랜 기억에 남으려면 많은 경우, 시각적 메시지보다 청각적 메시지가 활용 가치가 높다는 것이다. 목소리에 관한 정보를 하나 소개한다. 복식 호흡을 습관화하면 중저음의 안정적 목소리가 만들어지며, 부드러운 공명으로 따뜻함과 신뢰감을 전해 줄 수 있다고 한다.

최근 직급도 간소화하고 호칭도 단일화하는 등 조직을 수평화하는 경향이 두드러지고 있다. 수직적인 조직에서는 창의적 사고가 힘들기 때문이다. 이러한 수직적 조직은 구성원의 얼굴에도 영향을 미친다. 저자의 강의 경험에 비춰 보면 임원을 대상으로 한 강의와 신입 사원을 대상으로 한 강의가 적나라하게 대비된다. 두 계층의 표정 구조가 다르다. 대체로 임원의 얼굴을 보면 중력의 영향을 받는지 입꼬리가 내려가 있는 데 반해, 사원들은 입꼬리가 올라가 있다. 그나마 대기업에서 다양한 임원 교육을 받은 사람 중에는 의도적으로 입꼬리를 올리면서 웃는 노력을 하는 임원도 간혹 눈에 띈다.

어느 웃음 전문가에 의하면 웃는 모습은 크게 5등급으로 구분된다고 한다. 5등급은 눈과 입의 근육을 움직이지 않고 웃는 사람, 4등급은 눈만 웃는 사람, 3등급은 입만 웃는 사람, 2등급은 눈과 입이 함께 웃는데 입꼬리가 아래로 처진 사람, 1등급은 눈과 입이 함께 웃는데 입꼬리가 귀에 걸린 것처럼 올라간 사람. 인위적으로 어색하게 웃기보다는 1등급처럼 화끈하게 웃자. 이렇게 웃는 것이 처음에는 힘들겠지만 볼 근육을 많이 움직이는 습관을 들이자. 수평 조직의 구성원은 지위에 관계없이 모두 입꼬리가 올라가고 볼 근육이 살아 있는 조직이다. 그래야 정서 공유가 잘되고 집단 지성을 위한 협업도 잘 이뤄진다.

CEO 인터뷰 전문 기자 출신 김성희 씨의 기사에 따르면, 언젠가 모 그룹의 회장은 언론에 도는 자신의 경직된 프로필 사진을 모두 웃는 얼굴로 교체한 적이 있었다. 또한 책상 위에 거울을 올려놓고 하루에 한 번씩 웃는 표정을 점검했고, 주위에 손거울을 선물로 돌리기 시작했다고 한다. 그 회장은 이렇게 말했다.

"어느 날 화내는 내 모습을 거울로 봤는데 정말 내가 봐도 무서웠어요. 그 후로는 되도록이면 웃으려고 해요. 주름살이요? 웃어서 생긴 주름살과 찡그려서 생긴 주름살은 모양이 다르다고 합니다."

또한 국내 첫 여성 헤드헌터로 알려진 유순신 대표는 성공 CEO의 자기 관리는 외모에도 그대로 반영된다고 말한다. 뉴스나 신문에 등장하는 스타급 CEO들 중 10년 전이나 지금이나 외모가 크게 변하지 않으면 그만큼 자기 관리가 뛰어나다고 볼 수 있다는 것이다.

한편 외모에 신경을 많이 쓰는 어느 임원에게서 손거울을 통해 얼굴의 노화를 알아보는 간단한 자가 진단법을 들은 적이 있다. 거울을 들고 다양한 각도로 얼굴을 비춰 봤을 때 얼굴이 각각 다르고 낯설게 느껴진다면 노화가 시작된

> **노화와 거울의 재미있는 상관관계**
> 프랑스 어느 마을 사람들의 노화가 이상하게 빠르다는 말에 정부가 조사단을 파견하였다. 그 결과 그 마을 사람들의 집에서 공통점이 발견되었다. 거울이 거의 없다는 점이다.
> _「르몽드」지, 2001. 2.

것으로 간주하라는 것이다. 여러분도 앉아서, 누워서, 엎드려서 한번 시험해 보기 바란다. 사실 주변 사람으로부터 젊게 보인다는 말을 들었다면 이미 늙었다는 증거다. 사실 좌우가 바뀐 모습을 보여 주는 거울도 자신의 모습을 100퍼센트 보여 주지는 못한다. 너무 거울에만 비춰 보지 말고, 사람들에게 반추된 자신의 모습도 함께 보기를 권한다. 외모도 중요하지만 사람들의 마음속에 비치는 내 모습도 수시로 들여다볼 필요가 있다.

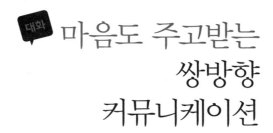

마음도 주고받는 쌍방향 커뮤니케이션

대화

실패한 CEO의 상당수는 전략보다 커뮤니케이션에 실패한다.
일반 직원들에게도 커뮤니케이션은 매우 중요하다.
눈빛, 손짓과 같은 보디랭귀지, 정서적 교감 등과 같은
보이지 않는 감성적 커뮤니케이션 행동까지 포함한다면,
커뮤니케이션은 사실상 업무 시간의 90퍼센트를 넘을 것이기 때문이다.

● ● ● 다음은 청중과 마음을 주고받았던 가수 신승훈이 한 인터뷰에서 말한 내용이다.

"올림픽 공원에서 공연하는데 비가 심하게 왔다. 무대에 서자 꽉 들어찬 팬들이 하얀 우비를 입은 채 빗속에 앉아 있는 모습이 보였다. 무대 위의 나야 비를 피할 수 있었지만 그들은 빗속에서 공연을 보아야 했다. 감격과 죄송함이 교차하는 심정으로 지붕 밖으로 나왔다. 나도 비를 맞으며 노래해야 한다고 생각했기 때문인데, 팬들은 나를 향해 비를 맞지 말라며 아우성을 쳤다. 계속 버텼더니 팬들이 우의의 모자를 벗었다. 그러자 하얗게 보이던 관객들이 앞에서부터 차례차례 맨 끝까지 까맣게 변하는데, 그 모습을 보는 내 마음이 얼마나 숙연했는지. 그때의 감동은 정말 잊을 수가 없다. 나는

사랑한다는 말을 아끼는 편인데, 그날 처음으로 팬들에게 사랑한다고 고백했다."

이처럼 대화는 말을 주고받으면서 상대의 마음을 내게로 당기거나 상대방의 마음속으로 파고드는 동적인 흐름이다. 그러나 주변의 대화하는 모습들을 가만히 보면 마음이 오가기는커녕 제대로 들으려는 자세도 부족한 것이 현실이다. 한 사람이 이야기하면 다른 사람은 듣는 시늉만 하면서 대답을 준비한다. 안 들어도 대충 안다는 듯이. 이는 무늬만 대화일 뿐, 두 개의 독백에 불과하다.

줄탁동시啐啄同時라는 말을 들어 보았는가? 병아리가 알 속에서 먼저 껍데기를 톡톡 쪼고, 이를 알아차린 어미가 밖에서 동시에 알을 쪼아야 병아리가 세상에 무사히 나온다는 말이다. 쌍방향 커뮤니케이션의 중요성을 언급할 때 많이 인용하는 말이다. 그러나 인간 사회에서는 이러한 커뮤니케이션의 본질을 이해하고 원활히 활용하는 사례가 많지 않다.

여러분은 평소 대화할 때 상대방의 마음속으로 파고들면서, 동시에 상대가 내 마음속으로 편히 들어오도록 얘기하는가? 대체로 높은 자리에 올라갈수록, 나이를 먹을수록 제대로 된 커뮤니케이션에 힘들어하는 분들이 많다. 그동안 스피드와 효율 위주의 고도성장 속에서 일방향 대화를 강요해 온 시대적인 배경 때문이다. 임원 입장에서는 젊은 사원과 진솔한 대화를 하려고 해도 젊은 층의 마음속에 들어가기가 쉽지 않다. 젊은 사원 역시 임원의 마음속에 들어가기를 어려워한다. 비업무적인 상황에서조차 윗사람이 하는 얘기는 고작 "일은 재미있는가?", "힘든 점은 없는가?" 등이다. "네"라는 답을 기대하면서 묻는 건지, 더 이상 대화가 이어질 것 같지 않다. 집에서 아이들한테 할 수 있는 레퍼토리 역시 5~6개 이내다. 이래서는 단답식의 질의응답 정도에 그칠 뿐 지속적인 대화가 어렵다. 다행히도 최근에는 젊은 층들의 마음속에 들어가기 위해 아이돌 가수들의 이름과 노래 제목도 외우는 요령 있는 임원들도 늘어나고 있다. 그런데 이분들의 하소연이 재미있다. 요즘 그룹 가수들은 왜 그렇게 많이 모여서 노래하냐는 것이다. 이름 외우기도 힘들지만 이름 또한 왜 그렇게 다양한 형태로 짓는지 외우기가 너무 힘들다는 것이다.

진정한 쌍방향 대화를 위해서는 상대방이 내 마음속에 들어오도록 유도하는 노력이 필요하다. "자네는 우리 회사 농구 동호회 주장이던데, 수비할 때는 주로 지역 방어로 하는가 아니면 맨투맨으로 하는가?" 이렇게 질문하면 어떨까? 아마 상대방이 내 마음속에 들어와서 짧지 않는 대화가 계속되지 않겠는가? 물론 농구 용어 정도는 사전에 공부해야 한다. 그 기대 효과를 고려한다면 이 정도는 충분히 투자할 가치가 있다.

리더의 대화 기법을 다양한 상황별로 알아보자. 우선 부득이하게 아랫사람을 꾸짖어야 할 때를 생각해 보자. 이러한 불가피한 상황에 대해서는 보통 영어권 상류층이 즐겨 사용한다는 샌드위치 대화법이 명답이다. 의자에 앉자마자 질책하지 말고 일정한 파도를 타는 것이다. 즉, 긍정적인 얘기나 칭찬으로 시작하여, 정작 하려던 질책은 중간에 언급하고, 마무리는 역시 좋은 말로 끝내는 것이다. 사실 질책도 요령이 필요하다. 질책 시간은 10분을 넘지 않도록 해야 한다. 길어지면 잔소리로 받아들이기 쉽기 때문이다. 질책의 대상은 되도록 사람이 아닌 상황으로 설정하고, 질책의 상황도 매우 구체적으로 해야 한다. 그래야 감정을 건드리지 않고 이성적으로 인정하도록 만들

수 있다. 직장 생활을 하다 보면 질책에 인색한 리더를 가끔 보게 된다. 그러나 관대함이 리더십은 아니며 아랫사람의 입장에서도 오해할 우려가 있다. 왜냐고? 여러분이 잘못했는데 팀장이 아무런 반응도 보이지 않는다고 생각해 보라. 마침 회사에 인원 감축설이 나돈다면 더욱 불안해하지 않을까? 잘못한 부하 직원 입장에서는 팀장이 자신을 해고하기 딱 좋은 건수 하나 건졌다고 엉뚱한 상상의 나래를 펼 수 있다는 말이다.

영국의 경영학자 웰더에 따르면, "경영자들은 실제 근무 시간의 70퍼센트를 소통을 위해 사용하며, 기업에서 일어나는 문제들 중의 70퍼센트는 소통의 장애로 야기된다"고 한다. 그러나 우리 주위의 리더 중에는 아직도 소통보다는 자신의 말만 하려 드는 사람이 많다. 그러나 통상 생각이 적을수록 말이 많아진다. 리더의 많은 말속에 중요한 얘기가 있더라도, 듣는 사람의 입장에서는 그 속에 있는 핵심 내용을 간파하여 행동으로 옮기기가 힘들다.

간혹 리더의 얘기 중에는 구성원이 그 속뜻을 잘 간파해야 할 말들이 있다. 이를테면 "그럴 듯 한데"('난 생각이 다른데'), "난 생각이 다른데"('내가 생각하는 방향과 너무 다른데'), "내가 생각하는 방향과 너무 다른데"('자네 얘기에 관심 없어'), "원칙적으로 자네 얘기에 찬성하네"('자네 얘기를 실행할 생각이 전혀 없어'), "자네가 틀린 것 같아"('내가 원하는 답과 전혀 달라'), "융통성이 좀 있어 봐"('시킨 일이나 잘하지'), "나를 설득시켜 봐"('난 이해가 안 가네, 말하는 자네도 솔직히 모르겠지?'), "큰 그림을 좀 보게"('사장님이 원하는 방향 말이야'), "이제 결정했네"('그만 닥치지'), "일단 나중에 더 얘기하세"('나중에 얘기하기만 해봐'). 이렇게 리더의 말들을 제대로 파고들지 못하면 조직은 값비싼 커뮤니케이션 비용을 치러야 한다. 사실 리더의 가장 효과적인 커뮤니케이션은 솔선수범이다. 리더의 작은 행동 하나가 수백 마디의 말보다 더욱 큰 위력을 발휘할 때가 많다. 구성원들은 리더의 말과 행동이 불일치할 때에는 말보다 행동을 기준으로 판단하기 때문이다. 리더의 행동과 행동 간에도 일관성이 없으면 불신과 냉소주의를 유발하기도 한다. 그러므로 리더는 작은 행동 하나라도 이전에 보여 준 행동을 떠올리며 일관성을 유지할 필요가 있다.

예전에 대한항공이 괌에서 추락한 이유 중의 하나는 조종실의 권위주의 문화 때문이라는 분석도 있다. 부기장이 기장에게 자신의 의견을 자유롭게 얘기할 수 없는 문화가 비극을 초래했던 것이다.

지금까지는 리더의 입장에서 대화법을 살펴보았는데, 조직 구성원 입장에서도 리더와의 대화에 신경 써야 할 것들이 많다. 높은 빌딩일수록 그늘이 큰 것처럼, 개인 사무 공간이 넓어지는 리더 역시 고독이 커지는 법이다. 구성원은 외로운 리더와의 대화에서 너무 직설적으로 자기의 반론을 펼치는 것도 한번 생각해 봐야 한다. 불가피하게 반론을 펼쳐야 한다면 리더의 참모로서 다가서야지, 상처를 주는 얘기는 삼가는 게 낫다. 샌드위치 대화법처럼 우선은 리더와 공감하는 부분을 존중해 주면서 이견을 펼쳐야 한다. 서로 다른 이야기로 리더와 평행선을 달리느니, 우선 의견이 같은 부분부터 시작하고, 의견이 다른 건 나중에 해결하는 것이 더 효과적이다.

우리 사회에서 효율성 경쟁이 가장 치열한 비즈니스 현장은 그나마 쌍방향 대화가 앞서 있는 집단이다. 현재 법조계나 병원 등의 전문가 집단은 쌍방향 대화가 절실한 분야이다. 앞으로 이들 집단의 시장이

해외에 완전히 개방되면 지금까지 해왔던 것처럼 배타적인 전문 지식만으로는 더 이상 버티기 힘들다. 고객(의뢰인, 환자)과 소통하는 법을 배워야 한다. 법조계의 좁은 문을 개방하여 다양한 사람에게 기회를 주는 로스쿨의 도입은 이런 관점에서 긍정적으로 보인다. 사실 서양 의학계에서는 의사소통을 핵심 임상 기술로 인식하여 일찍이 의사소통을 별도의 교육 과정으로 개설하고 있다. 전문적이고 세밀함이 요구되는 의료 기술은 점점 로봇이 떠맡고 있다. 전문 지식 이상으로 환자에 대한 이해와 보살핌이 중요하다고 보기 때문이다. 간혹 미국 메디컬 영화를 보면 다음과 같은 분위기들을 느끼지 않는가? 환자가 말하는 동안 의사가 끼어들지 않는다. 차트나 컴퓨터를 보지 않고 환자를 응시한다. 환자에게 구체적이면서도 자유로운 대답이 가능한 질문을 던진다. 말기 암의 고비를 넘긴 환자에게 다음과 같은 유머를 던지는 의사를 우리나라에서도 볼 수 있기를 기대한다.

"당신이 나를 다시 찾을 때까지 내가 살아 있을지 모르겠군요."

어쨌든 '3시간 대기, 3분 진료'라는 국내 의료 현실에서, 앞으로 환자와의 긴밀한 커뮤니케이션은 서비스가 아닌 생존의 문제로 다가올 것이다.

조직 구성원 간의 건강한 의사소통은 상호 간의 다양한 지식과 아이디어의 공유를 촉진시켜 집단 차원의 창의성을 높인다. 반면 조직 내에서 건강한 소통이 이루어지지 않으면 불필요한 오해와 갈등을 유발시킨다. 특히, 최근 들어 증가하고 있는 신세대, 여성 인력 및 글로벌 인력 등 조직 내 인력의 다양성이 증가하는 현실을 감안하여 구성원의 감수성 문제에 세심한 관심이 필요하다. 대체로 정서적인 갈등은 대화에서 비롯되기 때문이다.

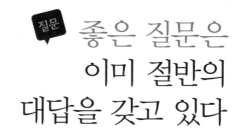

좋은 질문은 이미 절반의 대답을 갖고 있다

학문學問은 배움과 물음의 결합인데.
우리의 학교와 직장에는 물음이 없다. 배우려 들기만 할 뿐.
창의성의 어머니는 호기심이요, 창의성의 아버지는 다양성이다.
호기심과 다양성이 결합해야 상상력이 태어난다.

●●● 21세기는 세상이 던진 문제를 푸는 자가 아니라 세상에 문제를 던지는 자가 각광받는 시대다. 핵심적인 질문은 상대방의 대답을 변화시키며, 구체적인 행동을 유발하기도 한다. 즉, 질문은 대화의 주도권을 잡게 하며 상대를 내 틀에 가두는 커뮤니케이션 마술이다. 손석희, 유재석, 래리 킹, 오프라 윈프리 등은 상대에게 적절한 질문을 던지는 기술만으로 사람의 마음을 장악하고 있지 않은가? 유명한 경영자들은 거의 예외 없이 질문광이다. 이들은 통찰력 있는 질문으로 양질의 대답을 쉽게 얻는다.

GE 전 회장 잭 웰치는 자신에게 창조성은 별로 없지만 그것을 간파하는 능력은 있다고 했다. 이건희 회장 역시 일의 본질을 파악하는 능력을 피력한 적이 있다. 그 공통적인 능력은 다름 아닌 질문이다. 볼테르 역시 사람의 판단은 그가 하는 대답이 아니라 그가 던지는 질문으로 판단해야 한다고 강조했다. 삼성 이건희 회장은 회의 때면, 상대방에게 얘기할 기회를 많이 주지만, 들어 보면서 "왜?", "그래서?"를 다섯 번 이상 반복해서 묻는다고 한다. 이렇게 몇 단계에 걸쳐 집요하게 물어보면 그 사람의 지식은 바닥이 나게 마련이다. 더 이상 답을 못하는 순간 이 회장은 준비한 메시지로 부하들을 휘어잡는데, 이것이 아버지(이병철 선대 회장)로부터 배운 제왕학이라고 한다.

그러나 주입식 교육에 익숙한 우리는 좋은 질문 하나를 던지는 것이 얼마나 어려운지 잘 모른다. 너무 좋은 답에만 익숙해 있을 뿐. 사실 제대로 된 짧은 질문을 준비하는 데에는 설득하는 말보다 더 많은 시간이 소요된다. 여러분이 상사라면 어느 미팅에서 질문 위주로 대화를 시도해 보라. 설득이나 답변은 그 분야의 전문 지식으로 충분하지만, 질문에는 지혜가 필요하다. 준비가 덜 되었거나 본질이 보이지 않을수록 말만 많아지는 법이다. 빌 게이츠가 대학을 그만두고 마이크로소프트를 창업한 배경 중 하나에는 질문이라는 소통의 도구가 자리한다. 그는 네 살 때부터 모든 상황에서 "왜?" "어떻게?"라는 두 가지 질문을 하기 시작했다. 이 두 가지 질문을 가지고 책을 보며 사고하다 보니 거의 모든 책을 섭렵할 수 있었고, 하버드 대학에도 입학할 수 있었다. 그러나 대학에서 시험 문제를 읽다가 문득 회의가 들어 대학을 중퇴하였다. 자신은 많은 준비를 했는데 정작 시험 문제는 어떻게 그런 간단한 수준으로 출제되느냐는 것이었다.

한편 창조적 사고를 위해서는 상대방뿐만 아니라 자신의 마음속에도 질문해 보는 습관을 가져야 한다. 문제 제기 말이다. 새로운 것을 보고 익숙한 것을 낯설게 보기 위한 방법 중의 하나는 자신의 내면에 질문하는 것이다. 스스로 질문하지 않으면 호기심이 죽어 가며, 호기심이 죽으면 창의력이 실종된다. 남의 질문에 대답만 하게 되면 평생 질문은 하지 못하고 대답만 하면서 살기 쉽다. 지금처럼 다른 분야와 연결하는 융합의 시대에는 좋은 질문의 역할이 좋은 답변보다 중요할 때가 많다. 던지는 질문의 완성도가 얻는 답변의 수준을 결정한다면, 직장에서의 무수한 대화 속에 무심코 던지는 질문도 신경 써야 할 커뮤니케이션 기술이다.

> 혁신 기업의 리더들은 구성원의 창의성을 도출하기 위해 명확하고 직설적으로 말하기보다 간접화법으로 말하거나 질문하는 방식으로 커뮤니케이션을 한다
> _앤드루 하게이든 (캘리포니아 대학교)의 연구 결과

세상에 어리석은 대답은 있지만 어리석은 질문은 없다고 하지 않는가? 일방적으로 업무 방향을 지시하거나 원하는 결과를 제시하기에 앞서 구성원들에게 엉뚱한 생각을 유발시킬 수 있는 문제를 던져야 한다. 그리고 구성원들의 아이디어를 촉진시키기 위해 "왜?"에 초점을 맞춰 커뮤니케이션을 수행해야 한다. 행여 구성원들이 잘못된 생각을 하더라도 "그것은 아니야"라고 단번에 결론을 내리지 말고 "왜 그럴까?", "이렇게 하면 어떻게 될까?"라는 식으로 구성원들 스스로 올바른 생각으로 정리할 수 있도록 도와줘야 한다. 실제로 GE의 리더들은 소크라테스식 문답법에 대한 교육을 받고 구성원과의 커뮤니케이션에 활용하고 있다.

스티브 잡스의 또 다른 직함, 경청 책임자

<small>경청</small>

입은 닫을 수 있지만 귀는 닫을 수 없다.
말은 의지로 통제할 수 있지만,
세상 소리를 들을지 말지는 맘대로
할 수 없는 신의 섭리다.

●●● 루스벨트 대통령은 어느 날 군사 전문가와 보안 미팅을 가졌는데, 그가 떠난 뒤 비서에게 "그 사람 말 참 잘하네"라며 감탄했다고 한다. 그 전문가가 얘기한 거라고는 대통령의 말에 가끔 "그렇군요", "아, 네"라고 응수한 것뿐이었다. 동서양을 막론하고 듣기는 말하기보다 다소 소외되는 경향이 있다. 듣는 데에 소홀한 리더들은 임원회의 때 나온 동일한 회의 내용에 대해서도 부서원들에게 전달하는 내용이 다른 경우가 많다. 나중에 다른 부서원들과 얘기하다 보면 동일한 사안인데도 판이하게 전달되는 데 놀라곤 한다. 이처럼 회사의 주요 사안에 대한 공감대 형성은커녕 공유도 제대로 되지 않는 회사들이 생각보다 많다. 창조적 경영자들이 경청을 잘하는 이유가 따로 있다. 앞서 상상력의 기반인 다양성을 갖추기 위한 효율적인 수

단으로 독서를 언급한 바 있다. 그러나 경청은 더욱 효율적인 다양성 축적 수단이다.

경청 하면 가장 먼저 떠오르는 인물은 삼성의 이병철 선대 회장이다. 그는 누구든지 만나면 무조건 "(아무거나) 말해 봐라"라고 한다. 사실 상대방 입장에서는 특정한 주제도 없이 아무거나 말하기가 겁난다. 매우 정련된 말을 할 수밖에 없고, 이 회장도 신중히 듣는 데 충실하기 때문이다. 이병철 선대 회장이 과거 이건희 삼성전자 회장에게 경영자의 가장 중요한 덕목으로서 경청傾聽이라는 휘호를 손수 써서 선물한 일화는 유명하다. 이 회장 역시 이재용 삼성전자 사장에게 이 글귀를 전했다고 한다. 들리는 얘기로는 이병철 선대 회장이 풍부한 상상력으로 멀리 내다보는 셋째 아들 이건희 회장을 후계자로 선정한 배경도 '듣기'였다고 한다. 다양한 상상력을 위한 도구가 경청이라는 점을 일찍이 간파한 것이다. 사실 이건희 회장의 경우, 듣는 능력이 남달랐던 환경적인 요인이 있었다. 어릴 때부터 일본과 미국에서 혼자 생활했기 때문에 자신의 말을 내세우기보다는 남의 말을 들을 수밖에 없었다.

여러분은 독단적인 카리스마가 넘치는 스티브 잡스에게는 CLOChief Listening Officer라는 또 다른 직함이 있었다는 말을 들어 보았는가? 그는 경청을 전사적으로 관리해야 할 만큼 중요한 자원으로 보았던 것이다. 세계 저가低價 항공업계의 최강자이면서 펀 경영으로 유명한 사우스웨스트 항공사의 면접 방식을 보자. 지원자가 5분 동안 자신을 소개할 때, 면접관이 지원자의 발표 내용보다 더 유심히 보는 것은 다른 지원자들의 경청 자세다. 자신과 이해관계가 없는 부분도 경청하는 사람은 입사해서 동료와 협업도 잘하고, 고객의 얘기도 잘

들어 줄 것이라는 점을 직시한 것이다.

경청은 상대방의 얘기를 듣는 것이지만, 침묵도 경청의 도구로 활용할 필요가 있다. 원래 침묵은 말 없음을 의미하는 게 아니라 말없이 행동으로 보여 주는 것이다. 그래서 침묵은 금이라는 속담도 있는 것이다.

한편 침묵은 듣는 입장이 아니라 말하는 입장에서도 활용될 수 있다. 자신의 얘기 앞뒤에서 잠깐의 침묵을 전략적으로 활용해 보라. 내가 얘기하는 말 앞의 침묵은 나의 생각을 위한 시간이고, 내 말 뒤의 침묵은 듣는 사람의 이해를 위해 필요한 시간이 되게 말이다. 때에 따라서는 얘기 도중의 침묵이 유창한 말보다 청중을 더 자극할 수 있다. 프레젠테이션의 교본이라는 스티브 잡스도 발표 도중에 가끔 몇 초간 침묵하곤 했다. 그 순간 오히려 청중은 긴장하며, 잡스의 다음 행동을 상상하게 된다. 예술 감상에도 침묵을 통한 상상력이 필요하다. 음악을 보이게 하는 것은 중간 중간의 침묵이며, 그림을 들리게 하는 것은 여백이라는 말의 의미를 잘 생각해 보자.

경청은 그냥 귀를 열어 놓고 들어 주는 것이 아니라 적극적으로 듣는 것이다. 나름대로의 노하우가 필요한 가시적인 표현 방식인 것이다. 무엇보다도 눈 맞춤과 표정, 자세 등을 통해 그 사람의 말에 공감을 표현해 주어야 한다. 부부 싸움도 잘 들어 주기만 하면 절반은 화해가 된다고 하지 않는가?

경청과 화술로 세계적인 갑부의 반열에 오른 오프라 윈프리, 그녀의 60분짜리 토크쇼를 보면 그녀가 얘기하는 시간은 10분을 넘는 경우가 별로 없다. 50분 동안은 상대방의 얘기에 온몸으로 들어 주는 공감의 경청이다. 이러한 공감을 표현하는 경청은 여러 가지 부수적인 효과가 있다. 상대방이 잘 모르는 사람이라면 그 사람을 파악하는 수단이 되며, 상대방이 자주 만나는 사람이라면 내 편으로 쉽게 만드는 방법, 그것이 바로 적극적인 경청이다.

청중의 상상력을 자극하는 발표 노하우

청중을 제대로 파악하지 않고 프레젠테이션을
계획하는 것은 러브 레터를 쓴 다음, 겉봉에
'우리를 아는 모든 사람들에게' 라고 적는 것과 같다.

켄 해머(AT&T)

●●● 토론토 대학의 연구 보고서에 의하면, 인간이 가장 두려워하는 것은 놀랍게도 죽음이 아니라 대중 앞에서 프리젠테이션을 하는 것이라고 한다(대중 앞에서의 연설 41퍼센트, 고소 공포 32퍼센트, 금전 문제 22퍼센트, 깊은 물 22퍼센트, 질병 19퍼센트, 죽음 19퍼센트, 어둠 8퍼센트). 말을 즐겨 한다는 서양 사람들도 프레젠테이션을 죽음보다 더 두려워하는 것일까? 최근 프레젠테이션의 추세를 보면 창조와 맥을 같이 하는 새로운 흐름들이 보인다. 예전의 문서 중심에서 탈피하여 절제된 비주얼을 추구함으로써 암시와 상상력을 자극한다. 특히 발표할 때마다 세계 수천만 명의 인구가 실시간으로 동영상 중계를 지켜본다는 스티브 잡스의 프레젠테이션이 그렇다.

우선 애플의 매킨토시로 작성된 그의 발표물을 보자. 애플에서는 우리가 발표물에도 즐겨 쓰는 MS의 파워포인트를 보고서 작성용으로만 국한시킨다. 한마디로 파워포인트는 문서 작성용이지 발표물로서는 한계가 있다는 것이다.

그의 발표물에는 절제되고 암시적인 그림과 화살표만 보인다. 글머리 기호, 큰 표제, 상투적인 배경과 클립아트 그림들이 거의 없다. 달랑 단어 한 개만 있는 슬라이드, 상징적 그림 하나를 제시하며 나머지 여백은 청중의 상상에 맡긴다. 따라서 청중이 슬라이드에서 읽을 것은 거의 없다. 그의 철저한 계산 속에 상상만 하면 된다. 창조적인 상상력의 장치는 더 있다.

슬라이드를 넘길 때마다 미리 다음 슬라이드를 암시하는 언급을 함으로써 차후에 나올 슬라이드에 대한 기대감과 상상을 조성한다. 그는 무대에 등장할 때에도 제품과 관련 없는 신나는 음악과 함께 오른다. 그렇게 함으로써 청중으로 하여금 왠지 좋은 일이 일어날 듯한 분위기를 고조시킨다. 가장 강조하고 싶은 내용에서는 5초 안팎의 침묵을 보이거나, 빈 슬라이드를 켜놓아 청중의 주의를 자신에게 집중시킨다. 사실 슬라이드의 여백이 많을수록 발표자는 부담을 느낄 수밖에 없는데, 공백의 슬라이드는 그의 자신감을 보여 주는 것이다.

검정 셔츠에 허리띠 없는 청바지, 캐주얼 운동화 역시 아이폰만큼이나 심플하다. 주의를 분산할 만한 액세서리도 없고, 격식을 전혀 느끼지 못할 만큼 편안하다. 그러니 그 뒤편의 신제품으로 모든 눈이 집중될 수밖에. 이 대목에서 디자인은 튀지 말고 제품 속에 자연스럽게 감춰져야 한다는 그의 말이 생각난다. 그런데도 발표장에서의 그의 단순한 의상이 우리에게 여전히 각인되는 것을 보면 아이러니하다. 절제된 동작 역시 자연스럽지만 치밀하게 준비된 모션들이다. 이를테면 세 번째 슬라이드의 조명은 어떤 각도로 어떻게 비춰야 하는지, 네 번째 슬라이드에서의 침묵은 3초 정도 뜸을 들이며 어디를 응시하는지, 물을 마시며 호흡 조절하는 것까지도. 발표 때마다 항상 잊지 못할 체험을 하나씩 제공하는데, 저자가 본 가장 인상적인 순간은 얇은 노트북을 강조하기 위해 서류 봉투에서 노트북을 꺼내는 장면이었다.

앞서 발표물로서 MS 파워포인트의 한계를 언급했지만 발표 역량 역시 빌 게이츠는 동갑내기 스티브 잡스에게 크게 눌린다는 평가를 받아 왔다. 특히 빌 게이츠는 어려운 전문 용어와 복잡한 수치를 나열하는 데다가, 말 자체도 어눌한 면이 있다. 우리에게 감동을 주는 스티브 잡스와 우리에게 편의를 제공해 주는 빌 게이츠의 차이가 발표력에서도 그대로 나타나는 것 같다. 그도 자존심이 상했는지, 몇 년 전부터 스티브 잡스의 방식을 추구하는 모습이다. 슬라이드에 달랑 영어 단어 하나만 띄운다든지, 사진 한 장만 보여 주는 단순함 말이다. 언젠가 말라리아 방지에 대한 연설을 보니, 연설 현장에서 유리병 속의 모기를 날리면서 청중으로 하여금 체험을 통해 일깨우기도 했다.

빌 게이츠가 현역에서 물러난 후, 마이크로소프트사의 실권을 잡은 스티브 발머 사장도 발표 문화를 많이 바꾸고 있는 것 같다. 빔 프로젝터나 슬라이드를 발표에 남용하지 않도록 했으며, 참석자들이 모르는 새로운 내용을 들고 프레젠테이션하는 것은 비생산적이라 하여 사전에 충분한 조율을 거친다.

아직도 우리 주위의 프레젠테이션들을 보면 집중력을 흐트러뜨리는 사족들이 보인다. "이번 슬라이드는 가격 전략에 대한 것입니다." "오늘 드릴 말씀의 목차는 보시는 바와 같이 **, **, **, **로 구성되어 있습니다." 슬라이드에 이미 나와 있는 것을 굳이 청각적으로 중복시킬 필요가 있을까? 시각적으로 이미 슬라이드를 훑은 청중이 잠깐 딴생각만 하게 만들 뿐이다.

창조적 발상의 기회, 전문 용어 없는 보고서

GE 전 회장 잭 웰치는 재임 시절 보고서에
되도록 전문 용어를 쓰지 말라고 강조했다.
화려한 학력이나 경력을 지닌 사람에게 그가 요구한 것은
KISS(Keep It Simple & Short) 였다.

●●● 광고업계의 대부인 데이비드 오길비에 따르면, 좋은 광고는 광고에 주의를 끌지 않으면서 자연스럽게 제품을 파는 광고라고 한다. 마찬가지로 우리의 기억에 남는 글은 글 자체에 주의를 끌지 않으면서도 마음과 행동을 움직이게 한다. 그래서 좋은 글은 "훌륭한 글이군요"라는 말을 듣기보다는 "훌륭한 생각입니다"라는 말을 듣는 글이다. 어휘력과 표현력으로 글 쓰던 시대는 지났다. 『해리포터』 시리즈 역시 글 속에 화려한 수사력이 보이지 않는다.

여기서는 비즈니스맨이 일상적으로 쓰는 글이라 할 수 있는, 보고서 쓰기에 대한 좋은 예들을 소개한다.

첫째, 팀장의 경우 팀원들에게 가끔씩 보고서를 작성할 때 전문 용어를 쓰지 말라고 주문해 보라. 그들만이 사용하는 용어 대신에 부

모님과 아이들도 이해할 수 있는 일상 용어로 쉽게 써보라는 것이다. 아마 고민과 시간을 더 들이겠지만 다른 용어를 찾는 과정에서 새로운 본질을 발견할 기회가 생긴다. 즉, 전문 용어를 대신할 다른 분야의 용어를 찾는 과정에서 그 전문 용어의 의미를 새로운 각도에서 재검토하거나 새로운 연상을 하는 기회를 갖게 된다.

간단한 사례를 들어 본다. 고객 로열티에 대한 강화 방안을 고민하는 마케팅 담당자가 있다. 고객 로열티라는 전문 용어 대신 (기업에 대한) 고객의 애정이라는 표현을 쓴다면 어떨까? 그러면 애정이 철철 넘치는 연애 시절을 연상하며, 그 시절에 시도 때도 없이 표출하는 잦은 스킨십을 떠올릴 것이다. 그러면 다양한 오프라인 상에서의 고객에 대한 체험 마케팅이라는 훌륭한 대안이 나올 수도 있다.

날개 없는 선풍기, 겉에 입는 속옷, 굽 낮은 하이힐 등의 역발상적인 신제품들은 이처럼 이름에 얽매이지 않고 다양한 외부 현상과 접목해서 나온 것들이다.

둘째, 자신의 보고서에서 꼭 밀고 싶은 대안이 있다면 그 하나만 올리지 말고, 가능하면 복수의 대안을 만들어 그 속에서 자신의 대안을 밀라는 점이다. 한마디로 결정권자의 역할도 생각해 주라는 것이다. 대체로 조직에서 신임받는 이른바 '잘나가는 사람'일수록 자신의 실행안 위주로 부각하는 경향이 있는데, 굳이 결정권자로 하여금 묻어간다는 심리를 유발시킬 필요는 없다. 더욱 중요한 것은 보고받는 사람에게 다양한 사고를 할 수 있는 창조적 발상의 기회를 제공하는 것이다.

셋째, 마무리된 보고서를 최종 마감하는 단계에서 꼭 필요한 관문이 있다. 보는 사람들의 시각에서 이 보고서를 보면서 어떤 생각들을 할지 상상해 보라. 상상력은 신제품을 개발할 때만 필요한 것이 아니다. 보고받는 사람들의 예상 질문을 짜보라는 것이 아니다. 이 보고서를 작성하는 과정에서 지금까지 그들이 직간접적으로 언급한 상황들을 떠올려 봐야 한다. 그리고 그러한 상황 속에서 내가 그들이라면 이 보고서를 보고 어떤 생각을 할지 상상하는 것이다. 아마 손 댈 곳이 더 생길 것이다. 보고 내용도 중요하지만 보고 과정에서 일어날 수 있는 다양한 상황에도 만전을 기해야 한다. 보고받는 사람 입장에서는 보고 내용이 좋을수록 뭔가 허점을 더 찾게 마련이며, 작성자가 본질을 파악하고 작성했는지 시험해 보는 경향이 있다.

간결한 보고서

기업에서 의사소통의 도구로 많이 사용하는 문서 작성 역시 단순함의 미학이 많이 요구되는 영역이다. 그런데 화려하게 장식된 파워포인트와 완벽한 보고서를 고집하는 경영자들은 대체로 조직을 복잡하게 만드는 경향이 있다. 그래서 글로벌 컨설팅업체들은 보고서 장식에 들어가는 불필요한 낭비를 막기 위해 파워포인트 작업을 인도의 전문가에게 의뢰하기도 한다. 복잡한 문서를 통한 의사소통은 구성원들의 피로감이나 비용 낭비를 초래할 뿐만 아니라 창의적 아이디어의 흐름을 막음으로써 집단 지성의 효과를 반감시킨다. 이렇게 커뮤니케이션의 흐름을 저해하면 신속하고 구체화된 실행력 역시 떨어질 것이 자명하다. 무엇보다도 정교한 문서의 심각한 문제는 책임 소재를 모호하게 만드는 등 도덕적 해이를 초래할 수 있다는 점이다.

1970년대 정주영 회장이 조선소를 짓기 위한 건설 자금을 빌리러 영국에 갔을 때의 일이다. 당시 돈을 빌려 줄 영국의 업체에서는 현대에 그다지 호의적이지 않았다. 당시 정 회장이 들고 간 것은 많은 분량의 사업 계획서가 아니라 달랑 5천 원권 지폐 한 장이었다. 거기에 인쇄된 거북선 그림을 보여 주고 한국이 영국보다 300년 앞서 철갑선을 만든 흔적이라며 그들을 설득해 돈을 빌렸다. 블록버스터 괴물을 제작한 봉준호 감독의 경우도 비슷하다. 한국에서는 괴물 영화가 잘 통하지 않는다는 선입견을 깨고, 1백억대의 자본이 투입되는 사업에 투자자를 유혹한 제안서는 단 1페이지짜리였다. 그것은 영국의 네시 호수에 나온다는 전설 속 괴물 네시를 한강변 63빌딩과 합성한 사진이었다. 그는 거기에 딱 한 마디만 덧붙였다. 한강변에 이런 괴물이 튀어나온다고.

일전에 경영자들을 대상으로 '부하 사원으로부터 보고서를 받고 가장 먼저 보는 것은 무엇인가?'라는 설문 조사의 결과를 본 적이 있다. 차례, 실행 방안의 현실성, 문제의 진단, 보고자의 태도 등에 앞서 가장 먼저 본다고 응답한 것은 '보고서 두께'였다. 내용을 보기도 전에 팀장이나 임원을 질리게 만들 필요는 없다. 보고서 두께가 두꺼운 회사일수록 상하 간의 벽이 있고, 평소 의견 공유가 별로 없는 집단일 가능성이 높다.

물론 1~2페이지로 남을 설득하기는 어렵다. 차라리 충분한 지면을 주면 더 수월할 텐데 1페이지 제안서를 만들라는 것은 마치 시를 쓰는 것만큼이나 어려운 것이 사실이다. 그러나 2010년대 드림 소사이어티에서는 딱딱한 보고서나 증권가 리포트 등에서도 시詩를 자주 보게 될 것이다. 이제 여러분이 작성하는 보고서에도 시집이나 소설책에서 사용하는 은유와 직유법을 사용할 준비를 해야 한다. 보고서의 목표는 결국 보고받는 사람을 설득하는 것이며 최종적으로는 감성화되어 가는 소비자를 설득하는 것이다. 사실 현재 뛰어난 많은 리더들은 은유와 직유의 달인들이다. 워런 버핏은 세계 최고의 투자자로 살아온 자신의 삶을 '스노볼'(자서전 제목)에 비유한다.

"인생은 눈뭉치 같다. 그래서 잘 뭉쳐지는 습기 많은 눈과 긴 언덕을 찾아내는 것이 중요하다."

이 얼마나 멋진 표현인가?

보고서나 제안서도 아이폰처럼 단순함의 미학을 살리려면 어떻게 써야 할까?

첫째, 글을 웬만큼 완성하고 나서 '뭐, 빠진 것 없나?'가 아니라 '빼도 될 만한 부분은 없나?'를 살펴볼 일이다. 글을 잘 쓰는 사람들을 보면 단어를 연결하여 문장을 만들기보다는 불필요한 부분을 걷어버리는 데 탁월한 능력이 있다. 글 중에 없어도 될 군더더기는 없는지, 앞서 나온 내용을 부연 또는 중복하지는 않는지, 재밋거리로 넣은 것이 불필요하지는 않은지 등을 검토하는 습관을 기르자.

둘째, 글 쓰는 사람은 자신의 지식을 알리고자 하는 잠재 욕구가 있다. 일반 서적뿐만 아니라 효율성을 강조하는 기업 보고서에서도 그런 경향들을 쉽게 찾아볼 수 있다. 보고받는 사람도 웬만큼 알 만한 내용이 불필요하게 들어감으로써 보고서의 긴장감을 죽이는 경우 말이다. 문서를 읽는 사람이 꼭 알아야 되거나 주의를 집중시킬 콘텐츠 중심으로 축약하는 것이 바람직하다.

셋째, 무엇보다도 쉽게 써야 한다. 물론 짧은 분량으로 쉽게 쓰기는 매우 어렵다. 아마 비즈니스 세계에서 발표를 가장 잘하는 사람이 스티브 잡스라면, 설득력 있는 문서를 가장 잘 쓰는 사람은 버핏이 아닐까 싶다. 매년 신년 초에 워런 버핏은 전 세계 주주들에게 주주 보고서를 손수 작성하여 자신의 비전을 공유한다. 살아 있는 경제학 교과서라고 불리는 워런 버핏의 주주 보고서에서 그가 가장 강조하는 것은 쉽게 쓰기이다. 누이에게 쓰듯 쉽게. 그래서 전문 용어를 쓰는 대신, 누이가 주주라면 오빠한테서 어떤 내용을 듣고 싶어할까 반대로 생각한다는 얘기다.

어떤 분들은 이렇게 생각할 수도 있겠다.

"굳이 많은 공을 들여서 보는 사람의 수준보다도 더 쉽게 써야만 하는가?"

그러나 저자는 보고 내용이 어렵다는 불평은 많이 들어 봤지만, 왜 이렇게 쉽게 썼냐고 불평하는 사람은 본 적이 없다. 만약 보고서가 너무 쉽다고 불평한다면 그 사람은 본질을 느낄 수 있는 기회를 걷어차는 것이다. 복잡함을 걷어 낸, 쉽고 단순한 보고서일수록 본질을 통찰할 가능성이 높기 때문이다. 28명의 노벨상 수상자를 배출한 영국 케임브리지 대학의 루드퍼드도 연구원들에게 연구 논문은 이렇게 써야 한다고 못 박았다.

"술집 여자에게 쉽게 설명할 수 없는 것이라면 훌륭한 물리학도가 될 수 없다."

빌 게이츠도 정보 기술에 문외한인 60대의 워런 버핏에게 읽히기 위해 그의 수준에 맞춰 『미래로 가는 길』을 썼다.

그런데 짧은 보고서를 지향할 때 현실적으로 고려해야 할 사항들이 있다.

첫째, 막대한 비용이 수반되는 제안을 단 몇 장의 문서로 보고할 때, 과연 그 타당한 근거를 설득력 있게 제대로 전달할 수 있느냐 하는 것이다. 막대한 투자를 책임지는 보고받는 사람 입장에서 보면 부담이 큰 대목이다. 그래서 아무리 명쾌하다고 해도 간결한 보고서의 이면에는 부서장과의 사전 공감대와 커뮤니케이션이 있다는 전제를 깔고 있어야 한다. 그 전제에 확신이 없다면 수십, 수백 장의 근거 자료를 별첨 형식으로 준비해야 한다. 특히 매일 사장과 직원이 얼굴을 대하는 중소기업이 아닌, 대기업이라면 짧은 보고서 제도의 시행을 위해 이러한 전제 조건들이 필요하다. 내가 다닌 회사에서도 한때 사장에게 보고하는 모든 문서의 분량을 2장이 넘지 않도록 압박한 적이 있었다. 보고자 입장에서는 문서 작성도 힘들지만 현장에서 보고하기가 더욱 어렵다는 토로들이 많았다. 보고 내용을 완전히 소화하는 것은 물론, 평소에 사장과 별로 대화를 한 적이 없는 상황에서 2페이지짜리 보고를 한 후, 무슨 질문이 나올지 가늠하기가 힘들기 때문이다. 따라서 이러한 보고 체계를 시행하기 전에 현실적인 기업 문화도 함께 검토해야 한다.

둘째, 1~2장의 보고서는 보고받는 경영진의 눈에 쏙 들어오긴 하겠지만, 조직 전체를 움직이게 만드는 실행력을 갖기는 힘들다. 특히 결론에 숨어 있는 다양한 기획 의도와 중요한 가정들이 충분히 전달되지 않으면 막상 현업 부서에 가서는 흐지부지되는 경우가 많다. 재무 부서나 전략 기획 부서의 보고 상황이 특히 그렇다.

어쨌든 간결한 보고서는 시행상의 현실적인 어려움은 있지만 제대로 정착되면 장점이 훨씬 많다. 보고하는 사람 입장에서는 단순한 글로 응축하는 과정에서 본질을 통찰할 수 있고, 보고받는 사람 입장에서는 불필요한 군더더기에 방해받지 않고 본질적인 내용에 집중할 수 있다.

SNS 시대의 대인 관계 대인 관계, 어떻게 할까?

우리는 죽을 때가 되면 후회하는 4걸이 있다고 한다.
'좀 더 참을걸, 좀 더 베풀걸, 좀 더 즐겁게 살걸, 좀 더 웃을걸.'
이 4걸은 따지고 보면 자기 혼자 할 수 있는 영역이 아니다.
타인과의 관계에서 형성되는 후회다.

●●● 행복의 85퍼센트는 배우자, 자녀, 친구, 동료 직원과의 관계에서 온다는 미국 『포춘』지 조사 결과(2009. 9)를 본 적이 있다. 프랑스의 석학 자크 아탈리는, 가난이란 갖지 못한 것을 의미해 왔지만 미래에는 어딘가에 소속되지 못함을 의미하는 것으로 변화될 것이라고 한다. 2009년 하버드 대학교 학생들을 대상으로 한 72년에 걸친 인생 사례를 발표한 조지 베일런트 교수 역시 "삶에서 가장 중요한 것은 인간관계이며, 47세까지 형성되어 있는 인간관계가 이후의 생애를 결정하는 데 가장 중요한 변수"라고 주장했다. 또한 그는 인생의 성공과 노후의 행복을 여는 문은 대인 관계이며, 그 대인 관계의 기반은 삶을 풍요롭게 하는 문화 예술이라는 말도 덧붙였다. 현재 47세인 나로서는, 그간 문화 예술과 담을 쌓아 왔던 나로서는, 후회

와 걱정이 앞설 뿐이다.

그러면 직장인의 인간관계를 언급한 조사 결과들을 살펴보자. 이스라엘의 텔아비브 대학 아리에 시롬 교수는 직장에서 동료와 잘 지내는 사람은 그렇지 않은 사람보다 오래 살지만 상사나 사장에게 인정받는 것은 사망률과 큰 관계가 없었다는 재미있는 조사 결과를 발표했다. 동료와의 대인 관계가 직장인의 사망에 잠재 요인이 될 수 있다는 것이다.

나는 동시대를 살아가는 우리 생애에 영향력을 가장 많이 미친 것은 인터넷이라고 생각한다. 인터넷의 발달로 인맥의 폭은 넓어졌지만 인맥의 질과 깊이는 예전보다 떨어졌다. 즉, 해병대, 고려대 교우회, 호남 향우회 등에서 느끼는 깊은 관계는 약화된 반면, 다양한 번개 모임처럼 느슨하지만 폭넓은 관계가 많아지고 있다. 그래서 진지한 거대담론보다는 인터넷 댓글처럼 유머스럽고 간단한 대화를 잘하는 사람들이 부각된다. 대인 관계가 더욱 중요해질 거라는 앞서의 연구 결과를 놓고 볼 때, 향후 온라인의 라이프스타일에서도 변화가 있으리라 전망해 본다. 특히 최근 들어 불특정 다수와의 폭넓은 교감보다는 지인 중심(트위터나 페이스북)의 만남도 그 한 예다. 이제는 얼마나 많은 친구가 있느냐가 중요한 시대가 아니다. 보다 중요한 것은 얼마나 많은 지인이 당신을 친구로 생각하느냐이다.

어떤 분은 『삼국지』를 읽을 때마다 유비의 대단함을 느낀다고 한다. 유비의 인생을 보면 도와 달라고 주위에 부탁하지도 않는데 어려울 때마다 누군가가 꼭 힘이 되어 준다는 것이다.

대인 관계의 가치는 창조 경영에서도 중요하다. 집단 지성을 통해 새로운 가치를 발굴하기 위해서는 신뢰를 기반으로 한 대인 관계가 필요하기 때문이다. 자기와 다른 것을 틀린 것으로 부정하지 않고, 생산적으로 협업하기 위해서는 상대방의 생각에 공감해야 한다. 스티브 잡스도 창의는 상이한 것을 연결하는 것이기에 신뢰 관계가 바탕 되어야 한다는 얘기를 곧잘 했다. 정주영(현대), 이병철(삼성), 구인회(LG) 등 각 그룹의 선대 회장들도 20대에는 모두 재기하기 힘들 정도로 쫄딱 망한 경험이 있었다. 그들이 모두 재기할 수 있었던 것은 신용 덕분이었다. 그들의 얘기인즉, 어려울 때 돈 빌리기가 어려운 이유는 빌려 주어도 되겠다는 믿음을 주위에 쌓지 못했기 때문이라고 한다. 신용만 있다면 돈은 어디든지 있다는 것이다.

여러분은 이런 얘기를 들어 본 적이 있는가? "유산을 나눠 갖기 전까지는 어떤 사람을 안다고 하지 마라." 참고로 대인 관계에서 그 사람의 인간성을 알 수 있는 방법은 이외에도 많다. 이를테면 자신과 전혀 이해관계가 없는 사람을 대하는 태도, 공짜를 받았을 때의 태도 등. 이러한 얘기들의 내면에는 인간성은 쉽게 판단할 수 없으므로 함부로 판단하여 신뢰하지 말라는 복선을 깔고 있다. 역시 대인 관계의 질에 대한 아쉬움을 담고 있는 네트워크 생활의 유산이지 않을까 싶다.

대감 집 개가 죽으면 문상객이 줄을 이어도 정작 대감이 죽으면 대문이 쓸쓸하다고 한다. 부자 친구는 그가 초대할 때 방문하는 것이지만 가난한 친구는 그가 초대하지 않아도 방문하라는 말이 있다. 고난은 평소 몰랐던 자신의 내면의 견고성을 확인하는 것과 더불어 진정한 친구인지 아닌지 판가름하는 기회를 제공한다. 내가 잘나갈 때는 나에 대한 상대방의 내면이 잘 안 보이기 마련이다. 이때는 위에서 얘기한 대로 그 사람이 자신과 전혀 이해관계 없는 사람에게 어떻게 대하는지 보기 바란다.

　직장 생활에서는 평판이 매우 중요한 대인 관계 요소다. 주위 사람들이 나를 보는 시각 말이다. 신뢰는 나와 상대방 간의 쌍방에 형성되는 것이지만, 평판은 나와 주위 다수 간에 형성되므로 잘못되면 자살을 부르는 시대다. 인맥이 인맥을 불러들여 형성되는 소셜 네트워크 서비스SNS도 폭넓은 지인들이 나를 평가하는 평판 시스템이다. 나의 왜곡된 평판이 눈에 보이지 않는 날개를 달고 생각지도 못한 곳까지 날아간다. 인문학의 가치가 새롭게 조명되는 이유 중 하나는 바로 이런 데 있다. 한순간의 댓글이 순식간에 누군가의 자살을 유발하기 때문에 인문학을 통해 인간 본연의 가치들을 복원해야한다. 그래야 IT 기술이 사회적 부작용에 지체되지 않고 발전을 가속화할 수 있다.

　또한 평판은 온라인뿐만 아니라 오프라인에서도 세심하게 관리해야 한다. 어느 외국 회사 중역이 사장 후보에서 몇 년째 탈락해 미국 본사에 항의를 했다. 실적으로 봐도 당연히 자기가 대표감인데 하는 생각에서였다. 그런데 인사 팀의 답신은 놀라웠다. 실적이 좋은 점은 인정하지만 사장이라는 자리와 관련해서 추가적으로 필요한 조건들에서 부족한 점이 있다는 것이었다. 그런데 지적 사항들이 평소 자신이 전혀 느끼지 못했던 소소한 내용들이었다.

　'경비나 청소원의 인사를 받아 주지 않으며 먼저 인사하지 않는다, 아랫사람 키우는 데에도 무관심하다, 가벼운 농담은 하지만 남다른 유머 감각이 없다.' 물론 중역이기에 세밀한 평판 조사에 들어갔겠지만 그는 이런 디테일한 행동까지도 볼 수 있는 네트워크 세상이 새삼 두려워졌다. 그렇다. 직장 생활하면서 밤이나 새벽에 만나는 경비원과 청소하는 분들에게도 잘 대해야 한다.

사소한 대인 관계에도 신뢰를 잘 쌓는 어느 프로농구 감독을 소개한다. 그는 주방 아줌마에게도 생일 선물로 화장품을 사주고, 구단 운전사를 형님으로 대접하고, 2008년 감독상 수상 때 수상 소감에서 구단 말단 직원에게 감사 인사를 잊지 않았으며, 경기에 패배하면 상대팀 감독에게도 자문을 구한다고 한다.

> 우린 언제 어디서 어떤 형태로 만날지 모르니, 만나는 모든 이들에게 잘하자. 하늘이라는 그물은 크고 넓어 엉성해 보이지만 결코 그 그물을 빠져나가지 못한다.
> _ 임정무(요리사)

사회생활을 하면서 접하는 다양한 상황들을 보면 대부분 의도적이거나 무의식중에 이해타산이 배어 있음을 느낀다. 도움이 될 만한 사람들 위주로 만나고 챙기면서 그 사람들이 어려울 때에는 합리적인 구실로 적당히 회피하는 경향들 말이다. 잘나가다 어려워진 사람을 다시는 볼일 없는 것처럼 회피하는 사람들은 다음의 내용을 명심해야 한다.

이제는 평균 수명이 90세인 시대다. 실패한 사람이 재기할 수 있는 기간, 자신이 도움을 청할 수밖에 없는 어려운 상황이 연출될 수 있는 기간이 예전에 비해 훨씬 길어졌다. 즉, 언제 어디서 어떤 형태로 만날지 알 수 없다는 얘기다. 신용은 거울과 같아서 한 번 금가면 다시는 회복되지 않는다. 어려워진 사람을 소홀히 대하는 것에 조심해야 한다. 일본의 유명 소설가 무라카미 하루키가 말한 다음의 내용 역시 장수 시대의 일관된 대인 관계를 강조한다.

"신은 공평하여 모든 인간에게 맛있는 사탕과 맛없는 사탕이 동일한 비율로 들어 있는 사탕 항아리를 주셨다. 맛있는 사탕을 계속 집어먹는다고 마냥 즐거워만 할 일이 아니다. 맛없는 사탕이 남보다 더 남아 있기 때문이다."

직장인의 평판을 전문적으로 조회하는 업체들이 있다. 회사와 사람을 적재적소에 연결시켜 주는 헤드헌팅업체가 그렇다. 좀 모난 사람에 대한 평판 조회가 들어와도 "그냥 한번 겪어 보세요"라는 가벼운 말들을 하기 쉽지만 "당신이 그 사람과 함께 일한다고 생각하시고, 그 사람에 대해서 좀 말해 주세요"라는 구체적인 상황을 제시하여 물어보면 답변은 달라질 게 뻔하다.

다른 사람들을 만날 때에는 내가 조금 손해 본다고 생각하며 대하는 것이 먼 안목으로 볼 때 유익하다. 미국의 경제 잡지 『포브스』로부터 세계적으로 인맥 관리를 잘하는 CEO로 지목받은 이영관 도레이새한 사장의 얘기다.

"경조사에 되도록 참석하지만 불가피하게 갈 형편이 안 되면 부인을 보낸다. 부인에게는 경조사 담당 부사장이라고 농담조로 말해 두었다. 직원들은 부인이 가면 부담이 없어서 그런지 더욱 좋아한다. 골프장에서는 대화를 나누고 싶은 사람이 친 방향으로 공을 보낸다. 내 스윙 폼이 흔들리지 않으니 상대방은 거의 눈치를 못 채며 라운딩 내내 하고 싶은 대화를 한다."

다음은 예전에 접한 어느 부사장의 얘기다. 이분은 당시 회사에서도 탁월한 영업 실적으로 소위 잘나가는 임원이었다. 언젠가 사장 비서의 전화 받는 태도가 마음에 안 든다며 그 비서에게 대놓고 싫은 소리를 좀 했던 모양이다. 그런데 비서들도 나름대로 처세술이 있는지라, 나중에 들은 얘기로는 부사장이 사장에게 보고할 때마다 사장의 컨디션이 유독 좋지 않을 때를 골라서 미팅 시간이나 결재 시간을 잡아 주었다고 한다. 결과는 여러분의 상상에 맡기겠다. 이처럼 업무상 관련성이 적은 사람들과도 좋은 대인 관계를 유지해야 한다. 하긴 좋은 대인 관계를 유지하기 위해서는 아부도 필요하다. 한마디로 아부는 전략적인 찬사라고 해도 지나치지 않을 때가 많다. 다음은 미국 언론인 리처드 스텐걸이 자신의 저서 『아부의 기술』에서 소개하는 실리적인 아부의 요령이다.

1) 절박하지 않으면 아부하면서 부탁하지 마라. 칭찬과 함께 부담을 주면 당사자는 조심스러워질 뿐이다. 상대에게 책임을 지우는 칭찬은 말짱 도루묵이다.
2) 당사자가 없는 곳에서 아부할 것이며, 아부할 때는 좋지 않은 면도 언급하라. 아주 살짝 말이다. 찬사를 세게 하고 싶다면 약한 비판도 가미하라는 얘기다.
3) 약점에 반대되는 자질을 칭찬하라. 후배에게 돈을 쓰지 않는 상사가 한번 쏜다면 "정말 통이 크십니다"라고 말하라. 잘난 맛에 사는 상사에게는 "너무 겸손하십니다"라는 말을 해주라.
4) 슬라이더 같은 아부를 시도하라. 아부라는 인상을 주지 않는 것이 관건이다. 한눈에 스트라이크임을 알 수 있는 직구보다 코너를 파고들며 스트라이크 존을 살짝 지나는 슬라이더 같은 아부가 최고다.

상사에 대한 대인 관계는 인간관계를 떠나서 자신의 생존과 발전에 중요한 변수임에 틀림없다. 그러나 상사나 보스라는 말 자체는 동서양을 떠나 대부분의 사람에게 존경보다는 술안줏감으로, 친밀감보다는 거리감이 앞서는 단어다. 조직 사회에서는 아랫사람이 윗사람보다 더 인정받으려고 해선 안 된다는 불문율 같은 게 있다. 상사보다 더 인정받는 것은 겉으로는 좋아 보이지만 결국 파멸을 부를 때가 많다. 유사한 맥락에서 태양의 빛을 능가하지 않으면서도 늘 빛나는 별과 같은 지혜를 배우라는 참모학 개론서도 보았다. 우리는 상사와 자신의 관계를 3자에게 얘기할 때에도 은연중에 "전성우 전무님을 상사로 모시고 있습니다"라는 표현을 쓴다. 모시는 관계에서는 창의와 혁신이 나올 수 없다.

창의적인 역발상으로 상사와의 전통적인 대인 관계를 재설정하기를 권한다. 전성우와 일하는 게 아니고 전무와 일하고 있다고 말이다. 상사가 가진 권한을 충분히 활용하면 일이 수월해지고 타 부서의 집단 지성을 이용할 수도 있다. 그러니 상사의 단점에 집중하기보다 상사의 권한과 기능을 잘 이끌어 낸다면 상사의 성격 파탄쯤은 너그럽게 보아 넘길 수 있게 된다.

인터넷이 기술보다는 생활로 다가오면서, 기업에서 고객과 접할 수 있는 사람은 세일즈맨, 텔레마케터 등의 마케팅 부서원뿐만 아니라 전체 구성원으로 확대되고 있다. 모든 사람이 마케터가 되어야 하며, 2010년대의 초우량 기업의 조직도에서는 마케팅 부서의 명칭이 점차 사라질 것이다. 물론 광고나 상품 기획, 유통점 관리와 같은 전문적인 기능은 존재하겠지만. 고객과의 대인 관계는 구성원 모두의 일이기 때문이다. 이렇게 고객과 기업 내부의 접점이 넓어질수록 고객의 세심한 관리가 필요하다. 고객과의 사소한 문제는 소셜 네트워크를 통해 순식간에 확산되기 때문이다.

고객과의 대인 관계에서 가장 필요한 것은 역지사지易地思之의 관점이다. 워낙 중요한 말이라 각 나라마다 이와 유사한 문화적 표현들이 있는 것 같다. 투우사가 되려면 먼저 소가 되어 봐야 한다는 스페인 속담과 상대방 입장이 되려면 상대방 신발을 신어 보라는 영어 속담처럼 말이다. 우리는 입장을 바꿔 생각하는 것에 그치지만 영어는 상대방 신발을 신고 그의 환경 속에서 다녀 보며 체험하는 수준을 요구한다. 고객 만족 경영은 기업에서 많이 쓰는 비즈니스 용어지만 진정성을 갖고 고객을 대하는 기업은 많지 않다.

예전에 삼성 그룹이 고객 만족 경영 분야에서 벤치마킹한 것으로 유명한 노드스트롬이라는 백화점이 있다. 고객 만족에 대한 이 회사의 진정성이 어느 정도인가 하면, 팔지 않은 타이어를 갖고 와서 환불해 달라는 고객에게 두말없이 환불해 줄 정도다. 또한 다 팔린 세일 품목을 구입하려는 고객을 돌려보내지 않고 인근의 경쟁사 백화점에 가서 물건을 구입해 와서 판다는 실제 일화까지 회자되었다. 일선의 매장 직원들에게 상당한 재량을 부여하기 때문에 직원들의 의식도 남다르다. 따져 보면 고객들의 터무니없는 요구도 들어주는 이러한 사례가 기업에게 비용만을 초래하는 것은 아니다. 언론을 통해 수백만 고객에게 회자된다면 돈 안 드는 광고를 하는 셈이 된다. 특히 요즘과 같은 소셜 네트워크 시대에는 막대한 파급 효과를 거둘 수 있다.

철저히 고객 입장에서 생각해 보는 이들의 사고방식에는 기브 앤 드 테이크 정신이 배어 있다. 국내에서 음식점으로 성공한 사람들이 공통적으로 하는 얘기도 이와 같다. 사업을 하다 보면 주기보다는 받기를 우선시하며, 수익과 비용을 견주어 가면서 고객을 생각하기 쉽지만, 성공한 이들의 의식과 행동에는 기브 앤드 테이크가 철저히 배어 있다. 이들에 따르면 효율과 이익을 먼저 생각하면 주는 것을 최소화하고, 새로운 행동을 하지 않게 된다고 한다.

고객과의 대인 관계가 생활인 직종이 있다. 영업하는 분들을 위한 대인 관계에 대해 몇 가지 조언을 드리고자 한다. 흔히 영업은 말발이 기본이라고 한다. 자신과 상품을 팔기 위해서는 대화가 중요한 것임에 틀림없다. 그러나 말솜씨는 영업의 필요조건이지 충분조건은 아니다. 말에 자신 없는 분은 더 잘하려고 애쓸 필요가 없다. 괜히 무리하면 정작 팔려고 하는 상품 역시 포장하는 거라는 선입관을 주기 때문이다. 있는 그대로를 보여 주는 진솔함이 영업의 시작이다.

한편 요즘에는 고객을 접대하는 문화도 바뀌는 추세다. 저녁 술자리보다 점심 식사를 통해 맨 정신에서 나눈 대화로 신뢰를 쌓아 간다. 파워 런치라는 말도 나왔다. '대인 관계'를 마치면서 개인적으로 하고 싶은 얘기가 있다. 네트워크 시대가 가속화되면서 인맥의 폭은 우리가 예상하지 못할 정도로 더욱 넓어질 것이다. IT의 발전은 우리에게서 기억력을 빼앗아 가고 있지만 세상은 우리의 부주의한 행동을 오랫동안 기억하면서 평생 괴롭힐 것이다. 아니 우리가 죽은 후에도 주변 사람들은 언제든지 우리의 과거를 검색해서 우리를 다시 판단할 수 있다. 그야말로 사람은 죽어서 이름을 남긴다는 말이 실감난다. 따라서 평소에 남을 미워하지 말고 남의 잘못을 용서하는 대인 관계에 익숙해져야 한다. 인생을 살아가는 방법 중 90퍼센트는 싫어하는 사람과 잘 지내는 것이라고 한다. 백 명의 친구보다 한 명의 적도 만들지 않는 것이 중요하다.

기업군 간의 네트워크 경쟁이 가속화되면서 기업도 좋은 네트워크 속에 속하는 것이 중요한 것처럼, 개인 역시 좋은 네트워크를 갖는 것이 큰 경쟁력인 시대다. 증오란 누군가에게 던지려고 잡은 달궈진 석탄과 같다는 석가모니의 말씀을 되새기면서 살자. 석탄(증오)을 잡는 순간 본인만 화상을 입을 뿐이다. 사랑만 하고 살기에도 모자라는 게 인생이다. 창조적인 마인드로 계속 새로운 가치를 창조하려면 증오할 시간도 아깝다. 더욱 안타까운 일은 남을 용서하고 증오심을 버리는 간단한 이치를 많은 사람들이 죽음의 문턱에 가서야 느낀다는 점이다. 마지막으로 안도현의 시집『외롭고 높고 쓸쓸한』에 수록된 두 편의 시로 '대인 관계'편을 마친다.

연탄재 함부로 차지 마라!
너는
누구에게 한번이라도 뜨거운 사람이었느냐?

– 〈너에게 묻는다〉의 일부 내용

연탄은 일단 제 몸에 불이 옮겨 붙었다 하면
하염없이 뜨거워지는 것.
매일 따스한 밥과 국물을 퍼먹으면서도 몰랐네.
온몸으로 사랑하고 나면
한 덩이 재로 쓸쓸하게 남는 게 두려워
여태껏 나는 그 누구에게 연탄 한 장도 되지 못하였네.

– 〈연탄 한 장〉의 일부 내용

| 제2부 |

조직의 창조 경영

창조적 환경

●●● 21세기 들어 환경은 갈수록 복잡하면서도 급변하는 특성을 보이고 있다. 특히 오스트레일리아에서 검은 백조가 발견되면서, 환경의 불확실성과 예측 불가한 특성을 상징하는 블랙 스완이라는 개념까지 등장하였다. 이제는 과거에 상상도 하지 못했던 충격적인 일들이 주변 환경에서 발생하기 때문에 과거와 같은 일사불란한 대응은 엄두도 못 내는 실정이다. 다만 사후적으로 그 발생 원인을 갖다 붙이기에 급급할 뿐이다. 여기서는 이러한 급변하고 불확실한 개념의 환경보다는 예측 가능한 방향으로 강화되어 가는 환경 요소를 다룬다. 특히 경쟁보다는 창조적인 패러다임 속에서 꼭 짚어 보아야 할 환경 요소들을 선정하였다. 경제 환경, 소비 환경, 인구 환경, 고객 환경 등이 그것이다.

●●● 경제 환경에서는 경쟁을 뛰어넘어 협력과 상생을 중시하는 창조적 '자본주의 4.0'을 살펴본다. 아울러 이러한 경제 환경과 조화되는 사회, 환경, 윤리를 지향하는 착한 '마케팅 3.0'을 사례 중심으로 소개한다. 결국 다른 경제 주체와 상생하는 경제 활동 및 타인을 배려하는 성숙한 소비 환경은 기업 성과에 어떠한 영향을 미치는지 사례 중심으로 설명한다. 소비 환경에서는 경쟁 지상주의의 산물인 양극화 현상 속에서 앞으로의 저성장 시대에 어중간한 시장이 어떻게 소멸되어 가는지 살펴본다. 한편 인

구·환경에서는 향후 가장 큰 규모를 형성할 소비 계층인 고령층에 초점을 맞춰 보았다. 특히 향후의 신고령층은 과거의 고령층과 달리 창조적인 관점에서 새롭게 주목해야 할 특성이 있는바, 이를 심층적으로 살펴본다. 마지막으로 소비 환경에서는 이미 많은 주목을 받고 있는 감성이라는 소비 패턴에 초점을 맞춰 보았다. 여기서는 창조적인 관점에서 고객의 감성을 해석해 본 후, 고객의 감성을 유발하는 도구로서 디자인, 스토리텔링 등에 대해 살펴본다.

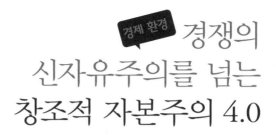

경쟁의
신자유주의를 넘는
창조적 자본주의 4.0

시장 기능을 존중하되 시장 참여자의
사회적 책임과 행복한 동반 성장을
중시하는 따뜻한 자본주의

●●● 2007년 금융 위기의 배경을 놓고 왼쪽과 오른쪽에 있는 분들이 첨예하게 논쟁하는 이슈 중 하나가 '신자유주의'다. 진보주의자들은 금융 위기의 주된 원인으로서 신자유주의를 비판한다. 특히 2011년 10월에는 신자유주의에 반대하는 시위가 전 세계적으로 확산되기도 했다. 월가를 점령하자는 시위 말이다. 이들은 1퍼센트의 부유층과 탐욕스러운 금융 자본 때문에 99퍼센트의 사람들이 정당한 몫을 받지 못하고 있다고 주장한다.

최근 신자유주의를 자본주의 3.0으로 규정하면서 이를 대체하는 자본주의 4.0이라는 개념이 대두되고 있다. 자본주의 4.0은 시장 기능을 존중하되 모든 시장 참여자의 사회적 책임과 '행복한 동반 성장'을 중시하는 따뜻한 자본주의다. 무엇보다도 경쟁보다는 협력과 상생을 중시하기 때문에 창조적인 자본주의라고도 불린다. 여기서는 2010년대의 가장 큰 경제 환경으로서 자본주의 4.0에 초점을 맞춰 그 개념을 살펴본다. 우선 자본주의 4.0의 모태가 된 신자유주의(자본주의 3.0)의 개념과 문제점을 알아보자.

2007년 금융 위기의 원인, 신자유주의

재미있는 경제 상황의 정의

• 불황과 공황의 정의(전미순美 경제연구회)

불황 : GDP 성장률이 2분기 연속으로 마이너스를 기록할 때(이 기준에 따르면 2차 대전 후 미국의 불황은 3차례 있었고, 최근 2007년 금융 위기도 불황에 해당된다).

공황 : GDP 성장률이 -10퍼센트 이하 또는 부동산, 주식 등의 자산 가치가 거의 0에 가깝게 급락(참고로 2008년 미국의 4분기 성장률로 기록된 -6.3퍼센트를 보고 일부 전문가들은 준공황 상태로 간주하기도 했다).

• 경기 둔화, 경기 침체, 공황 : 친구가 실직하면 경기 둔화slow down, 이웃이 실직하면 침체recession, 내가 실직하면 공황depression, 당시 대통령인 카터가 실직하면 경기 회복recovery(로널드 레이건 대통령이 1980년 대통령 선거 유세에서 당시 대통령 카터를 겨냥한 말로 결국 카터는 실직했다).

신자유주의의 기본 개념은 시장의 자율과 경쟁으로 요약된다. 물론 그 이면에는 정부의 개입을 최소화하는 작은 정부, 민영화, 자유무역, 외국인 투자 등의 정책이 기본 전제가 된다. 1970년대 등장한 신자유주의는 사실 이전에 존재하던 자본주의 개념에 가까웠다. 그러나 당시 자본주의라는 용어가 미국의 제국주의나 양극화를 조장한다는 이유로 신자유주의라는 말을 새롭게 도입하였다. 시장 경쟁이라는 성장 지향의 개념으로 시작된 신자유주의는 1980년대 미국(레이건 대통령)과 영국(대처 수상)이 고도성장하는 데 이론적 기반을 조성해 주었다.

그러나 21세기에 접어들면서 성장 일변도의 부산물로서 많은 문제점들이 부각되었다. 시장에 참여하는 경제 주체의 구성원도 인간인데, 이미 경제학에서도 인정하였다시피 인간은 제한된 합리성bounded rationality을 지닌 존재였던 것이다. 이들에게 모든 것을 맡겨 놓고 경쟁을 시켜 보니 불합리와 탐욕이라는 본성이 불거지면서 사회 가치적인 문제점들이 나타난 것이다. 『정의란 무엇인가』라는 딱딱한 소재의 책이 베스트셀러가 된 것도 이러한 경제 상황과 밀접한 관련이 있다.

신자유주의의 한계에 대해서는 케임브리지 대학 장하준 교수의 주장이 가장 설득력 있게 다가온다. 그는 경쟁이 이루어져서는 안 되는 영역(교육, 의료 등)까지 경쟁이 적용됨으로써 사회 전체가 황폐화되고 있다고 주장한다. 그 결과로서 신자유주의의 본산지인 미국만 보더라도 경쟁의 빛과 그늘이 첨예하게 공존한다는 것이다. 미국은 GDP, 군사비 지출, 석유 소비, 노벨상 수상자에서 세계 1위 국가지만 국가 채무, 무역 적자, 의료비 지출, 교도소 수감률에서도 역시 세계 1위를 자랑한다.

우리 역시 이러한 경쟁의 그늘에서 자유롭지 않다. 일상화된 구조조정, 사교육비 증가, 선행적인 주입식 교육, 취업 스펙 등. 애플을 뛰어넘어야 하는 삼성전자에 필요한 경쟁력은 더 이상 이러한 것들이 아니다. 새로운 가치를 부단히 창출해야 하는 지금 시대에는 정해진 영역 내에서의 등수 경쟁이 의미 없다. 그러한 경쟁이 가능한 사업의 대부분은 이미 중국으로 넘어가고 있다. 지금 기업에서 주목하는 스펙은 다양한 경험과 인문학적 지식이며, 효과적인 협업과 집단 지성을 창출할 수 있는 커뮤니케이션 능력, 윤리 의식 등이다. 본문 곳곳에서 언급한 '경쟁하기보다는 제휴'하고, '경쟁사를 벤치마킹하기보다는 경쟁사와 차별화'함으로써 새로운 가치를 창출하자는 내용도 결국 이러한 경제 환경의 변화와 맥을 같이한다.

1980년대 이후, 시장 개방과 경쟁 지향을 기치로 내건 신자유주의는 고도성장에 많은 기여를 했다. 그러나 성장의 그늘 속에 숨어 있던 다양한 폐해들이 2007년의 금융 위기로 터져 버렸다. 여러분은 2007년 촉발된 금융 위기의 원인이 무엇이라고 생각하는가? 위기의 뇌관은 미국 발 서브프라임 모기지라는 대출 문제로 보이지만, 그 이면에는 다음과 같은 다양한 금융 주체들의 문제점들이 관련되어 있다.

- 월스트리트(금융업체) : 과당 경쟁에 의한 무리한 대출과 투자.
- 정부의 방만한 신용 대출 정책 : 지나친 금융 자율화와 규제 완화.
- 중산층의 과도한 대출 : 실질 임금은 그대로인데 물가 상승으로 감소된 구매력을 메우기 위한 무분별한 가계 대출.
- 금융 감독 당국의 감독 역량 부족.
- 오랜 기간 누적되어 온 소득 양극화의 심화.
- 대출 채권을 증권화한 후 이를 잘게 잘라서 전 세계에 유통시킨 파생 상품.
- 월스트리트의 멍청한 CEO와 영리한 실무자들의 합작품.

– 미국 채권 보유국(중국 등) : 미국 국
채를 사면서 돈을 제공함으로써, 미
국의 무역 적자를 메우게 하고 과소
비를 유도.

2007년 금융 위기는 1960년대에 평범한
대학 성적으로 금융 회사에 입사한 경영진
이 1980년대 MBA에서 뛰어난 학점을 받
고 입사한 수재들의 복잡한 금융 공학을
이해하지 못했기 때문에 발생한 측면도 있
다. 금융 위기는 바로 위에 언급된 경제 주
체 모두의 책임이며, 그 책임의 밑바탕에
는 인간의 탐욕이 자리하고 있다.

> 파생 상품 : 파생 상품은 돈을
> 지급하겠다는 약속과 옵션에
> 불과한데 이 규모가
> 지구 상에서 실제 돈보다
> 수백 배 더 많이 돌아다닌다.
> 결국 한 곳에서의 약속에
> 문제가 생기면 전 세계로
> 엄청난 파급 효과를 불러올 수
> 있다. 사실 파생 상품이란
> 위험 부담을 낮추려는
> 상품이지만 위험이 없어지지는
> 않는다. 위험을 상대방에게
> 전가하는 일종의 폭탄 돌리기
> (파생 상품)는 경기가 나빠지면
> 결국 폭발한다.
> _박경철(시골 의사)

신자유주의를 넘어선 창조적 자본주의4.0의 등장

자본주의 진화 과정을 소프트웨어의 진화 단계version처럼 숫자를
붙여서 다음과 같이 4단계로 구분한다.

• 자본주의 1.0 : 개인의 경제 활동의 자유를 최대한 보장하는 자
  유 방임의 고전 자본주의.
• 자본주의 2.0 : 1930년대 대공황 이후 국가 개입을 내세운 수정
  자본주의.
• 자본주의 3.0 : 1970년대 시장의 자율을 강조한 신자유주의.

• 자본주의 4.0 : 시장 기능을 존중하되 시장 참여자의 사회적 책임
과 행복한 동반 성장을 중시한 따뜻한 자본주의.

우리가 제대로 식사를 할 수 있는 것은 푸줏간 주인, 양조장 주인,
빵집 주인 들의 이타심 덕분이 아니라 그들 개인의 이기주의의 결과
다. 경제학의 대부 애덤 스미드가 『국부론』에서 한 얘기다. 즉, 타인
을 생각하기보다 개인들 각자가 자신의 이익을 위해 열심히 일하면
세상은 '보이지 않는 손'에 의해 잘 굴러간다는 것이다. 그러나 앞에
제시된 자본주의 진화 과정(1.0~3.0)을 보니, 인간의 이기주의는 탐욕
으로 승화하여 생각지도 않은 남에게 해를 끼치는 결과를 초래했다.
더구나 세상이 네트워크로 촘촘히 연결된 평평한 작은 마을이 되어
가면서 그 파급 효과가 커지고 있다.

자본주의 4.0은 시장이 만능이 아니라는 그간의 경험에 기초하여,
모든 경제 주체를 적대적인 관계가 아니라 서로 협력하는 관계임을
모색한다. 또한 예측이 불가능해지는 환경 속에서 정부의 공공 정책
과 경제 부문에서도 실험 정신과 유연한 대처가 필요함을 강조한다.

특히 정부의 역할과 크기에 대한 관점을 주목해야 한다. 정부의
역할 축소를 주장한 신자유주의와 달리, 자본주의 4.0은 유능하고
적극적인 정부가 있어야만 시장 경제가 존재한다고 본다. 즉, 인플레
이션을 통제하는 수준의 제한된 정부의 역할에서, 금융 안정을 유지
하고 성장과 고용을 관리하는 것으로 확대를 지향한다. 그러나 과거
자본주의 2.0 시대처럼 막대한 재정을 휘두르는 관료주의적인 거대
정부로의 복귀를 주장하지는 않는다. 정부의 역할은 커지더라도 정
부의 크기는 줄어들어야 한다는 관점이다.

최근 이명박 정부의 정책 기조가 많이 변했다. 그간 유지해 오던 대기업 중심에서 중소기업, 자영업, 서민 중심으로 돌아선 것이다. 이것은 상생과 동반 성장을 중시하는 자본주의 4.0의 바람과 무관하지 않다. 그러나 이러한 정책 변화를 자본주의 4.0과 연결하여 근심스럽게 보는 시선들도 많다. 이들은 따뜻한 자본주의 4.0을 자선 사업과 기부, 중소기업 밀어 주기 등을 강요하는 것으로 인식하는 것 같다. 기업은 자선 단체가 아니며 기업가는 자선 사업가가 아닌 것처럼, 공생과 동반 성장은 강요하는 것이 아니다. 2010년대의 파고를 넘기 위해서는 자본주의 4.0의 본질을 제대로 이해하는 시각이 필요하다.

이미 영리를 목적으로 하는 자본주의의 최전선에 있는 마케팅 분야에서도 착한 마케팅이 돈을 벌기 시작하고 있다. 21세기에 접어들면서 이미 마케팅의 개념은 이익 창출보다는 고객 창출로 전환되었다. 이미 우리 주위에 환경과 사회적 가치를 따져 보며 물건을 사는, 성숙되고 착한 소비자들이 늘고 있기 때문이다. 그러면 따뜻한 자본주의 4.0의 실천적 방안으로서 착한 마케팅을 확인해 보자.

돈되는 착한 마케팅, 따뜻한 레드오션

마케팅의 출발 개념인 욕구에 대해 일찍이 매슬로는 욕구 5단계설을 제시한 바 있다. 인간은 5단계의 욕구(생리 욕구, 안전 욕구, 소속감과 애정 욕구, 존경의 욕구, 자아실현의 욕구)를 차례대로 충족하면서 인생을 살아간다는 것이다. 과거의 마케팅은 4단계까지의 욕구에 주력하여 왔다. 그런데 최근 들어 맨 위 단계인 자아실현의 욕구를 충족하려는 사람들이 늘어나고 있다. 자아실현이란 무엇일까? 물질적인 것 이외에 살아가면서 지키고 가꾸어 나가야 할 환경 보호, 윤리, 생명 존중, 행복, 평등, 자유 같은 것들이다. 이 역시 인문학이 중시되는 최근의 추세와 맥락을 같이한다. 결국 이런 철학을 가진 소비자들이 많아지면서 마케팅에서도 새로운 시장으로서 접근하고 있다. 당장 착한 소비니, 공정 무역이니 하면서 말이다.

결국 마케팅 학계의 세계적인 대가 필립 코틀러 교수도 이 추세를 부각하는 데 한몫했다. 그는 2010년대의 마케팅 방향을 제시하면서 『마케팅 3.0』이라는 책을 냈는데, 국내에는 『마켓 3.0』이라는 책으로 소개되었다. 착한 마케팅을 주장하는 사람이 성직자나 환경 단체 종사자가 아닌, 마케팅의 대가라는 점을 고려하면 더욱 공감이 간다. 사실 마케팅의 거두뿐만 아니라 경제학의 거두인 애덤 스미스도 일찍이 도덕적 경제를 강조한 바 있다. 그는 생전에 자기 묘비명에 다음과 같은 내용을 새겨 달라고 유언으로 부탁했다. '『도덕 감정론』의 저자 여기 잠들다.' 일반인들은 그의 대표작을 『국부론』으로 생각하지만, 애덤 스미스는 『도덕 감정론』을 자신의 대표작으로 여겼다고 한다.

위 그림은 코틀러 교수가 지난 30년과 2010년대를 시대별로 대별한 마케팅의 변화 추세를 저자가 정리한 것이다. 이 그림을 보면 향후 마케팅의 화두는 두 가지로 요약된다. 영혼spiritual에 소구하는 마케팅을 하라, 그리고 고객과 협업하는 마케팅을 하라. 가만히 살펴보니 따뜻한 자본주의, 협력하는 상생의 자본주의로 소개한 자본주의 4.0과 유사하다. 경제와 마케팅 역시 2010년대를 바라보는 관점이 동일한 것 같다. 여기서 영혼은 위에서 언급한 환경 보호, 윤리, 생명 존중, 행복, 평등, 자유 등을 의미하는 사회적 가치로 받아들여 주기 바란다.

참고로 두 번째 화두인 '고객과의 협업'이라는 의미는 간단하다. 종래 기업의 고유 활동이었던 마케팅 수단(상품 기획, 가격, 촉진, 유통)들을 고객과 함께 기획하거나, 더 나아가 고객에게 맡기라는 말이다. 최근에 붐을 조성하고 있는 SNCSocial Network Commerce도 여기에 해당한다. 트위터나 페이스북 등을 활용하여 고객들이 스스로 일정 구매 집단을 형성하여 50퍼센트 정도 할인된 상품을 온·오프라인 상으로 구매해 가는 현상 말이다. 이처럼 기업 활동에 고객 참여가 가능한 배경에는 IT가 자리 잡고 있다.

어쨌든 물질적 욕구에서 감성적 욕구를 거쳐 향후 기업이 주목해야 할 고객의 욕구는 영혼적 욕구다. 물론 앞으로도 물질적·감성적 욕구가 사라지는 것은 아니지만, 종전에 비해 부각되는 욕구는 자아실현의 욕구로 보인다. 실제로 최근 들어 물건을 고를 때 나만을 위한 소비보다는 우리를 위한 소비를 지향하는 사람들이 많아지고 있다. 2010년대의 소비자는 단순한 소비자로만 봐서는 안 된다. 소비자인 동시에 시민, 환경 보호주의자, 커뮤니티 회원의 역할을 동시에 수행한다고 보고, 이들에게 접근해야 지속 경영이 가능하다.

현재 일부 기업들과 성숙한 소비자들이 전개하고 있는 착한 제품과 착한 소비가 그 예이다. 우선 착한 제품의 경우, 이를테면 농산물을 구입할 때 친환경 속에서 생태계를 파괴하지 않고 재배했는지를 따져 본다든지, 커피를 생산하는 과정에서 원주민들의 노동력을 착취하지 않았는지 따져 보며 구입하는 것이다. 특히 그러한 상품에는 돈을 기꺼이 더 지불하는 로하스LOHAS : Lifestyle of Health and Sustainability 소비자들도 증가하고 있다. 이들은 자신만의 건강을 추구하는 웰빙 개념을 넘어서서 사회와 환경을 중시하는 트렌드를 말해 준다. 이러한 사람들은 물질보다는 마음의 안식을, 탄소를 배출하는 교통수단보다는 걷기를, 생산 과정에 환경과 원주민을 착취하지 않는 제품 소비를 통해 사회적 가치를 추구한다.

착한 소비의 경우에는 판매 제품의 일부 금액을 공익 재단이나 어려운 사람들에게 기부함으로써 소비자들로 하여금 구입 결정과 소비 과정에서 사회 기여의 가치를 느끼게 한다. 사실 인터넷을 통해 막강한 정보력을 쌓은 소비자들은 이미 오래전부터 가격에 포함된 엄청난 광고 비용에 부담을 느끼고 있다. 기업 입장에서도 상품 광고 대신 사회적인 기여를 홍보함으로써, 절약된 광고비를 사회에 기부하는 것이 오히려 낫다는 인식을 하는 것 같다.

물론 소비자 입장에서 이러한 사회적 기여 가치가 구입의 충분조건은 아닐 것이다. 그러나 물질적 기능과 품질 면에서 큰 차이가 없는 상황이라면 사회적 가치가 반영된 제품에 손길이 가게 마련이다. 더 나아가 앞으로는 환경을 파괴하고, 원산지 주민의 노동력을 착취한 제품은 브랜드력과 품질에 관계없이 불매하는 사람들이 증가할 것이다. 결국 사회와 환경의 이슈를 잘 활용하는 것이 브랜드 가치를 유지하는 중요한 전략적 도구가 될 전망이다.

수십 년간 섬유 유연제 시장에서 부동의 1위를 기록하던 생활용품 기업 피죤이 사회적 역할의 결함으로 인해 시장에서 선두 자리를 내주는 어려움을 겪고 있다. 보통 생활용품은 습관적으로 사는 품목이라 업계 순위가 쉽게 바뀌지 않는데 말이다. 원자재 가격 상승을 반영한다며 제품 가격을 올린 것도 문제가 되었지만, 결정적인 원인은 오너인 회장의 직원들에 대한 폭언과 폭행 사실이 알려지면서, 피죤은 일순간에 '직원을 소모품으로 여기는 나쁜 기업'으로 낙인찍혔다. 결국 이런 후안무치한 기업 제품을 쓰면 안 된다며 전국적인 불매 운동이 벌어진 것이다.

미국 제일의 유통업체는 월마트이지만 성숙한 소비자들의 영혼에 소구하는 유통업체는 코스트코다. 비록 월마트가 미국 취업률을 좌지우지할 정도로 미국 경제에 큰 기여를 하고 있지만 납품업체를 후려치고 대부분의 비정규직 직원을 혹사시키는 것으로 인식하는 사람도 많다. 매일 제일 싸게 판다고Every day low price 하지만 품질을 저하시키는 업체로 인식되기도 한다. 이에 비해 코스트코는 문화적인 대형 마트로서 한정된 브랜드를 엄선하여 비싼 물건도 싸게 파는 곳으로 인식된다. 그래서 미국 소비자들은 싼 맛에 월마트에 가서 쇼핑을 하지만 아이들의 교육상, 그리고 쇼핑을 제대로 즐기려 할 때는 코스트코를 선택한다는 얘기도 들린다.

사실 해외 기업들이 사회적 책임에 관심을 갖게 된 배경은 마이클 포터의 발표 논문(2006)에서 찾아볼 수 있다. 그는 경쟁 전략, 산업 구조 분석의 대가로 잘 알려진 하버드 경영대학원 교수다. 그 논문의 핵심은 결국 기업이 사회적 책임과 사회 공헌을 하면 돈도 벌 수 있는 시대가 되고 있다는 점이다. 이 논문이 매킨지 상을 수상한 후로 많은 서구 경영진의 주목을 받게 되었다. 이후 자본주의는 어려운 사람에게도 도움이 되어야 한다는 빌 게이츠의 창조적 자본주의론으로 이어진다. 2008년 다보스 포럼에서 주창한 그의 명연설은 자본주의의 새로운 지평을 제시했다는 평가를 받는다. 그에 따르면, 자본주의는 경제와 사회 발전에 기여했지만 돈 있는 사람들에게만 혜택을 주었고, 그 결과 가난한 사람은 정부 원조와 자선의 힘을 빌릴 수밖에 없는 현실을 초래했다고 한다. 그런데 앞으로는 빈자貧者에게 가치를 제공하는 기업에는 시장을 바탕으로 한 별도의 인센티브가 있음을 강조한다. 즉, 이러한 착한 기업들은 시장의 평판과 인정을 통해 소비자에게 호감을 주며, 우량 고객뿐만 아니라 우수 인재를 유치할 수 있다는 현실적 전망까지 제시했다. 사실·성숙한 소비자는 자아실현의 욕구를 충족하려는 중상류 계층에서도 많이 보이기 때문에 이러한 사회 지향적 마케팅은 우량 고객의 확보에도 도움이 된다.

해외로 눈길을 돌리면 실제로 이러한 어려운 계층을 매력적인 시장으로 삼는 비즈니스도 활발히 전개되고 있다. 경영학의 예언가라고 하는 세계적 석학 프라할라드 교수는 21세기 경영의 화두로서 BOP Bottom Of Pyramid(연간 3천 달러 이하의 소득으로 살아가는 40억 인구층)개념을 주창했다. 기업들이 지금까지는 대부분 중상류층에만 집중하여 왔으나 양극화, 저성장, 저출산, 고령화 추세와 맞물려 점점 한계에 다다른다는 것이다. 여기에서 새롭게 눈을 돌릴 만한 영역이 2007년 기준으로 전 세계 40억 인구에 달하는 저가 시장인 것이다. 즉, 치열한 경쟁으로 '피로 얼룩진 레드오션'이 아닌 '더운 피가 용솟음치는 따뜻한 레드오션' 말이다.

> 저렴한 상품이 있으려면
> 저렴한 노동이 있어야 하고,
> 저렴한 노동이 있으려면
> 저렴한 국가가 있어야 한다.
> 그런 빈국貧國은 우리
> 아버지들이 건국한 국가도
> 아니고 우리 아들들이 지켜
> 나가고자 하는 국가도 아니다.
> _윌리엄 매킨리(미국 25대 대통령.
> 마트 상권 문제가 본격화될 때
> 남긴 말)

이러한 착한 기업론들이 나오기 이전에 이미 경영자로서 이를 실행에 옮겨 온 사람이 있다. 스타벅스의 하워드 슐츠 회장이다. 그는 어린 시절에 트럭 운전사였던 아버지가 사고로 일자리를 잃자 아버지의 치료비로 엄청난 고생을 하면서 맹세했다. '수많은 반대와 장애에도 불구하고 모든 사람들이 존중받는 회사를 만들겠다.' 그가 세운 스타벅스는 비정규직까지 완벽한 건강 보험 혜택으로 보호하는 미국 최초의 기업이다. 스타벅스는 커피를 사는 것보다 직원들의 각종 보험과 수당에 더 많은 돈을 쓴다.

이러한 착한 마케팅, 착한 기업, 착한 소비는 지나가는 한순간의 추세로 보이지 않는다. 무엇보다 앞으로의 IT의 발전과 네트워크의 가속화는 세상을 더욱 작고 평평하게 만들기 때문에 기업의 도덕관이 매우 중요하게 부각될 것이다. 마치 지구라는 작은 마을에서 어느 기업이 제대로 생산하고 유통해서 야채 가게를 꾸려 가는지 누구나 쉽게 알고, 공유할 수 있기 때문이다. 고객에게서 진정성이 깃든 사랑을 받는 기업은 위기에 대한 내성에도 강하다. 동일한 위기를 맞더라도 고객의 사랑을 받아 온 기업은 경쟁사에 비해 충격을 덜 받고, 아울러 더 빠른 시일 내에 복원하는 것을 우리는 많이 보아 왔다. 고객에게 오토바이가 아닌, 꿈과 자유를 판매한 할리데이비슨, 한때 부도 직전에 몰려 회사 문을 닫으려고 할 때 전 세계 할리 라이더들이 회사의 존속을 요구하며 돕고 나섰다.

반면 평소 기업의 욕심과 이기적인 경영 행태로 일관하는 기업은 위기가 왔을 때 고객들이 선뜻 구원의 손길을 내밀지 않는다. 따라서 융합에 대한 관점도 지금처럼 IT에만 집착할 것이 아니라, 인간적이고 사회적이며, 환경적인 문제들도 IT와 함께 고려하면 새로운 가치 지향적인 창조가 발현될 수 있다.

윤리 의식

네트워크 시대가 가속화될수록 착한 소비와 따뜻한 기업이 더욱 늘어날 것이다. 그 배경에는 경제 주체의 활동이 투명화되고, 기업의 비도덕적인 행동이 순식간에 공유되기 때문이다. 미국 발 금융 위기의 원인 중 하나로 윤리 의식이 지적된다. 금융 전문가들의 탐욕이 전문적인 수학 공식으로 악용된 것이다. 특히 네트워크 시대에는 한 사람의 행위가 자신도 모르는 사이에 불특정 다수에게 큰 파급 효과를 미칠 수 있다. 이제 문제가 터질 때마다 금융감독원이나 일선 기업의 내부 감사로 해결하기에는 그 파급력이 너무 크다. 이러한 상황 속에서 최근 기업 일선에서의 인문학 바람은 기업의 윤리 의식 함양에도 크게 기여할 것으로 보인다. 최근 많은 국내 대학에서 기술 중심으로 융합과학 센터를 설립하고 있다. 여기에서 한 걸음 더 나아가 경영학, 법학, 의학, 공학 등에 인문학과 윤리를 융합하는 노력도 필요하다.

해외 선진국에서는 상류층부터 착한 소비와 착한 기업을 주도하는 양상을 보여 왔다. 일찍이 노블리스 오블리주noblesse oblige(사회 지도층의 사회적 책임)라는 사회적 가치관이 문화로 자리 잡고 있음은 잘 알려진 사실이다. 부자로 죽는 것은 불명예스러운 일이라던 철강왕 카네기, 지금도 뉴욕 시 전체의 수도세를 부담하고 있는 석유왕 록펠러(재단), 상속세 폐지 움직임에 가장 먼저 반대하고 나선 빌 게이츠나 워런 버핏, 스스로 세금을 많이 내자고 정부에 건의하여 오늘날의 복지 사회에 동참한 북유럽 부자들. 빌 게이츠와 아버지가 언급했다는 다음 얘기를 들어 보면 역시 빌 게이츠 같은 아들이 나올 수밖에 없었구나 하는 생각이 든다.

"내가 돈을 벌었다고 하는 것은, 정확하게 말하면 내가 국가의 도움을 받아서 번 것이다. 만약 아프리카에서 태어났다면 부자가 될 수 없었다는 것 아닌가?"

전 세계적으로 부자가 일반인들보다 3~4년 더 산다고 한다. 돈이 많아서 잘 먹고 병 치료 잘하는 덕분이라는 게 부자 전문가들의 추정이다. 더 중요한 사실은 사회봉사를 많이 한 부자들은 평범한 부자들보다 4~5년 정도 더 산다.

_한동철(서울여대 교수, 부자 연구가)

세계적인 갑부인 워런 버핏이 보유하고 있는 주식의 대부분은 언젠가 빌 게이츠 재단으로 이관된다고 한다(물론 상속 증여세를 피하기 위해 공익 재단과 같은 피난처를 만든다는 비난도 있다). 연봉 1억 원 수준에 평범한 집에서 살고 있는 그는, 자신이 부를 늘리는 능력은 있지만 부를 사회에 환원하는 능력에서는 빌 게이츠가 더 낫다며 빌 게이츠 재단을 선택한 것이다. 시대를 앞서 보는 착한 투자가라고나 할까? 어쨌든 버핏도 윤리적인 것이 가치 있는 투자라는 시대적 안목을 갖고 있는 것 같다.

2011년 말에 있었던 안철수 원장의 주식 기부에 대해서도 정치적 의도와 관련하여 말이 많았다. 그러나 이는 부자들의 기부가 아직 일상화되지 않은 국내의 현실을 반증하는 현상이기도 하다. 과거에는 노블리스 오블리주보다는 자기가 배불러야 남도 도와줄 수 있다는 현실적인 가치관이 앞서 있었다. 오죽하면 '땅불리스 돈불리주'라는 냉소적인 말까지 생겨났을까 하는 아쉬움이 남지만, 다행히 최근 사회 지도층의 다양한 형태의 기부 활동이 늘어나고 있어 윤리적 소비와 착한 기업에 대해 밝은 전망을 해본다.

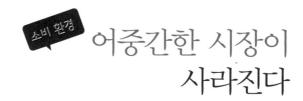

어중간한 시장이 사라진다

쥐어짜인 중산층 squeezed middle :
옥스퍼드 영어 사전에서 선정한 올해(2011)의 단어.
중산층의 정의 : 먹고 살아갈 만한 충분한
소득이 있으면서 퇴근길에 피자 한 판, 영화 관람 등을
별생각 없이 소비할 수 있는 사람.

「워싱턴포스트」

● ● ● 2007년에 시작된 금융 위기는 그 해결의 실마리가 보이지 않을 만큼 파급 효과가 지속될 전망이다. 국내외 많은 경제 연구소의 발표에 따르면, 2010년대에도 국내뿐만 아니라 전 세계적으로 당분간 저성장 체제가 계속될 것이라고 한다. 이미 지속된 고성장을 경험한 향후의 저성장 체제는 다양한 경제 현상에 걸쳐 양극화라는 화두를 던지고 있다. 과거의 고성장 속에서 두껍게 형성된 중산층이 무너지면서 소득 계층의 양극화를 불러오고, 이에 따라 기업들도 양극단의 소비 계층에 소구하는 제품과 가격에 집착하고 있다. 결국 소비자 역시 고급 소비 아니면, 저렴한 저가 소비의 양극화 소비 패턴을 보일 것이다. 게다가 더욱 주목할 점은 한 사람의 소비자 입장에서도 소득 수준에 관계없이 고급 제품과 저가 제품을 아우르는 개인 소비

의 양극화 패턴을 보인다는 사실이다.

이를 종합해 보면, 지금까지의 중저가 상품 시장이 점점 소멸될 전망이어서 앞으로는 남과 차별화되지 않은 어중간한 가치로 빌붙을 수 있는 시장은 별로 없을 것이다. 결국 이런 다양한 양극화 현상은 기업 간의 경쟁 구조에도 양극화를 유발할 것이다. 즉, 대부분의 산업에서 소수 기업이 전체 시장의 60~80퍼센트를 독식하며, 나머지 시장을 놓고 수많은 군소 기업들이 난립하는 승자 독식 체제 말이다. 지금까지는 선두 업체를 적당히 따라하면 생존 가능한 어중간한 시장이 있었지만, 2010년대에는 그러한 시장이 없다. 결국 해답은 창조적인 발상이다. 고급 또는 저가 제품 중 어느 하나에 소구하는 차별화된 가치를 발굴하여 선두 기업이 되든지, 아니면 새로운 발상으로 신 시장을 개척하여 선두가 되든지 고민해야 한다.

소득 계층의 양극화

소득의 양극화는 중산층이 줄어드는 현상을 초래한다. 예전의 두터운 중산층은 기업과 마케터들에게 큰 의미를 가진 시장이었다. 안정된 중산층 시장은 혁신적으로 차별화된 상품을 만들 필요성도 느끼지 못하게 했다. 신상품도 중산층이 잘 보는 TV, 신문 등의 매스미디어를 통해 많이 노출시키면 충분했다. 사회적으로도 중산층의 역할은 컸다. 일본인들이 혼란에 직면했을 때에도 질서를 지키고, 북유럽 복지 국가에서 도박이나 투기가 덜한 이유는 중산층이 두텁고 빈부 격차가 적기 때문이다. 사회 규범 안에서 웬만큼 일하면 중산층의 삶이 가능하기 때문에 굳이 혼란과 모험을 할 필요가 없는 것이다. 그러나 소득의 양극화가 극심해져 가는 최근의 일본은 하류층에 대한 고민이 깊어만 간다. 직장보다는 편의점 아르바이트로 사회에 진출하는 소극적 생활 계층인 프리터free arbeiter족 말이다. 게다가 장기간의 디플레이션, 젊은 층의 소득 정체, 고령층의 소득 감소, 비정규직 증가 등으로 상류가 중류로, 중류가 하류로 단계적으로 하향되면서 하류층이 점차 두터워지고 있다. 오죽하면 하류층 마케팅(초저가 시장을 대상으로 한 마케팅) 붐이 일 정도다.

국내에서도 중산층의 규모가 줄어들면서 여러 가지 불안한 사회적인 문제를 유발하고 있다. 서울의 강남 지역에는 이미 상류층과 하류층이 공존하며 새로운 모습으로 변모해 가고 있다. 여러분은 부자 동네로 알려진 강남구에서 유독 많은 숫자의 '김밥 천국' 체인점이 있음을 알고 있는가? 한 끼를 2천 원 내에서 때우는 저가 김밥 전문점 말이다. 이는 중산층 거주지에 거주하기 힘든 노동 계층들이 강남 주변 지역에서 거주하고 있음을 단적으로 보여 주는 사례. 나는 양극화가 더 진척되면 현재의 중남미처럼 되지 않을까 걱정된다. 중남미는 상류층과 하류층의 거주 지역과 교육 공간이 사실상 분리되어 있다. 이처럼 개천에서 용 날 기회조차 없는 사회에서는 발전을 기대하기 힘들다. 특히 창조 경영에 중요한 문화적 인프라 중 하나는 실패에 대한 용인과 재도전 기회가 아닌가? 한 번 나락으로 빠진 사람은 다시 오를 기회가 전혀 없다면 누가 도전과 실험을 하려 하겠는가? 또한 다양한 사람들이 협업하여 새로운 가치를 창출해야 하는 시대에, 양극단의 사람들이 주종主從 계층으로 남아 있다면 집단 지성은 제대로 되겠는가?

하긴 양극화 속에서 나름대로의 시스템으로 조화를 찾아가는 경우도 있다. 말레이시아에서는 학생생활 협동조합이 만들어지면서 넉넉한 학생들은 급식비를 내고, 그렇지 못한 학생은 조합을 통해 배식과 조리의 임무를 맡는 대가로 점심을 먹게 한다. 양 계층의 학생들은 학교에서 지식뿐만 아니라 협동하는 방법과 연대 정신을 배우는 것이다.

개인 소비 패턴의 양극화

개인의 지출도 양극화되고 있음에 주목해야 한다. 종전에는 상류층은 고가품 위주로, 중하류층은 중저가 제품을 구입하여 왔지만 이러한 이분법적인 구입 패턴에도 변화가 일고 있다. 즉, 상류층도 자기의 관심 영역이 아닌 제품은 이마트에서 구입한다든지, 중하류 소득층도 개인의 기호품일 경우에는 명품을 산다는 것이다. 실제로 이마트의 주차장을 보면 고급 외제 차가 갈수록 많이 눈에 띈다.

트레이딩업trading up, 트레이딩다운trading down이라는 용어가 있다. 이는 개인 소비자들이 양극단의 소비 패턴을 함께 보유하고 있음을 시사한다. 트레이딩업은 감성적 만족을 위해 고가高價도 기꺼이 지불하려는 경향을 말한다. 이러한 추세를 겨냥하는 것이 명품을 대량 판매한다는 매스티지Masstige(Mass+Prestige) 상품들이다. 이는 고가의 가격을 약간 내림으로써 폭넓은 수요를 수용하려는 상품을 의미한다. 2002년부터 가전업체가 앞 다투어 출시한 프리미엄 냉장고와 세탁기, 그리고 월드컵 특수를 타고 보급된 대형 PDP와 LCD TV 등을 생각하면 되겠다. 이러한 대중 명품이 등장한 배경은 무엇일까? 무엇보다도 감성 소비에 민감한 여성들이 사회에 폭넓게 참여하면서, 가용 소득의 증대 및 여유로운 싱글 층 확대가 주요 원인으로 꼽힌다.

반대로 트레이딩다운은 대형 할인점이나 각종 쿠폰, 적립 포인트 등을 이용해 좀 더 싸고, 양 많은 제품을 구매하려는 경향이다. 물론 부유층들도 이러한 소비 패턴을 보인다. 트레이딩업과 트레이딩다운이 주는 시사점은 두 가지다. 첫째, 두 상반된 소비 패턴이 개인별로 공존한다는 사실이다. 둘째, 두 패턴은 소득 수준과 관계없다는 것이다. 즉, 앞서 얘기했듯이 상류층도 할인점을 방문한다는 것이다. 관심 없는 제품을 싸게 구입함으로써 절약된 돈을 기호품에 과감히 쓰는 것이다.

중산층이 줄어드는 양극화된 소득 계층화 및 개인 차원의 양극화 소비 패턴의 공존이 기업에게 시사하는 바는 무엇일까? 간단하다. 앞으로는 어중간한 상품stuck in the middle이 자리할 시장 공간이 없어진다는 경고이다. '어중간'이라는 개념은 가격으로 보면 중저가 제품이고, 제품 특성으로 따지면 경쟁사와 별 차이 없는 그렇고 그런 상품을 말한다. 결국 양극단의 어느 한쪽에 확실히 자리매김하는 창의적인 상품과 시장을 개발해야 한다. 2010년대에 창조가 필요한 이유는 이렇게 소득과 소비 패턴의 환경 변화에서도 찾아볼 수 있다.

한편 일반적으로 창의적인 제품 하면 (양극화된 제품 중에서도) 고급 제품만을 생각하는 경향이 있다. 그러나 기존의 과잉된 가치를 제품에서 걷어 내면서 새로운 가치를 입히는 저가 제품도 창의적으로 개발할 필요가 있다.

고객 가치는 고객의 편익을 높인 고급 제품 이외에 고객이 지불하는 비용을 낮추어도 가능하기 때문이다.

전 세계 가구 시장을 상대로 강력한 브랜드를 형성한 이케아IKEA를

> **마케팅에서의 고객 가치**
> **= 편익Benefit − 비용Cost**
>
> 편익은 고객이 상품의 구입과 사용 과정에서 얻는 다양한 혜택이며, 비용은 고객이 지불하는 제반(금전적, 정신적, 육체적) 비용을 말한다. 즉, 가격뿐만 아니라 정보 탐색에 소요되는 정신적 부담, 마트에서의 발품, 조립 등을 포함한다. 결국 고객의 가치를 높이려면 편익을 높이는 방법 이외에도 고객 관점에서 소요되는 비용을 낮추면 된다.

보자. 이 업체는 처음부터 가구업체의 정석인 매장 서비스, 배송, 조립 등을 배제하였다. 고객은 스스로 매장을 돌아다니며 쇼핑하고, 손수 차에 실어서 집으로 옮긴 후, 스스로 조립을 한다. 더구나 이케아는 가구를 평생 쓸 수 있다는 그 어떤 약속과 보증도 없이, 가구는 몇 년 지나면 바꿔야 하는 소비재라고 공식화하기까지 한다. 이런 불편함에도 불구하고 전 세계 고객들은 왜 이케아 매장을 찾

을까? 이케아가 소비자들에게 많은 부담을 주는 가운데, 새로운 가치들을 제공해 주기 때문이다. 우선 매장에는 본사가 운영하는 탁아소 시설이 있어 엄마들이 안심하고 쇼핑할 수 있다. 또한 다른 매장보다 실내 조명을 한층 밝게 하고, 가구 주변에 배치된 디스플레이 아이템까지 구매할 수 있게 한다. 당연히 소비자가 부담하는 배송과 조립은 저렴한 가격의 경제적 가치로 돌려준 것도 또 하나의 가치가 아닐까?

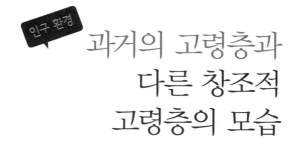

과거의 고령층과 다른 창조적 고령층의 모습

인구 환경

노인의 정의(미네소타 주 의학협회):
배울 만큼 배웠다고 느낀다. 내일은 기약할 수 없다고 느낀다.
"이 나이에 그깟 일은 뭐 하려고 해"라고 말하곤 한다.
젊은 층의 활동에 관심이 없다.
눈을 보고도 눈싸움하고 싶은 충동이 없다.
누가 무엇을 해주지 않는다는 불평이 입에 오르기 시작한다.

●●● 최근 102세 할머니가 전신 마취로 6시간 동안 대장암 수술을 받으면서 100세 수술 시대를 열었다.

어느 보험 회사 임원이 현실적인 평균 수명을 언급한 기사를 본 적이 있다. 대표적인 베이비부머층으로서 치열한 경쟁의 삶을 살아갈 수밖에 없는 이른바 58년 개띠층. 이들이 향후 가장 많은 빈도로 사망할 연령의 추정치를 알려 주었는데, 90세를 훌쩍 넘긴 96세였다. 암에 걸리지 않고 제 명대로 죽으면 많은 사람들이 90대 중반을 넘긴다는 것이다. 수명에 대한 정보가 중요한 보험업계에서 나온 얘기이니 설득력 있게 받아들일 만하다.

사회학자 에릭슨은 50세 이후의 삶은 내리막길이 아닌 바깥으로 뻗어 가는 길이라고 한다. 이제 인생은 50세에 다시 태어난다는 개념으로 살아야겠다. 그러면 47세인 나로서는 50세에 산뜻하게 다시 태어나기 위해 지금부터 3년 정도 잘 준비해야겠다.

고령화는 생활인으로서의 우리에게 시사하는 바가 많지만, 기업에는 중요한 시장 규모로 다가오는 트렌드다. 다만 두터운 고령층의 규모만 의식하여 너무 급하게 달려들 시장은 아니다. 현재로서는 고령층에 대해 가장 많은 준비를 한다는 금융업계에서도 주로 고령층 중에서도 VIP에 초점을 맞추고 있다. 일본도 베이비부머층(단카이 세대)이 은퇴한 2007~2009년에 엄청난 실버 마케팅을 추진했다. 그러나 일본 전체 금융 자산의 70퍼센트가량을 보유하고 있다는 65세 이상의 소비 성향은 은퇴 이후 오히려 감소했다. 일본에서는 시중에 통화 공급량을 늘려도 자금이 경제 주체에 흡수되지 않아 물가가 오히려 정체될 정도다. 결국 돈 있는 고령층도 꼭 필요하지 않은 물건은 추가로 구입할 소비 의지가 없음을 시사해 준다. 인구 특성은 전쟁이나 천재지변이 일어나지 않는 이상 크게 변화하지 않는다. 이 장에서는 앞으로의 인구 환경 중에서도 가장 중요한 환경 변수로서 고령화를 조명해 본다. 여기서는 과거의 고령층과 다른 향후 고령층의 특성에 초점을 맞춘다. 특히 이 책의 취지에 걸맞게 고령층에서도 창조적인 생활 자세가 엿보이고 있음을 주목하기 바란다.

신제품이 시장에서 보급되는 단계(구입 순서)별로 구입층을 세분화한 혁신의 확산이라는 개념이 있다. 신제품을 제일 빨리 구입하는 사람들을 일컬어 이노베이터innovator(혁신 선호층)와 얼리어답터early adopter(초기 구입층)라고 한다. 반대로 제일 늦게 마지못해 신제품을 구입하는 층을 래거드laggard(최종 구입층)라고 한다. 이 중간에는 얼리머저러티early majority(초기의 대규모 구입층), 레이트머저러티late majority(후기의 대규모 구입층)가 있다. 예외도 있지만 대체로 새로움을 수용하는 젊은 층이 앞 단계에 많이 포진해 있다. 그러나 이제는 90세 평생 기준으로 50대에 다시 태어나는 중년층 중에도 점점 얼리어답터 층이 많아지고 있다. 이것은 새로운 것에 호기심을 갖고 변화를 적극 수용하는 자세를 통해, 남아 있는 긴 세월을 지루하지 않게 보내려는 중장년층의 새로운 모습이다.

후회가 꿈을 대신하는 순간부터 우리는 늙기 시작하며 호기심이 사라지는 순간 노년이 시작된다. 누구의 말대로 나이는 숫자에 불과하며 청춘과 노인을 구분하는 것은 호기심의 여부인 것 같다. 오히려 요새는 처음 보는 것도 별로 신기해하지 않고, 세상 다 살아 본 것처럼 행동하는 젊은 세대가 많다. 주입식 사교육에 경제가 어려워지면서 보수화된 탓이리라. 이들보다는 매사에 마치 처음 보는 것처럼 호기심과 질문을 던져 보고 감탄을 아끼지 않는 60대를 오히려 청춘으로 불러야 하지 않겠는가? 노인이 갓난 손자를 좋아하듯, 중장년층도 세상을 처음 보는 듯 새로운 시각을 가질 필요가 있다. 실제로 자동차 보험에 가입할 때 많은 중장년층들은 인터넷을 통해 보험료를 따져 보며 가입한다.

저자는 20여 년간의 직장 생활 동안 출퇴근 시간에는 주로 직장인들만 보아 왔다. 그러나 직장을 그만두고 이 책을 쓰는 동안 다양한 고령층들을 볼 기회를 가졌다. 출퇴근 이외의 시간대에도 지하철을 자주 이용하면서 고령층의 두터운 규모를 실감하였고, 아울러 옆에서 그들의 생생한 얘기들도 자주 접했다. 보고서 상에서만 접했던 그들을 진하게 현장 학습한 것이다. 우선 지금의 고령층들은 이전의 고령층과 너무도 다르다. 무엇보다 건강과 식습관이 양호해서인지 겉

모습에 따라 나이를 짐작하기가 어렵다. 모자를 눌러쓰고 사이클 타는 그들의 다리 근육은 20~30대 모습인데, 자전거에서 흘러나오는 음악은 흘러간 노래다.

다음에는 과거와 다른 패턴으로 나타날 중장년층의 새로운 모습들을 살펴본다.

어떤 분들은 대중문화의 흐름과 멀어질수록 노화는 빨리 진행되기 때문에 유행하는 노래, 드라마, 코미디 프로그램을 즐겨 보라고 추천한다. 실제로 기업 임원들 중에는 이러한 방법을 활용하여 젊은 층과 쌍방향 의사소통을 하는 분들이 많다. 나이가 들수록 젊은 층과 호흡하려는 모습은 이미 미국의 고령층 사회에서는 일상화되었다. 한국의 중장년층이 은퇴 후 산에서 동창을 만나는 동안, 미국의 장년층은 대학 캠퍼스에서 동창을 만난다. 세계적으로 한국의 50~60대만큼 산을 잘 타는 민족도 없다는 말이 나올 만큼 우리에게는 노년 생활을 수용할 사회적 인프라가 부족하다. 미국 노인들은 일찍이 대학 구내에서 다양한 아르바이트를 하면서 젊은이와 호흡한다. 국내 실버촌은 대부분 외지의 격리된 곳에 부유층들을 수용하고 있지만, 유럽에서는 실버촌뿐만 아니라 묘지도 도시 내에서 수용하는 것이 일반화되어 있다. 우리나라도 점점 변할 것이다. 고령층들이 산이나 파고다 공원 외에 도심권에서 젊은 층들과 공존하는 그런 방향으로 말이다. 이에 대비해서라도 미리부터 문화 감각이나 젊은 층의 코드를 소화하고 유지하는 습관을 길러야 한다.

　나이가 들면 기억력이 감소하는 대신, 오랜 세월 동안 쌓인 자신만의 경험을 후세에 알리고 싶어 한다. 노인들이 말이 많아지고, 한 말을 또 한다는 얘기들을 한다. 그러나 지금의 고령층은 자신의 얘기보다 남의 얘기를 듣는 것이 바람직하다. 당장 오늘 오후의 환경도 예측하지 못하는 지금 세상에서는 5~10년 전의 경험과 지식이 적용될 여지가 별로 없다. 앨빈 토플러도 지금처럼 지식이 넘치는 시대에는 이러한 기존에 쌓인 지식obsolete knowledge을 잊는 것도 21세기를 살아가는 개인의 경쟁력이라고 한다. 과거의 지식이 새로운 창의적 사고를 방해하기 때문이다. 일본의 저명한 경제학자 오마에 겐이치는 선생先生은 말 그대로 앞서 태어난 사람일 뿐이라며 그들의 말을 받아들일 필요가 없다고 얘기한다.

　몰입도 고령층 세대에 권장할 만한 생활 자세다. 몰입에 빠진 사람은 세월의 흐름을 깨닫지 못하며, 근심과 걱정도 잊어버리기 쉽다. 온라인에서 형성된 각종 커뮤니티의 번개 모임에 나가 보면 고령자들도 많다. 고령층의 참여 비율이 작년 다르고 올해 다르게 증가하고 있다.

　등산보다 독서를 즐기는 분들이 좋아할 얘기를 할까 한다. 우리가 통상적으로 알고 있는 '나이가 들면 기억력이 감소한다'는 말은 사실이 아니라고 한다. 기억력 감퇴의 실제 원인은 나이가 아니라 게으름이나 공부를 안 하는 것이란다. 미국 캘리포니아 소크 의학연구소의 연구 결과에 따르면, 70대의 뇌에서도 기억을 담당하는 해마의 신경세포가 계속 생성된다. 뇌가 몸의 반응을 지시하게 되는데, 뇌가 제 역할을 다하지 못한다면 몸도 빨리 늙어 버린다. 한마디로 책을 놓는 순간부터 뇌 기능은 쇠퇴한다.

    기업들은 고령화 사회를 소비 시장으로만 대응해서는 안 된다. 앞서 언급했듯이 현재의 고령층은 신체와 건강뿐만 아니라 사고 자체가 예전의 고령층과 판이하게 다르다. 새로움을 수용하려는 사람도 늘어나고 있다. 그러므로 이들의 다양한 경험 축적을 신제품 개발 과정에 적극 반영하는 전략도 필요하다. 이미 정부에서도 이러한 창의적 고령화에 대비하여 '1인 창조 기업'이라는 정책을 실행 중이며, 최근 크게 확산되는 추세다. 고령층도 부담 없이 일할 수 있는 분야인 지식 서비스를 포함하여 다양한 사업 분야에서 창업, 재정, 시설 등의 지원이 이루어지고 있다. 결국 고령층의 창의적이고 적극적인 생활 방식은 이러한 정부의 지원, 평균 수명의 증가 등과 맞물려 더욱 보편화될 전망이다.

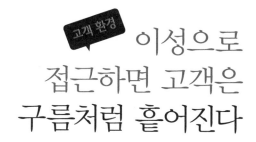

이성으로
접근하면 고객은
구름처럼 흩어진다

● ● ● 방문 판매, 막대한 광고비, 복잡한 유통 구조가 맞물려 우리
에게 비싸게 다가왔던 화장품 얘기로 시작해 보자. 직판 개념을 활
용하여 3,300원이라는 초저가 화장품 시장을 개척한 미샤와 더페이
스샵. 미샤가 초저가만을 고집한 반면, 더페이스샵은 저가이면서도
싸 보이지 않는 이미지를 셀링 포인트로 삼았다. 권상우, 배용준 등
최고급 모델만 고집하고, 매장 분위기도 초저가 상품 매장이라고 생
각되지 않을 정도로 고급스럽게 꾸민 것이다. 이러한 상이한 전략의
결과가 흥미롭지 않은가? 초저가만을 고집한 미샤가 어려움을 겪는
사이 저가에 고급 이미지를 감싸안은 더페이스샵은 미국에도 매장
을 오픈하는 성장세를 누리고 있다. 과거와 달리 지금의 중저가 소비
자는 가격에만 집착하지는 않는다. 지금의 소비자들은 감성과 디자

인을 경험하기 시작한 세대이기 때문에 저가 제품에도 감성과 스토리텔링을 입혀야 한다. 세계 4위 의류업체인 유니클로Uniqlo 역시 1만 2,900원짜리 티셔츠를 파는데 싸구려 제품이라는 이미지가 없다. 싼 게 비지떡이라는 말은 더 이상 생존하기 힘들다. '유니크한 클로딩'이라는 문자 그대로 싸지만 독특한 가치를 제공한다. 이 회사의 유니크한 속성은 감성 고객의 욕구를 잽싸게 포착해서 생산, 유통, 판매의 전 과정을 순식간에 소화하는 패스트 패션이다.

인터넷 시대의 네트워크 상에는 정보뿐만 아니라 감성도 실려야 한다. 어떻게 보면 드림 소사이어티라고 하는 2010년대의 IT 기능은 정보 전달이 아니라 감성 전달 아닐까? 그동안 효율과 스피드를 추구하느라 이성과 합리성에 억눌렸던 감성과 감정이 회복되어야 하며, 또 그렇게 되어야만 하지 않겠는가? 실제로 많은 전문가들은 잊혀 가는 전통적인 가치나 문화가 첨단 IT 기기를 통해 우리 일상생활로 회귀하는 새로운 포스트모더니즘을 언급하고 있다. 스티브 잡스 역시 i로 시작하는 그의 혁신 제품들에 감성과 인문학을 담는 데 열심이었다. 대체로 기술 속도가 빠르고 불확실한 시대일수록 사람들은 이성적이기보다 감성적으로 대응한다.

우선 고객 측면의 감성 가치를 생각해 보자. 마케팅에서의 감성 가치는 서비스와 비교하면 이해하기 쉽다. 모든 고객에게 친절한 인사와 웃음을 주는 것이 서비스라면, 고객 스스로 자신에게만 특별히 친절하다는 느낌을 주는 것은 감성이다. 감성은 사람마다 다르기 때문이다. 이를테면 우산 같은 단품 하나를 사더라도 계산하기 직전에 점원이 고객 입장에서 우산을 꼼꼼히 살펴보고 문제가 없는지 한 번 더 확인해 주는 것은 감성이다. 이처럼 감성 마케팅은 개인화된 서비스다.

아마 고도의 물질문명 속에서 외로움을 느끼는 세태를 반영한 부산물이 아닐까 싶다.

21세기의 고객은 기업이 잡으려고 할수록 구름처럼 흘러가면서 벗어나려고 한다. 이러한 구름 같은 감성 고객은 스스로 몰려오게끔 해야 한다. 스티브 잡스는 포화 상태인 모바일 시장에서 아이폰을 기능 제품이 아닌 욕망의 대상으로 만들었다. 제품의 본질을 바꾼 것이다. 광고도 하지 않은 아이폰을 고객들은 며칠 전부터 출시될 날을 고대한다. 애플은 본격적인 드림 소사이어티

> 부친은 투자자들에게 자신만의 그럴듯한 투자 전략들을 말해 주곤 하죠. 그러나 정작 자신이 펀드를 살 때, 제가 옆에서 어떻게 결정했느냐고 물어보면 이렇게 얘기해요. '그냥 기분이 좀 이상해서', 심지어 이러기도 하시죠. '그때 옆구리가 결려서 펀드를 샀지.'
> _헤지펀드의 대부 조지 소르소의 아들

가 오기도 전에 지구상에 나타난 첫 드림 컴퍼니처럼 보인다.

상품 구입 과정에서 감성 가치가 어떻게 작용하는지 살펴보자. 상품을 구입하기 전에는 대체로 정보 탐색과 같은 이성이 작용하지만, 막상 최종 구매 시점에서는 감성이 작용하여 생각지도 않았던 브랜드를 선택하곤 한다. 이는 여러분이 소비자로서 홈쇼핑이나 대형 마트에서 구입한 상황들을 생각해 보면 어느 정도 공감할 것이다. 앞으로 기업은 고객을 너무 합리적이며 논리적으로 봐서는 안 된다. 예를 들어, 삼성과 애플의 스마트폰 구입자에게 각각 구입 이유를 물어보면 어느 정도 대비되는 결과가 나온다. 삼성 갤럭시폰을 구입하는 이유에는 '기능이 어떻고, 디자인이 어때서'라는 구체적인 얘기가 나오지만, 아이폰을 구입하는 특별한 이유가 없다. 설문 조사의 객관식 응답 항목에 특별히 해당되는 구입 이유가 없다는 것이다. 기타 항목란에 굳이 무엇이든 적어 달라고 부탁하면 대부분 '그냥 좋

아서'란다. 이제 고객과 기업은 파트너 이상의 친밀한 거래 관계가 요구된다. 이를테면 그냥 좋아서 사귀는 '애인 관계'의 수준을 지향해야 한다. 이 대목에서 나는 주장한다. 앞으로 상품의 구입 동기를 물어보는 설문 조사에는 '그냥 좋아서(친근해서)'라는 보기 항목도 반드시 명시해야 한다고 말이다.

> 집단 협업에 따른 창의력
> (집단 지성)은 브레인스토밍
> brain-storming 보다는
> 하트 스토밍heart-storming에서
> 더욱 많이 발현된다.
> 즉, 조직의 창의력은 구성원의
> 머리보다는 열정과 진정성
> 있는 공감대에서 나온다.

최근 소비자를 좀 더 현실적으로(비합리적인 경제 주체로) 받아들이려는 행동 경제학이 주목받고 있다. 나도 가끔 회의 석상에서 이렇게 말하는 깨어 있는 경영진들을 보아 왔다.

"박재욱 씨! 이런 극히 논리적인 전략들이 시장에서 통한다고 생각해요? 소비자는 생각보다 합리적이지 않아요!"

그렇다. 기업 내에서 고객의 생각과 가장 가까워야 할 마케터들도 고객을 너무 심각한 경제 주체로만 생각하는 경우가 많다. 사실 일부 비싼 제품을 제외하면 고객은 하루 종일 제품만 바라보는 기업의 생각만큼 깊이 생각하지 않는다. 이제는 논리적 접근보다 고객을 상상해 보는 습관을 기르자. 마케팅 기획서에도, 스티브 잡스처럼 고객의 감성을 건드리는 슬라이드를 과감히 활용해 보자. 설득력만 있으면 보고받는 사람이 뭐라고 지적하는 시대도 아니지 않은가?

감성은 고객에게도 중요하지만 기업에서도 중요한 무형 자산이다. 다만 다양한 구성원들의 결집체인 기업에서의 감성은 정서 공유의 형태로 나타난다.

망해 가는 기업은 회의 시간이 길다고 한다. 내 경험으로 볼 때, 정서 공유가 안 되는 기업들도 대체로 회의 시간이 오래 소요되는 것

같다. 고객과 상품에 대해서는 감성을
입히려고 노력하지만, 정작 조직 내부
에서는 감성이 부족한 기업들이 많다.
그러니 고객에게 제대로 된 감성을 전
달하기가 어려운 것이다. 명지대 김정
운 교수에 따르면, 정서가 살아 있는

조직, 기쁨과 슬픔이 자발적으로 공유되는 조직은 암묵적 지식도 공
유가 잘된다고 한다. 특히 한국의 직장인은 웃고 울 때 주위를 의식
한다는데, 이는 정신 건강에도 매우 좋지 않다. 눈물 성분에는 스트
레스 호르몬이 있어 이 호르몬이 눈물로 배출되지 않고 몸에 쌓여 있
으면, 혈관이 막히거나 암세포 형성에 기여한다는 것이 의학계의 분
석이다. 세계적으로 남녀 간의 평균 수명 차이는 3년인 데 반해, 한
국은 8년 정도라고 한다. 웃고 울어야 할 때 제대로 표현하지 못하는
정서적인 억압도 무시 못할 이유일 것이다.

그러므로 인사 팀은 재미있는 조직 분위기를 조성하기 위한 기업
문화에 주력해야 하며, 경영진은 대표 이사가 주제하는 영업 회의에
서도 감정이 솔직하게 표출될 수 있는 회의 문화를 만들어야 한다.
그러면 술자리에서 회사와 상사를 씹기보다는 건설적인 얘기들이 더
많이 오갈 것이 자명하다.

거창하지만 잠깐 하다 사그라질 캠페인 대신에, 경영진부터 솔선수
범하여 자신을 망가뜨려야 한다. 지금의 30~40대는 사장이 망가진
다고 경망스럽게 보지 않는다. 좋은 기업일수록 공식 석상에서 자신
의 권위를 내려놓으면서까지 즐기는 '펀 경영'을 하는 경영자들이 늘
어나고 있지 않은가?

감성의 입력 기관, 오감의 이해와 공감각의 부각

감성과 유사한 단어인 감각이라는 개념도 새롭게 주목받고 있다. 감각이 눈, 코, 입, 피부로 느끼는 것이라면 감성은 가슴으로 느끼는 것이다. 결국 고객의 감성에 다가가려면 입력 경로인 감각 기관을 효과적으로 터치해야 한다.

스타벅스가 커피 원두를 볶는 냄새로 길 가는 손님을 유인하는 후각 마케팅으로 큰 성공을 거두었는데, 그 원조는 이집트 절세미인 클레오파트라로 보인다. 그녀는 후각으로 남성을 지배했다. 남성 맹주들이 자신을 강하게 기억할 수 있도록 독특한 향의 장미를 사용했다. 장미 냄새를 맡을 때마다 자기를 떠올리도록 유도한 것이다. 최음 효과도 있다는 장미 향수가 뿌려진 방에서 유혹당했던 안토니우스는 죽으면서 무덤에 장미꽃을 뿌려 달라고 했을 정도다.

그런데 감성이 더욱 진화되는 2010년대에는 2~3가지 감각이 동시 제공(자극)되는 공감각 마케팅이 주목받을 것이다. 이를테면 눈이 즐거운 소리, 귀가 즐거운 촉감, 혀가 즐거운 향기처럼. 와인의 맛을 보면서 향기를 음미한다든지, 음악 연주회장에 음악과 관련된 스크린을 설치하는 사례들은 이미 우리 주위에 다가와 있다.

그림의 경우, 대체로 엄청난 고가일수록 상상력을 유발하며, 오감을 동시에 자극한다. 여러 감각을 공유하는 가운데 새로운 착상이 떠오른다는 공감각은 그림에서도 빛을 발한다. 그림에 심취된 사람들의 얘기로는 그림 속의 소리를 듣고 냄새를 맡는다고 한다. 그렇다면 미술관과 박물관에서도 각 섹션마다 해당 작품과 관련된 음향 효과와 향수와 냄새를 동원하면 어떨까 하는 생각도 해본다. 실제로 유명한 도시(지중해 해안 도시)의 냄새를 담은 향수 상품도 나와 있다. 이러한 공감각을 요구하는 창의적인 예술의 행태는 꽤 오래전에도 보였다. 송나라에서 궁중 화원(화가)를 뽑는 데 출제되었던 시험 문제가 '꽃 밟고 달려온 말발굽 향기'였다. 꽃이나 말을 그린 대부분의 사람들은 낙방하고 '흙바람 따라 날아오르는 한 무리의 나비'를 그린 사람이 당선되었다. 말발굽 소리(청각)에서 풍겨 나오는 꽃향기(후각) 날리는 곳에 어찌 나비가 없을까 보냐(시각)는 시적인 발상을 높이 평가한 것이다. 이렇게 원래의 감각에 제2의 감각을 보완하면 원래의 감각에 긍정적 왜곡이 발생하여 그 효과를 한층 높인다. 앞으로 오디오를 들으며 그 음악에 적합한 실내 조명, 향기, 시트 온도가 제공되는 고급 승용차도 나올 법하지 않은가?

한편 감각은 시기별로 진화되는 특성을 보인다. 시각, 청각 → 미각 → 후각 → 촉각의 순서로 말이다. 소프트화 시대를 예견한 일본의 경제 예측 전문가 구사카 기민토에 따르면, 삶이 풍요로워질수록 눈과 귀로 만족하는 데에서 혀와 냄새, 감촉으로 욕구가 진화한다고 한다. 저자가 학교 다니던 1980년대까지의 오락 상품은 주로 시각과 청각을 자극하는 만화책, 전자오락실, TV, 영화였다. 이처럼 시청각은 다른 감각에 비해 저렴한 감각이기도 하여 복사가 쉬운 대량 생산의 특성이 있다. 그러나 먹고 살 만했던 1990년대로 넘어오면서 문화 가치와 관련된 미각과 후각이 부각되었다. 다양한 요리 프로그램과 와인의 대중화가 대표적인 사례. 그런데 미각과 후각을 활용한 마케팅에는 많은 비용이 소요된다. 복제도 어려워 많은 사람들이 즐기기 힘든 만큼 진품의 가격도 비싸다. 복제품이 거의 나오지 않는다는 샤넬 5. 설령 샤넬의 복제품이 나오더라도 우리의 코는 그 미묘한 냄새를 구분할 수 있다. 짝퉁이 돌아다니기 힘들다는 얘기다. 후각은 사람을 움직이는 힘이 강하다. 세계 제일의 항공사라는 싱가포르 항공사를 이용한 사람은 그 항공사 이름만 들어도 독특한 냄새를 연상한다. 기내 곳곳과 스튜어디스 복장에 뿌려진 독특한 향수 브랜딩은 고객의 항공사 선택에도 큰 영향력을 행사하고 있을 정도다. 마지막 단계인 촉각 상품은 더욱 큰 파급력을 지닌다. 최근의 스마트폰을 생각하면 이해가 빠를 것이다. 언제 어디서든 손가락의 부드러운 터치로 세상과 만나고 있지 않은가? 나일론이나 우수한 합성 섬유도 실크를 대체하지 못하는 것처럼, 촉감 상품은 진품 중심으로 발전하고 있으며 선진국의 독자적인 산업 분야가 되고 있다.

앞으로 새로운 가치를 창출하기 위한 창조 경영의 한 분야는 이와 같이 인간의 오감에서 출발하여 감각을 융합하는 것이다. 현재 음악과 미술 같은 기초 예술에 관심이 많은 경영자들은 앞으로 보는 음악과 듣는 미술 감상도 많이 접해야 한다. 경영에 다양한 상상력을 접목시키고 싶다면 말이다. 아울러 백화점 향수 매장이나 고서古書를 파는 헌책방과 독특한 냄새가 진동하는 자극적인 공간을 종종 다녀보기를 권한다. 자신의 감각(후각)도 일깨우고, 상상력과 기억력에도 도움이 되기 때문이다.

디자인하지 않으려거든 그만두라!

앞서 살펴본 감성과 감각을 상품에 표현하는 도구 중의 하나가 디자인이다. 일찍이 창조적인 IT 회장들(이건희 삼성 회장과 스티브 잡스 전 애플 회장) 모두 디자인을 강조하여 왔다. 디자인과 거리가 멀어 보일 것 같은 철의 여인, 영국의 대처 수상조차 일찍이 디자인하지 않으려거든 그만두라Design or Resign는 말을 남겼다. 이러한 디자인의 부각은 제품 수명도 단축시킬 정도다. 최근 히트 상품들의 수명이 단축되는 이유는 소비 문화의 확대, 소득 수준 증대에서 찾기도 하지만, 디자인 소비가 더욱 설득력 있다. 디지털 기기도 패션, 디자인 상품으로 부각되면서 자주 교체하는 감성 제품이 되었다. 인간의 감성이 자주 바뀌기 때문이다.

디자인 전문가들이 많이 하는 얘기가 있다. 디자인에 항상 우리 주위에 있는 공기처럼 있는 듯 없는 듯 감성을 입히라는 말이다. 마치 영국 집사처럼 필요할 때에만 조용히 나타나 서비스하고 그렇지 않을 때는 모습을 감춰야 한다. 즉, 제품 사용자들이 '디자인이 좋네. 디자인이 독특한데'라고 느끼기보다는 디자인을 거론하지 않도록 편안하게 다가가야 한다. 이렇게 무의식적으로 소비자들에게 다가가기 위해서는 역시 소비자들의 상상력을 파고들어야 한다.

이러한 관점에서 창의적 디자인을 선보여 온 포르쉐의 디자인 정책이 재미있다. '바꾸어라! 그러면서 바꾸지 마라!' 즉, 세태에 맞는 변신은 하되, 근본 원형prototype은 바꾸지 말라는 점을 강조한다. 이는 디자인이 중요하긴 하지만 매우 힘든 영역임을 단적으로 보여 주는 얘기다. 디자인 덕분에 포르쉐는 늘 새로우면서도 '포르쉐다움'이라는 차별성을 잃지 않고 있다.

창의적 마케팅 회사로 자리매김하고 있는 현대카드에는 국내 금융 회사 중 유일하게 디자인실이 있다. 신용 카드 테두리에 색을 입혔더니 고객들이 다른 카드보다 현대카드를 더 많이 사용한다는 얘기까지 한다. 사실 국내 카드업계에서 포인트 적립이나 부가 혜택이 아닌, 디자인에 승부수를 건 것은 창의적 발상이다. 여러 카드 중에서 이왕이면 자기 개성을 노출하고 싶은 감성 고객의 심리를 읽어 낸 것이다. 보수적인 국내 금융업계에서 유명 디자이너나 명화를 활용하여 카드를 만든다고 하면 낭비로 간주하는 경영진이 많은 것이 현실인데 말이다. 하긴 교재의 크기를 크게 만들어 가방에 들어가지 못하게 디자인한 어느 사교육업체도 보았다. 학생들이 들고 다니면서 주위에 광고하라는 노출 마케팅을 염두에 둔 것이다.

스타가 투숙한 방에서 스타를 꿈꾸는 감성 고객층

롯데호텔에는 프로야구 스타 선수들의 이야기를 담은 방들이 있다. 스위트룸 2개를 개조해 만든 '추신수 스타 룸'과 '자이언츠 스타 룸'이 그것이다. '추신수 스타 룸'에는 추신수 선수가 직접 사용한 방망이와 야구화, 국가 대표 유니폼 등이 비치되어 있다. 대형 모니터로 객실 문을 여는 순간 음성 센서가 작동해 야구장 함성 소리가 울려 퍼지는 감각 마케팅도 엿보인다. 아마 이 방의 투숙 고객은 꿈속에서 추신수 선수를 만날 수 있지 않을까? 이러한 드림 소사이어티의 사례는 비단 호텔에만 국한된 것이 아니다.

2010년대 고객들은 상품에서도 이러한 꿈을 추구하는 사람들이 주류를 형성한다. 자기가 구입한 제품이 주는 기본적인 솔루션만을 추구하는 것이 아니라, 제품을 사용하면서 심리적인 가치도 함께 느끼고자 한다. 사실 신제품의 품질과 기능은 시간이 지나면 업계가 서로 벤치마킹하면서 비슷해지기 마련이다. 결국 차별화의 원천은 이러한 심리적인 가치에서 찾아볼 수 있다.

디자인과 더불어 감성을 활용한 또 하나의 마케팅이 스토리텔링이다. 제품 간의 기능과 품질에 차이가 없어지면서 차별화 포인트로 이야깃거리를 활용하는 것이다. 한마디로 제품에 스토리라는 양념을 침으로써 고객들이 제품을 사용하면서 심리적인 가치를 느끼게 만들고, 아울러 고객들 간의 자발적인 구전 효과를 유도하는 마케팅 기법이다. 오래전에 삼성전자가 애니콜을 처음 만들었을 때 얘기다. 품질이 나쁘다는 평가를 듣자 구미의 휴대폰 공장 마당에 당시 6백억 원어치에 해당하는 애니콜을 모아 놓고 불 질러 버렸다는 일화를 아직도 기억하는 분들이 많다. 이 사례의 효과는 직원들의 경각심을 고취했을 뿐만 아니라, 스토리로 회자되어 오랫동안 고객들의 잔상에 강력한 신뢰를 심어 놓았다.

몇 가지 재미있는 스토리텔링 사례를 살펴보자. 우선 관광 산업의 스토리텔링에 대해 한국경제신문의 송형석 기자는 사람들이 감동하는 데 걸리는 시간에 따라 관광 명소를 각각 1초 관광지와 10분 관광지로 구분한다. 그랜드캐니언이나 나이아가라 폭포는 보자마자 탄성이 나오는 '1초' 관광지다. '10분' 관광지는 브뤼셀의 오줌 누는 아이 동상처럼 역사적 배경이나 뒷얘기를 갖고 있는 관광지를 의미한다. 여행 산업에서는 '1초'보다 '10분 관광지'가 더 중요하다. 큰 투자를 해도 그랜드캐니언은 쉽게 만들어 낼 수 없으나 '10분 관광지'는 사람의 몫인 셈이다. '맛있는 이야기'를 담으면 평범한 곳도 관광 명소가 된다. 유럽에는 라인 강변의 로렐라이 언덕 같은 '10분 관광지'가 널려 있

스토리텔링을 이용하면 스님에게도 다량의 빗을 팔 수 있다? 물론 스님의 머리만 쳐다보면 빗을 팔 수 없다. 스님을 이렇게 구슬려 본다. "스님! 불공드리느라 헝클어진 신도들의 머리카락을 직접 이 빗으로 빗어주시면서 공덕을 쌓는 빗이라며 기념품으로 선물해 보세요. 빗과 관련된 이 절만의 독특한 체험 얘기로 소문나서 신도들이 많아질 거예요."

다. 로렐라이는 작은 언덕에 불과하지만 전설과 노래의 힘으로 관광 명소가 됐다. 루브르 박물관은 모나리자에 이야기를 덧붙이는 작업을 벌이고 있다. 그림을 둘러싼 뒷얘기들이 호기심을 자극한다는 점에 착안하여 박물관 사이트에서는 모나리자의 괴담을 담은 수십 가지의 스토리텔링을 전개한다.

사실 위에 언급된 로렐라이 언덕을 포함하여 벨기에의 오줌 누는 아이 동상, 덴마크의 인어공주 동상을 두고 어떤 이들은 유럽의 3대 실망 명소라고 칭한다. 실제로 가서 보면 스토리텔링으로 입힌 기대만큼 볼 만한 수준은 아니라는 것이다. 그냥 자그마한 동상(오줌 누는 아이 높이 60센티미터, 인어공주 길이 80센티미터)이 덩그렇게 놓여 있어 전설 속 이야기를 상상하는 데 다소 무리가 따른다고 한다. 이에 비하면, 우리나라의 관광 명소는 다양한 스토리로 채색을 입힐 만한 곳이 얼마나 많은가? 함평 나비 축제와 같은 창의적인 지방 자치 단

체의 적극적인 스토리텔링을 기대해 본다.

　여러분은 홍대 앞 조폭 떡볶이 얘기를 들어 본 적이 있는가? 간판도 없이 소형 트럭에서 영업을 하는데, 주인의 투박한 외모와 굵은 금목걸이 탓에 '조폭 떡볶이'라는 별명이 붙었고, 유명세를 타면서 늘 문전성시를 이룬다. '진짜 조폭이 아니냐'는 호기심에 실제 와서 보니 오히려 고객에게 아주 친절하다는 것이 입소문을 낳은 것이다. 요즘 사람들이 이렇다. 마케팅에서는 고객 만족에 대한 공식이 있다. '고객 만족 = 실행 수준 - 기대 수준'. 고객은 모든 제품이나 서비스별로 나름의 기대 수준을 갖고 있다. 즉, 제품이나 서비스의 (실행) 수준을, 사전에 갖고 있던 기대 수준과 비교해서 만족이나 불만을 느낀다는 것이다. 이 공식에 따르면, 조폭 떡볶이 사례는 사전에 기대 수준을 재미있게 낮춰서 이용한 고객으로 하여금 쉽게 만족을 느끼도록 유도하는 것이다.

　그러나 아직까지는 스토리텔링이 기업의 의도적인 마케팅에 그치는 경우가 많아 보인다. 고객들이 자발적으로 메시지를 전파하도록 유도하는 수준 있는 스토리텔링은 그리 많지 않다. 기업의 주요 마케팅 수단인 가격, 광고, 유통, 브랜드 등은 사실 기업 주도적이지만 스토리텔링은 철저히 고객의 자발적인 마케팅 도구임을 명심해야 한다. 그렇지 않으면 기업의 일방적인 슬로건으로 전락하기 쉽다. 결국 고객의 상상력을 자극하기 위해서는 기업도 창조적인 발상과 상상력이 필요한 시대다. 고객이 제품을 사용할 때마다 이야기를 되새기면서 심리적인 가치도 얻고 주위에 얘깃거리로 유통시키려면 말이다.

　스토리텔링은 기업 내부에서도 중요한 경영 도구가 되고 있다. 그런데 기업들이 고객을 위한 이야기 생산에는 많은 노력을 기울이지

만 정작 기업 내부에는 구성원들이 공유할
만한 얘깃거리가 없는 것이 현실이다. 경
영자의 카리스마, 전날 회식 자리에서 떠
돈 그렇고 그런 얘기들 말고, 밑에서 잔잔
히 흐르는 얘깃거리는 어느 회사에서나 있
을 것이다. 앞서 통풍 문화에서 얘기했듯
이 창조 경영 차원에서 많은 회사가 회사
내에 놀이와 휴식 공간을 만들고 있다. 앞
으로 기업 내의 스토리텔링을 위해서라도 회사 안에 이러한 비업무
적 접점 공간이 필요하다. 회사의 스토리텔링은 더 이상 술집이나 화
장실에서만 나와서는 안 된다. 앞으로는 전 직원이 공유하는 비전과
목표 실적에도 스토리텔링이 들어갈 필요가 있다.

스토리텔링은 실패를 장려하는 촉진 도구로 사용할 수도 있다.
3M은 신제품 개발의 실패가 성공의 씨앗이 된 사례들을 이야기로
만들어 널리 전파하는 기업 문화가 체질화되어 있다. 모든 구성원들
로 하여금 정말로 회사가 실패를 장려하고 있음을 느끼게 만들며,
더 나아가 실패를 무릅쓴 과감한 도전욕을 자극하는 것이다. 3M의
대표적인 히트 상품인 포스트잇도 그렇게 탄생했다. 처음에는 강력
한 접착제를 개발하려던 신제품 개발 프로젝트로 시작하였지만 실
패로 끝났다. 그런데 다른 사업부 직원이 그 접착력을 종이에 이용
하여 성공한 것이다. 강력하기만 한 것이 아니라 붙였다 떼기도 하
고, 다시 붙일 수도 있는 역발상적 접근의 성공이었다. 여기서 중요
한 것은 1차 실패한 상황의 이야기가 재미있게 꾸며져 사내에 공유
된 것이 발판이 되었다는 사실이다. "교회 성가대원이었던 다른 사

업부의 개발자가 찬송가 책갈피 사이사이에 간지를 넣고 노래하다가 자꾸 떨어지는 데에서 기발하게 착상해 냈다"는 포스트잇의 스토리 텔링은 3M 직원들뿐만 아니라 외부에서도 알 만한 사람은 다 아는 얘깃거리로 남아 있다.

창조적 조직

●●● 21세기 조직은 보스와 부하로 구성된 조직이 아닌 동료와 친구로 구성된 팀이다. _피터 드러커

●●● 앞서 언급한 대로 창조 경영에서의 경영 주체는 경영진이 아니라 조직 구성원인 개인이다. 경영을 엔진에 비유한다면 경영자는 큰 엔진이고 조직 구성원은 큰 엔진과 함께 잘 맞물려 돌아가는 작은 엔진이다. 엔진의 크기 차이만 있을 뿐 결국 전 직원이 엔진으로서 경영에 참여해야 한다. 이제는 과거처럼 일반 직원들이 엔진에 따라 움직이는 기어에 머물러서는 안 된다. 구성원들이 기어 역할만 하기에는 환경이 너무 불확실하고 변화가 심하기 때문이다.

●●● 기존의 경영진은 차창(환경)을 보면서 비(위기)가 오면 윈도 브러시(환경 대응)를 작동해 가면서 정해진 목적지(비전과 목표)를 향해 빠른 속도(효율)로 운전(경영)해 왔다. 조직 구성원은 백미러(업무 분장, 지시)를 보며 현재와 과거를 추스르면서 따라가면 그만이었다. 내비게이션 역할을 하는 각종 경영 혁신 도구와 업무 매뉴얼대로 일하면 충분했다. 다음 달의 지리 정보(환경)도 오늘의 지리 정보와 그다지 차이가 없기에 내비게이션도 1년마다 업데이트하면 되었다. 그런데 지금은 정해진 길만 가는 게 아니다. 새로운 가

치를 창출하는 다양한 갓길을 발굴해 가면서 운전해야 한다. 이제 차창은 사장만이 보고 판단할 수 없다. 전체 조직 구성원이 사장처럼 앞서 판단하고 새로운 가치를 창출해야 한다.

● ● ● 여기서는 기업가 정신으로 무장한 구성원들이 새로운 가치를 창출하는데 요구되는 창조적인 조직 운영 방법을 살펴본다. 세부적인 구성요소로서는 리더십, 업무 분장, 인사, 보상, 교육, 창조적 조직 운영을 하고 있는 해외 선진 기업들(구글, SAS, 코어사, 애플, 페이스북)을 살펴봄으로써, 미래의 창조적인 조직의 모습을 미리 엿보았다. 이들 창조적 기업들의 조직 운영에 따르면 조직의 구성 요소 중에서도 기업 문화가 가장 중요한 기반으로 나타났다. 그래서 기업 문화는 실행과 실패의 허용, 통풍 문화, 다양성 배양, 집단 지성 등으로 세분화하여 살펴본다.

리더십 리더십을 구성원과 공유하고 나눠 갖는다

CEO의 지혜를 측정하고 싶으면
주변 사람들을 보면 된다.
마키아벨리

●●● 창조 경영이란 전체 구성원이 사장의 관점에서 주체적으로 일하는 경영 형태를 의미한다. 하지만 관현악단의 지휘자처럼 이들 구성원을 이끄는 사람은 여전히 존재해야 한다. 그동안 많은 경영 혁신 덕분에 예전에 비해 관리자보다 경영자들이 리더의 자리를 채워가고 있다. 그래서 주어진 틀 안의 일만 제대로 하려는 관리자보다는 틀 밖에서 제대로 된 일을 하려는 경영자들이 많아지는 추세다. 여기서는 창조 경영이라는 관점에서, 리더십이 어떻게 진화해야 하는지 살펴본다.

1980년대에 핵심 역량이라는 화두를 던졌던 경영학자 게리 하멜은 최근 리더십의 본질이 변화해야 한다고 주장한다. 『보스는 많고 리더는 적다Too many bosses, Two few leaders』의 저자 라지브 페샤와리아는 특히 전체 구성원과 공유하는 리더십을 강조한다. 지금까지는 리더 개인의 리더십 역량이 중요하였지만 앞으로는 모든 구성원들이 리더십을 얼마나 효과적으로 공유하는지가 중요하다. 그런데 리더가 기득권을 포기하고 자신의 리더십을 나눠 준다고 해도 리더십의 공유가 현실적으로 가능할까? 뉴욕의 오르페우스 챔버 오케스트라(1972년 설립)는 지휘자 없는 관현악단으로 유명하다. 지휘자가 없다 보니 곡목 선정과 리허설 과정에서 모든 단원이 의견을 제시하고 책임감을 공유한다. 연주 준비하는데 일반 오케스트라보다 3~4배의 시간이 더 소요되지만 모두가 리더라는 마음으로 참여하기에 자부심이 대단하다. 이러한 열린 운영 방식 덕분에 모든 사람이 자연스럽게 리더로서 필요한 자질을 배운다. 원래 오케스트라 연주자들은 지휘자의 지시에 철저하게 따라야 하며, 자신의 실수로 단원 전체에 영향을 미친다는 실시간적 부담감 때문에 스트레스가 어느 직종보다 많다. 오죽하면 오케스트라 연주자의 직업 만족도가 연방 교도소 교도관들의 그것과 비슷하다는 조사 결과(하버드 대학교 심리학 교수인 리처드 헤크먼)까지 있을 정도다. 그러나 이 조사 결과에서도 오르페우스 챔버 오케스트라는 이례적으로 높은 만족도를 보인다.

궁극적으로 전체 구성원이 리더십을 공유하기까지는 시간이 걸릴 것이다. 그러므로 처음에는 공동 대표제로 출발해 점차 권한과 책임의 공유 폭을 넓혀 가는 것도 하나의 대안이다. 세계적인 투자 은행의 대명사 골드만삭스는 핵심 직책에 대해서는 2명의 공동 대표, 심지어 3명의 공동 대표까지 둔다. 골드만삭스에서 성공하기 위해서는 리더십을 공유할 줄 알아야 한다는 말이 나올 정도다. 이렇게 리더십을 여러 사람이 공유할 때에는 신뢰 유지를 위해 끊임없는 대화가 필요하다. 우리나라에서는 동업하는 것을 위험하게 보는 시각들이 팽배해 있다. 잘된 회사를 별로 못 본 탓이리라. 그러나 안철수 원장은 혼자 창업하는 것보다 공동 창업이 성공할 확률이 높다고 한다. 다만 전제 조건으로서 동업자의 성격과 전문 분야는 상호 보완적이어야 하며, 같은 전공끼리의 의기투합은 바람직하지 않다는 점을 분명히 한다. 성공한 동업 사업자들이 강조하는 것 역시 사소한 것도 대화하라는 점이다. 동업하다 실패한 사람들의 말을 들어 보면 이러한 얘기들이 많다.

"언제부턴가 대화가 잘 안 되기 시작하더라."

보통 대기업에서는 훌륭한 리더를 내부에서 키우거나 외부에서 수혈하는 데 많은 노력을 기울인다. 아예 간부급부터 일정한 숫자를 확보하여 충분한 시간을 두고 차세대 리더로 양성한다. 대부분 본인이 차세대 리더인지 모르는 경우도 많다. 잭 웰치의 뒤를 이은 GE의 제프리 이멜트 현 회장 역시 이러한 프로그램에서 최후로 살아남은 인물이다. 사실 차세대 리더 양성이 중요한 일이긴 하지만 미래를 대비한 유일한 길은 아니다. 어떻게 보면 지금은 완벽하지 못한 리더와 함께 성장할 수 있는 조직과 시스템이 더욱 중요한 시대다.

미국의 한 코미디언에 따르면, 미국은 바보(대통령)에게 운영될 수 있도록 천재적인 시스템으로 운영된다고 한다. 가끔씩 등장하는 실망스러운 대통령들을 비꼬는 말이다. 그에 따르면, 미국의 발전은 백악관 인물의 자질에 의존하지 않으며 대통령도 몇 명을 제외하고는 대부분 우수하지 못했다고 한다.

똑똑하고 부지런한 리더보다
똑똑하고 게으른 리더가 낫다

이 세상에는 크게 네 부류의 리더가 있다. 똑부(똑똑하고 부지런함), 똑게(똑똑하고 게으름), 멍게(멍청하고 게으름), 멍부(멍청하고 부지런함). 여러분은 어떤 리더가 가장 최악이라고 생각하는가? 요즘 시대에는 멍게보다도 멍부를 최악의 리더로 보는 사람들이 많다. 조직만 받쳐 준다면 멍청한 리더라도 차라리 게으르면 제자리는 한다. 그러나 멍청한 리더가 부지런하면 조직이 위험한 상황에 처하기 쉽다. 멍청함이란 자신은 고통 받지 않지만 다른 사람들이 고생하는 독특한 질병이다. 그래서 주위에 멍청한 사람이 있으면 피하는 것이 최선이라는 말까지 있지 않은가?

그러면 어떤 리더가 구성원의 창조적인 생각을 북돋워 줄 수 있을까? 똑똑하고 부지런한 리더가 가장 믿음직스러운가? 물론 환경이 안정적이고 효율과 신속을 추구하는 시대에는 최적이었다. 나는 똑부보다는 똑게를 추천한다. 2010년대의 리더는 똑똑한 데다 부지런함까지 겸비할 필요가 없다. 조직 생활을 해본 사람은 알겠지만 똑똑한 리더가 부지런하면 구성원들이 매우 피곤하다. 무엇보다도 창조적인 생각을 할 여유와 동기 부여가 조성되기 힘들지 않을까?

20여 년 동안 다양한 회사를 다녀 본 경험으로 보면, 성공한 리더 중에 똑부가 많았다. 이를테면 현장의 사소한 수치 하나를 미리 암기해 놓고, 현장에 가서는 그것도 모

> CEO가 너무 바쁘다는 것은 뭔가 잘못되고 있다는 증거다. 리더는 다른 사람의 방해가 없는 가운데, 하루의 3분의 1 정도는 자유 시간을 가져야 한다.
>
> _잭 웰치

르냐고 실무자를 다그치는 스타일의 리더들 말이다. 그러면서 리더 본인은 주위 사람으로부터 현장감 있는 세밀한 리더라는 부수 효과도 챙긴다. 이러한 일화는 리더의 성공 요인(?)으로 사내에 회자되거나, 경제 신문에 경영자 프로필로 세간에 화제가 되기도 한다. 그러나 현장 경영management by wandering around은 현장을 둘러보며 디테일한 것까지 챙기는 것이 아니다. 현장 직원과의 상호 작용 속에서 평소 문서 보고를 통해 들은 가설을 확인하거나 현장의 문제점에 대한 가설을 얻어 오는 것이 진정한 현장 경영이다. 아울러 현장에서는 지적과 질책을 최대한 참아야 하며, 칭찬과 격려 위주로 다가가야 한다. 굳이 질책이 필요하다면 따로 불러서 하든가 해야 한다. 대체로 현장의 문제는 담당자 개인의 문제라기보다는 시스템이나 교육 문제가 많이 개입된다. 그러므로 이러한 인프라를 충분히 검토한 후에 개인을 질책해도 늦지 않다.

리더는 의사소통 방법도 상황에 맞게 잘 활용해야 한다. 어느 회사의 CEO는 평소에 직원들과 소통할 때 이메일을 매우 선호했다. 어느 날 그는 회사의 실적이 망가지는데도 불구하고 중간 관리자들이 나태한 모습에 화가 났다. 그는 분을 참지 못하고 4백 여 명의 중간 관리자에게 단체 이메일을 통해 '관리자들의 기강 해이에 진절머리가 난다'고 분노를 표시했다. 이후 간부 회의를 출근 시간보다 한 시간 빨리 시작하기로 결정하고, 토요일 아침에도 관리자 회의를 하겠다고 공표했다. 그리고 향후 '근무 시간 기록의 제도화', '휴가로 입증되지 않은 결근에 대한 책임 추궁' 등을 철저히 할 것이라고는 의사를 전달했다. 그러나 이메일을 발송한 지 불과 한 나절 만에 메일 복사본이 야후 검색 사이트 상에 올라왔고, 3일 만에 회사의 주가는

22퍼센트가 곤두박질치면서 더 큰 위기를 맞이했다. 이처럼 민감한 감정을 유발할 메시지는 회의 석상과 같은 제한된 장소에서 냉철하고 엄중하게 소통해야 한다.

창조 경영의 배에 타는 리더는 디테일에 강할 필요가 없다. 물론 일 마무리는 깨끗이 해야겠지만 그 시간에 놓치는 더 큰 일들이 있음을 명심해야 한다. 리더가 디테일에 집착하기 시작하면 직원들이 새로운 것을 볼 수 없게 된다. 직원들로서는 현재 하고 있는 일 자체가 항상 불안한 것이다.

그러나 지금의 경영 환경은 아무리 똑똑해도 리더 혼자서 경영 업무를 다 챙길 수 없다. 각 구성원의 머리를 활용하는 것도 부족하여 구성원 간의 두뇌 충돌(집단 지성)까지 요구하는 세상 아닌가. 무릇 리더의 권력은 구성원의 의지와 무관하게 구성원들에게 영향력을 행사하는 힘이 아니라, 구성원의 협동을 유도해서 일을 추진할 수 있는 힘이다. 물론 리더 본인의 추진력과 실행력도 중요하다. 그러나 더욱 중요한 것은 구성원들이 추진력 있게 실행할 수밖에 없는 마인드와 분위기를 조성하는 것이다.

비슷한 맥락에서 시인 박해조의 리더론을 소개한다.

"리더는 삿대다. 얕은 곳에 걸려서 못 나갈 때는 삿대질을 하지만 잘 달릴 때는 보이지 않아야 하는 삿대 말이다. 잘 달릴 때에도 삿대가 배 위에서 이리저리 휘젓고 다니면 아무 일도 못한다. 잘 달릴 때는 보이지 않게 한 곳에 조용히 누워 있는 삿대가 되어야 한다."

무엇보다도 리더가 부지런하면 부하들은 새로운 창의적 시각을 가지려 하지 않는다. '내가 없으면 회사가 잘 돌아가지 않을 것'이라고 생각을 하는 리더가 있다면 일주일간 돌발 휴가를 다녀오기 바란다. 그런 뒤 영업 실적에 어떤 문제가 있었는지 확인해 보라. 오히려 회사가 잘 돌아갔다면 자신을 한번 돌아볼 필요가 있다. 하느님은 자신이 없어도 된다는 사실을 보여 주기 위해 안식년을 만들었다. 좀 쉬어도 대세에 지장이 없으니 가끔 쉬면서 자신을 돌아보며 반성하라는 취지인 것이다. 사실 성공한 많은 리더들을 신문지 상에서 접하면 대부분 일 중독자로 표현된다. 그래서 리더가 되려는 사람들에게 워커홀릭은 당연하게 인식되거나 벤치마킹 대상으로 장려되는 측면이 있다. 어떻게 보면 의학적으로 심각한 장애인데도 말이다. 사실 성공한 리더들 이면에는 남을 앞서려는 강한 욕구, 윗사람에게 인정받고 싶은 욕심, 낮은 자존감이 소용돌이치고 있다.

리더십은 구성원의 업무 성과에도 영향을 미치지만 구성원의 퇴사에도 지대한 영향을 미친다. 직원들이 회사를 떠날 때 남기는 공식적인 퇴직 사유서를 보자. 명목상으로는 대부분 현재의 급여나 업무 환경, 가려는 회사의 장점 등이 기재된다. 그러나 그 사유를 거슬러 올라가거나 속내를 파헤쳐 보면 많은 경우, 리더나 직속 상사가 연관되어 있다. 직원이 회사를 그만두는 것이 아니라 리더(상사)를 벗어난다는 표현이 맞는 경우가 많다. 사실 회사라는 집단의 무형물이 그들을 적대적으로 대하는 경우는 별로 없지 않은가? 결국 사람과 사람 간의 관계가 문제인데, 대체로 그 관계의 대상이 동료보다는 상사라는 것이다.

그러면 게으른 리더가 중점적으로 해야 할 일은 무엇일까?

첫째, 게으른 리더는 구성원을 관리하지 말고 지원해야 한다. 요새 많은 경영자들이 구성원을 섬긴다고 하는 서번트servant 리더십을 지향하는 것도 이러한 맥락이다. 그렇다면 리더의 가장 큰 미션은 뭘까? 조직이 나아갈 방향을 제시하고 구성원들을 한 방향으로 가게끔 비전을 공유하고 지원하는 일 아닐까? 리더가 구성원들을 관리하려 하면, 비전도 공유가 안 되어 한 방향으로 가기 힘들다. 한국은 단일 민족이라지만, 기업 내에는 과거 그 어느 때보다 다양한 부류가 공존하고 있다. 스펙으로 무장한 신입사원, 점점 증가하는 여성 인력, 외국인 근무자, 비정규직 인력, 4050세대의 기러기 아빠 등. 저마다의 다른 고민과 이해 관계로 얽혀 있는 이들을 한 방향으로 끌고 가기가 어려워져만 간다. 따라서 과거와 달리 다독거려 가며, 새로운 것을 요구해 가는 서번트 리더십이 필요하다.

철새들이 날아가는 모습을 유심히 본 적 있는가? 나는 아래에 소개되는 철새의 비행 대형에 관한 내용을 실제로 확인한 바 있다. 새 떼들의 맨 앞 리더가 바람의 저항을 가르면 뒤따르는 새들은 그 부력 덕분에 적은 힘을 사용하여 날아간다. 신기하게도 그 대형은 고정되어 있지 않아, 몇 분마다 무리 뒤쪽의 새가 대형을 이탈해서 맨 앞으로 날아와 리더의 자리를 이어받는다. 그러면 이전의 리더는 뒤로 이동해서 휴식을 취한다. 앞서 얘기한 지휘자 없는 오케스트라와 유사하게도 전체 새들이 각자 리더가 되어 리더십을 공유하는 것이다. 눈여겨볼 것은 대형 맨 앞의 임시 리더의 역할은 관리가 아닌 철저한 봉사라는 점이다. 즉, 선두의 날갯짓에서 나는 바람의 부력은 후미의 철새로 하여금 40퍼센트 가량의 에너지를 절약하게 해준다. 뒤에서 나는 철새일수록 더 큰 부력의 지원을 받는 것이다. 맨 선두만이 다른 철새의 도움 없이 날아갈 뿐이다.

또한 서번트 리더는 방향을 제시할 때, 앞에서가 아니라 뒤에서 방향을 잡아 주는 양치기의 모습을 띠는 것도 바람직하다. 양치기는 양 떼 뒤에서 양들이 나아갈 방향을 잡아 준다. 반면 양들은 뒤에서 방향을 잡아 주는 대로 가고 있다는 사실을 인식하지 못한 채, 그저 앞선 양이 이끄는 대로 간다. 물론 이러한 시스템을 갖추기 위해서는 구성원들이 기꺼이 따를 수 있는 기업 문화와 제도 인프라가 필요하다.

둘째, 게으른 리더는 현안 과제보다는 '미래의 방향 제시'에 보다 많은 시간적 비중을 두어야 한다. 리더가 미래를 보기 위해서는 어디를 중점적으로 보아야 할까? 창조 경영을 위한 리더는 회사 내부보다 고객을 봐야 한다. 그것도 현재 고객이 아니라 미래 고객의 요구를 내다봐야 한다. 애플의 스티브 잡스도 현재 고객보다는 미래의 고객을 주로 만나 왔다. 물론 미래 고객을 만나기 위해 타임머신을 타라는 얘기가 아니다. 지금 출시되는 대부분의 혁신적인 창조 제품들은 리서치를 통한 현재 고객의 목소리에서 힌트를 얻은 것이 별로 없다. 대부분 기업 구성원이 현재 고객들의 생활 현장(구입 및 사용 현장)을 직접 관찰하고 관찰자의 상상과 통찰을 통해 발굴한 것이다. 즉, 미래 고객의 모습은 고객의 입에서 나오기보다는 고객의 생활 모습을 통찰하는 데에서 찾아볼 수 있다. 어쨌든 리더는 조직 내부에 대해 고민하는 시간을 줄이고 시장과 고객을 통찰하는 시간을 늘려야 한다.

그럼에도 불구하고 많은 리더들은 기업 내부에 미래가 담겨 있는양, 회사에서 회사 사람을 만나는 시간이 많다. 리더가 이러면 직원들도 주로 팀장에게 얼굴을 돌림으로써 고객들에게는 엉덩이를 들이대는 형국이 되기 십상이다. 정작 신경 쓸 대상은 고객인데, 많은 정력을 상사에게 뺏기는 것이다.

리더는 선두에 서 있는 사람이 아니라, 문을 여는 사람이다. 미래에 대한 문을 열 때에 중요한 두 가지가 있다. 우선 미래를 제대로 보고 그 길을 갔을 때, 그 시점에서의 회사와 구성원의 모습(비전)을 생생하게 그려 주어야 한다. 즉, 구성원들이 생생한 미래의 모습에 공감할 때 강력한 비전이 형성된다. 지금과 같이 단순히 매출 500억이라든가, 업계 순위 빅3, 시장 점유율 25퍼센트 등은 별로 와 닿지 않는다. 오히려 500억 매출을 달성했을 때, 구성원들이 보다 향상된 업무 환경에서 일하는 구체적인 모습을 묘사해 주는 것이 바람직하다. 구성원이 어려울 때마다 생생하게 마음을 다잡을 수 있도록 명확한 비전을 그리려면 상상력과 인문학 지식이 필요하다.

또한 그 길(생생한 비전)을 왜 가야 하는지에 대해서도 구성원이 공감대를 느낄 만한 논리가 충분해야 한다. 지식 노동자들은 경영의 대상이 되기를 거부하며, 이들은 명령보다는 강한 지적 자극을 받을 때에야 움직인다. 앞서 언급한 명확한 비전이 감성적인 접근이라면, 여기서 말하는 논리적 비전은 이성적인 접근이다. 나는 왜why라는 본질적인 논리 없이 그 비전에 도달하는 방법에 대해서만 강조하는 리더를 많이 보아 왔다. 물론 결과도 대부분 좋지 않았지만 더 심각한 문제는 조직의 냉소주의만 쌓여 간다는 점이다. 이는 미래의 사업 방향에 대한 추진뿐만 아니라 현재의 업무에도 상당한 영향을 미친다.

리더가 미래를 제대로 짚지 못해 초래된 인적 구조 조정들을 보면 안타까울 때가 많다. 사실 대량 해고되는 구성원들은 당사자 입장에서는 해고될 잘못이 없는 경우가 많다. 그냥 시키는 대로 했지만 다른 사람보다 성과가 조금 낮을 뿐이며, 해고될 일을 한 것도 아닌데 운 나쁘게 미래를 제대로 짚어 보지 못한 리더를 둔 탓이다. 특히 비전을 잘못 설정한 경영진 몇 명의 해고가 불가피할 때 미적거리다 나중에 수천 명을 가차 없이 해고하는 상황, 여러분도 종종 신문지상에서 접하지 않았는가?

한편 창조적인 리더는 미래의 사업 방향에 대한 청사진을 어떻게 구상해야 할까? 여기에 대해서는 기존의 학문적 연구와 실무적인 책들이 많이 나와 있다. 여기서는 피터 드러커의 답변으로 마무리한다. 그는 경영자들이 미래를 고민할 때 아래 6가지를 자문자답自問自答할 것을 주문했다. 리더는 불시에 누가 묻더라도 항상 이런 본질적 고민들에 대한 명확한 답변이 준비되어 있어야 한다. 이는 창조 경영의 출발점이기도 하다.

1) 우리의 사업(본질)은 도대체 무엇인가?
2) 우리 고객은 누구인가?
3) 우리 고객은 우리에게 무슨 가치를 제공받고 있다고 생각하나?
4) 우리 사업은 어떻게 되어야만 하는가?
5) 우리 사업은 앞으로 어떻게 될까?
6) 우리의 미래 고객은 누구여야 하나?(저자가 추가한 것)

2010년대 창조적 리더의 리더십 DNA

창조적인 리더십의 유전 인자에는 어떤 것들이 있을까? 여기에서는 경청, 겸손 등 현재 서번트 리더십으로 불리는 기본적인 덕목을 제시한다. 참고로 여기서 말하는 리더는 경영진에 국한된 것이 아님을 분명히 한다. 창조 경영은 구성원 모두가 리더가 되는 수평적 경영 형태이기 때문이다. 그러므로 주변 사람의 행동을 자신이 원하는 바대로 유도하는 구성원 모두의 개인 덕목으로 간주하고 읽어 주기 바란다.

창조적 리더십의 첫 번째 자질은 경청이다. 일반적으로는 어렵지 않지만 막상 리더가 되면 실행하기 쉽지 않은 덕목이다. 짧은 시간에 많은 사람과의 대화를 통해 리더의 의사대로 그들의 행동을 유도해 내야 하기 때문이다. 상대방이 얘기하는 본질을 정확히 파악하기 위해서도 경청은 중요하다. 서두의 몇 마디만 듣고 속단하지 말고, 충분히 들은 후에는 "당신은 …… 하다는 말씀이죠?"라고 상대방의 의견을 제대로 이해했는지 겸손하게 확인하는 습관을 들여야 한다. 그리고 나서 리더의 얘기를 시작하는 것이 바람직하다. 이는 효과적인 의사소통을 이끌어 낼 뿐만 아니라, 상대로 하여금 리더가 내 이야기를 진지하게 듣고 있다는 신뢰감을 조성하는 일거양득의 효과가 있다.

또한 사업 환경이 불안정할수록 부각되는 리더의 업무가 있다. 조직 내외부의 위험을

> 말을 너무 많이 한다는 비난은 있지만 너무 많이 듣는다는 비난은 없다.
> _노먼 오거스틴
>
> 지혜는 들음으로써 생기고 후회는 말함으로써 생긴다.
> _영국 속담
>
> 사람을 움직이는 것은 입이 아니라 귀다.
> _칭기즈칸

한발 먼저 인지하고 준비하는 것이다. 그러나 지금과 같은 복잡한 환경에서 리더 혼자만의 안테나로 모든 위험을 감지할 수는 없는 노릇이다. 다행히 어느 조직이든 위기 감지에 빠른 사람이 늘 있으므로 평소 이러한 사람을 파악해 두어, 정기적으로 그들의 의견을 경청하는 노력이 필요하다. 이 글을 읽는 리더들은 지금 냉정하게 자문자답해 보기 바란다.

"나는 조직의 위기를 감지하기 위해 정기적으로 만나서 경청하는 사람이 몇 사람 정도 있는가?"

사실 경청에 뛰어난 리더는 구성원들이 말하지 않는 것까지도 들으려는 노력을 한다.

"CEO는 CLOChief Listening Officer가 되어야 하며, 말하는 양의 두 배는 들어야 한다."

이는 경영자의 얘기가 아니다. 꼴찌 팀을 최강 팀으로 키운 NBA의 감독 릭 피티노의 말이다.

제프리 이멜트 GE 회장은 회의 석상에서 말하기보다 듣는 시간에 훨씬 많은 가치를 둔다고 한다.

"회의하다 보면 이미 내 머릿속에는 의사 결정의 답이 떠오르지만 조용히 듣는 편이다. 참석자 스스로 정답을 찾도록 놔두는 것이 효과적이기 때문이다."

칭기즈칸도 자신은 못 배웠지만 항상 남의 말에 귀 기울였으며, 귀가 자신을 현명하게 가르쳤다고 훗날 자신 있게 말하곤 했다. 이처럼 탁월한 리더들은 말을 아끼는 대신에 본질적인 질문을 많이 던지는 편이다. 그런데 이러한 본질적인 질문을 만들기 위해서는 역시 경청이 뒷받침되어야 한다. 그런데 자신이 하고 싶은 말을 참고, 상대의

> 자기를 낮춤은 곧 높임을
> 의미한다. 낮춤과 높임은
> 동전의 앞뒷면 관계다.
> 상대를 이기려면 상대보다
> 머리를 더 낮춰라. 벼이삭이
> 익을수록 고개를 숙이는
> 것처럼 소싸움의 기본 자세
> 역시 머리를 최대한
> 낮추는 것이다.

말을 끝까지 잘 듣는다는 것은 생각만큼 쉽지 않다. 특히 자신의 생각이나 당초의 예상과 다른 얘기가 나오면, 상대방의 얘기 도중에 언제 개입할지를 고민하면서 듣는 경우가 많다. 일반적으로 경영자와 관리자를 많은 각도에서 비교한다. 경청과 질문의 관점에서도 양자는 구분된다. 경영자는 틀 밖에서 다양한 질문과 경청을 통해 팀원들의 새로운 사고를 유도하지만, 틀 안의 관리자는 정해진 형식과 답변만을 요구하기 때문에 팀원의 개성을 충분히 이끌어 내지 못한다. 여러분도 직장에서 이러한 리더들의 차이를 보지 않는가? 관리자는 대체로 자신이 답을 제시하는 경향이 있는 데 반해, 경영자는 다양한 각도에서 질문을 던져 구성원 스스로 답을 찾게 한다. 이와 비슷한 얘기를 대학 교수에게 들은 적이 있다. 가장 훌륭한 강의는 학생이 질문하여 다른 학생이 답을 제시하게 만드는 강의이고, 가장 질 낮은 강의는 교수가 질문하고 교수가 결국 답하는 강의라나?

창조적 리더십의 두 번째 자질은 겸손이다. 바다가 세상의 물을 다 받아 줄 수 있는 원동력은 가장 낮은 곳에 위치하고 있기 때문이다. 하늘에 있는 수증기는 비가 되어 떨어진 후, 강물이 되어 결국 가장 낮은 바다로 간다. 그 바닷물 역시 수증기가 되어 하늘로 올라가 훗날 빗물의 형태로 내려오는 순환 체계를 형성한다. 가장 낮은 곳으로 가서 다시 가장 높은 곳으로 올라가는 자연의 이치는 회사 생활에도 그대로 적용된다. 가장 낮은 곳에서 출발하여 최고자리에 오른 경영자들 말이다. 낮은 곳의 바다가 세상의 물을 다 받아 주는 것처럼, 리더는 구성원이 가장 낮은 바다(경영자)로 흘러오게끔 자세를 낮춰야 한다. 그래야 아래로 떨어질 시점에서 고민하지 않고 자연스럽게 몸을 던지는 폭포처럼 구성원들은 어려울 때 리더를 찾게 된다. 모름지기 훌륭한 리더는 직원들에게 뭐가 어렵냐고 물어보기 이전에 직원 스스로가 자신의 문제를 얘기하게 만든다. 사장실의 문은 열려 있으니 언제든지 찾아오라고 말하는 CEO들이 많다. 실제로 문을 항상 열어 놓거나 사장실을 유리로 만들어 밖에서 보이게 만들기도 한다. 그러나 일반 사원이 별 부담 없이 사장실을 찾는 경우는 없다. 개방이란 쌍방향으로 열려야지 한쪽에서만 연다고 해서 되는 문제가 아니다. 나만 열고 상대방이 열지 않는다면 높은 곳으로 물을 끌어올리는 분수와 뭐가 다른가? 저자도 신입 사원 시절, 고민이 있으면 언제든 찾아오라는 사장님의 조회 강의를 듣고, 정말 사장실을 찾아갔다가 나중에 팀장한테 주의를 받은 적이 있다.

리더는 자신이 위치할 가장 낮은 곳이 어디일지 항상 고민해야 한다. 때로는 불평 가득한 고객에게도 내려가야 한다. 겸손한 리더들은 약속 시간에 늦어도 "내가 좀 더 일찍 출발했어야 하는데 늦게 출발해서 죄송합니다"라고 말하지, 결코 "차가 막혀서"와 같은 변명을 하지 않는다. 어떤 CEO가 사석에서 했다는 얘기가 떠오른다. 당시 1천만 관객을 돌파한 어떤 영화가 화제였는데, 그는 이 영화를 보지 못한 것에 대해서 바빠서가 아니라 자신이 게을러서 시간을 내지 못했다고 진지하게 말했다. 정말 겸손이 체질화된 사람이다.

이채욱 인천국제공항공사 사장은 낮은 곳에 임하는 자세를 통해 한국의 대표적인 글로벌 CEO가 되었다. 그가 삼성의 신입 사원으로 입사할 당시, 한강 이남에 소재한 대학 출신은 그밖에 없었다. 그

때부터 그는 명문대 입사 동기들에게 늘 배우는 자세로 대했는데, 정작 명문대 출신들은 자신에게 배우려 하지 않았다고 한다. 그가 자서전 『백만 불짜리 열정』을 펴내고 강연회를 다닐 때의 일이다. 잦은 강연 후에도 참석자에게 일일이 이메일 인사를 나누었는데, 메일 내용의 하단부에는 항상 동일한 문구가 붙어 있었다. '제가 부족한 것이 많지만

> 하늘 위에 하늘이 또 있으니 늘 자만하지 마라(天外有天).
> _중국 속담
> 자만은 자신을 뽐내는 것, 오만은 남의 말을 듣지 않는 것, 교만은 남들이 눈에 보이지 않는 것이다.
> _스카니니

그중에서 고칠 사항 세 가지만 꼭 적어 주세요.'

비슷한 겸손의 경영자가 일본에도 있다. 초등학교가 최종 학력인 다나카 전 수상이 대장성 장관으로 임명되었을 때의 일이다. 도쿄 대학교 출신이 포진한 엘리트 관료 집단의 본산 대장성에서는 노골적인 불만이 표출되었다. 그러나 1분도 안 되는 취임사 한마디로 이러한 불만은 바로 잠식되었다.

"여러분은 천하가 알아주는 수재들이고, 나는 초등학교밖에 나오지 못했습니다. 그리고 대장성 일에 대해서도 나는 깜깜합니다. 따라서 대장성 일은 여러분이 하세요. 나는 책임만 지겠습니다."

대장성 직원 모두를 리더로 인정해 주는 순간, 부하 직원들은 닫힌 마음의 문을 활짝 연 것이다.

지위가 올라갈수록 책임은 커지고 권한은 작아져야 함을 실천하는 리더가 창조적 리더다. 리더가 책임져야 할 상황이 되면 무조건 떠맡는 것은 생각보다 실리적이다. 어려울 때 책임지는 모습만 보여도 사람들의 경계심이 눈 녹듯 사라지면서 리더십이 자연스럽게 형성되기 때문이다.

실제로 부서원에게 일을 맡길 때 최종 책임은 리더 본인이 지겠다고 하면서 일을 맡겨 보라. 우리는 보통 '일을 맡긴다'라고 할 때, 권한은 주지만 책임에 대해서는 명확한 언급을 하지 않는 경우가 많다. 사실상 책임 소재도 상대방에게 맡기는 그러한 경우들은 '지시'라는 표현이 맞다. 진정한 의미의 '맡긴다'는 말은 상대가 소신껏 일할 수 있는 권한을 주면서 동시에 최종 책임은 맡기는 사람이 지는 상황을 의미한다. 일을 떠맡는 사람 입장에서 가장 지치는 상황은 주위의 인정을 받고 있다는 확신이 없고, 그러한 확신을 얻으려고 초조하게 서두를 때다. 하긴 가장 최악의 경우도 종종 보아 왔다. 대외적으로 인정받은 어떤 실무진의 성공적인 공적을 팀장이 마치 자신의 작품인 양 포장하여 임원으로 특진한 사례들 말이다. 그러나 이러한 임원들이 맡게 되는 부서에서는 좋은 아이디어가 더 이상 나오지 않을 것이 자명하다.

그러나 리더 입장에서 보면 맡긴다는 것이 말처럼 쉽지 않다. 리더는 책임을 떠맡는 위험뿐만 아니라 자존심도 던져야 하기 때문이다. 리더의 경험과 지식이 많을수록 특히 그렇다. 하지만 맡긴다는 것은 어떤 전략도 없이 불쑥 내던지는 행위가 아니다. 사람 잘 부리는 리더는 평소에 직원별로 맡길 수 있는 일을 열심히 찾는다.

리더의 겸허는 조직을 위해서도 중요하지만 리더 자신에게도 투자할 만한 덕목이다. 연암 박지원의 『열하일기』에 나오는 글귀를 소개한다.

벼슬살이도 남을 밀어 젖히며 앞을 다투며 올라가지만 마침내 몸이 높은 곳에 이르면 오히려 두려운 마음이 생긴다. 앞으로 한

발짝도 나아갈 수 없고 뒤로도 천 길 낭떠
러지여서 올라가지도 못하고 내려오지도 못
하게 된다.

리더는 개인적 관점에서 항상 내려갈 때
를 생각하면서 올라가야 한다. 작년에 퇴직
후 사업을 하던 어느 CEO 한 분이 내게 한
얘기가 생각난다.

"전 상무! 회사를 떠나면 예전 직장의 직원들이 최고 자산이야. 그
러니 지금 올라갈 때 만나는 사람들도 잘 대해 줘야 해. 나중에 내가
내려올 때 만날 사람들이기 때문이지. 무슨 말인지 알겠지?"

현실적으로 CEO들은 임명되는 순간부터 겸허를 찾기 힘든 상황
에서 출발한다. 신임 CEO는 전임 CEO의 성과를 깎아내리는 데에
서 자신의 새로운 모습을 드러내곤 한다. 새롭게 출발하는 의지도 다
지면서, 자신의 집권 기간에 이룰 실적이 돋보이게 할 여지가 생기기
때문이다. 마치 「동물의 왕국」이라는 다큐멘터리 프로그램에서 보듯
이, 새롭게 정권을 장악한 수사자가 암컷이 데리고 있는 새끼사자들
부터 물어 죽이는 것처럼 말이다. 새끼가 없어야 암컷이 새로운 수컷
의 씨를 받아들일 수 있기 때문이다.

기업 역시 약육강식의 특성이 있어서인가? 삼성에서도 계열사의
신임 사장들이 전임자와의 경영 성과를 차별화하기 위해 스스로 감
사를 요청하는 사례가 간혹 있었다. 재미있는 사실은 신임 리더가 이
렇게 주위의 기대치를 높이며 집권하면 나중에 실적이 높다는 심리
학 조사 결과도 나와 있다. 어떤 사람에 대한 주위 기대가 클수록 그

사람의 성과가 실제로 높아진다는 얘기다. 즉, 사람들은 자신에 대한 기대치가 높을 때 더 큰 능력을 발휘한다는 것이다. 간절한 열망이 강력한 자기 암시를 통해 실제로 이뤄진다는 일종의 피그말리온 효과일까? 결국 신임 리더가 처음부터 도전적인 비전을 제시하는 것에는 이러한 의도가 깔려 있다.

리더가 된 이후의 성공이란, 자신의 성장이 아닌 다른 사람을 성장시키는 것을 의미한다. 지금까지 창조적인 리더의 덕목으로 경청과 겸허를 얘기하였다. 이는 주로 직원들과의 상호 작용에 대한 내용들이다.

창조적 리더의 세 번째 덕목으로 사람 관리를 빼놓을 수 없다. 대체로 리더들은 아랫사람으로부터의 존경보다는 윗사람의 인정을 더 갈구한다. 이러한 리더들은 조직 구성원들을 효율적인 관리 대상으로 간주하게 되어 사람 키우는 일에 소홀하기 쉽다. 키운다고 해도 자신과 가까운 1~2명의 부하 정도에 그칠 뿐이다. 그러나 창조적인 리더는 사람을 키우는 것이 큰 일이자 기본 역량이다. 창조 경영의 주체는 모든 조직 구성원들이고, 모두가 새로운 가치를 발굴해야 하는 경영진이기 때문이다. 사실 지금은 윗사람의 인정을 받기 위해서 아랫사람으로부터의 존경도 필요하다. 환경 예측이 거의 불가능하여 제대로 대응하기 어렵다면 역시 사람에 집착할 수밖에 없다. 창조적인 리더는 일상 업무에 대해서는 과거만큼 디테일하게 관리할 필요가 없지만, 사람에 대해서는 세세하게 신경 쓸 필요가 있다.

어떤 CEO는 종종 자신의 명함 뒷면에 직원들의 칭찬을 담아 해당 직원의 책상에 슬며시 올려놓는다고 한다. 가끔은 CEO가 프로 스포츠 감독들로부터 사람 경영에 대한 조언을 들을 필요도 있다. 프로 감독은 기업에 비해 적은 규모의 인재(선수)를 관리한다. 따라서 하찮은 선수들까지도 그들의 특기를 평소에 잘 관찰해 두는 데 익숙하다. 한국 시리즈 같은 큰 게임을 보라. 주전 선수가 무기력할 때, 감독이 대타로 기용한 2군 선수에 의해 승부가 갈리는 경우가 종종 나오지 않는가?

창조적 리더의 마지막 덕목은 자신감과 긍정적 마인드다. 조직 구성원들은 리더를 통해 회사에 대한 불안을 느끼는 경우가 많다. 엘리베이터에서 어쩌다 만나는 리더의 어두운 표정이나 축 처진 어깨를 보면서도 사실 여부에 관계없이 '회사가 어려운가?' 하고 생각한다. 한마디로 리더의 온몸 자체가 커뮤니케이션 접점이며, 리더의 표정은 들불처럼 전염성이 강함을 직시해야 한다. 캘리포니아 대학의 앨버트 메러비언 교수의 실험에 따르면, 대화상에서 말이 미치는 영향력은 7퍼센트에 불과한 반면, 목소리나 표정, 태도가 미치는 영향력은 93퍼센트나 된다. 그러니 아무리 멋있는 비전과 자신감을 말로 강조해 봐야 7퍼센트밖에 전달할 수 없다. 이처럼 긍정적인 마인드는 다양한 얘기를 수용해서 중요한 의사 결정을 내려야 하는 리더에게 매우 중요한 덕목이다. 박진환 네오위즈 대표의 얘기를 들어 보자.

"CEO를 맡기 전에는 선별적으로 받아들이고 제 시각으로만 해석했다면, 이제는 일단 모두 받아들여 놓고 해석하려고 해요. 시각이 넓어진 거죠."

여러분이 아는 성공한 경영진들을 생각해 보라. 타인의 얘기를 비판적으로 수용하기보다는 긍정적으로 모두 들으려는 데에 익숙한 사람들일 것이다. 대체로 젊은 사원들은 술자리에서 조직과 상사를 술 안주 삼아 비판하는 데 익숙하지만, 성공한 경영진들과 술자리를 해 보면 대체로 타인을 험담하는 데 인색하다. 마치 긍정적인 마인드는 리더의 타고난 유전자처럼 보일 정도다.

그러나 많은 리더십 전문가들 얘기로는, 리더십은 타고나는 것이 아니라 후천적으로 배워서 익히는 것이라고 한다. 구성원 모두가 리 더십을 공유하는 창조 경영의 시대를 대비해서 학교에서도 모두가 리 더가 되는 법을 가르쳐야 한다.

구성원 간의 업무 분장 업무를 약간씩 중첩하라

혁신은 아이디어가 갑자기 떠올라 복도에서
사람들을 만나거나 밤 10시 30분에 전화기를 붙들고
얘기하는 것에서 나온다. 혁신은 가장 멋진 아이디어가 떠올랐다고
생각하는 어떤 사람이, 그 아이디어에 대한 다른 사람의 의견을 알고
싶어서 대여섯 명을 불러 즉흥 모임을 가질 때 나온다.
스티브 잡스

● ● ● 전통적으로 조직은 전문적으로 분업화된 조직도 내에서 잘 정의된 역할과 책임Role & Responsibility 체제를 통해 운영되어 왔다. 그러나 갈수록 복잡하고 불확실하며 급변하는 환경에서 내부의 조직이 안정적인 기조를 유지해서는 생존하기 어렵다. 앞으로는 역할과 책임을 1년 단위로 설정하기도 어려울 것이다. 이미 연말이나 연초에 연례행사처럼 시행하던 대기업들의 임원 인사도 수시로 단행되고 있다. 사실 요즘의 임원들은 지금의 대리, 과장급 들이 하는 실무를 해본 경험이 없다. 임원들의 젊은 시절에는 지금 수준의 인터넷 기반 업무가 존재하지도 않았기 때문이다. 실무진의 성과를 실적 중심으로 평가하는 정도의 지식밖에 없다고 해도 과언이 아니다. 하긴 현재 화이트칼라의 업무도 90퍼센트 이상은 향후 15년 내에 사라진다는 얘

기도 있다. 앞으로는 자기 의존적이고 독립심 강한 사람들이, 업무 매뉴얼에 길들여진 애완동물형 샐러리맨들을 점차 몰아낼 것이다. 한마디로 기업이 주는 포근한 안정감은 점점 사라질 거라는 얘기다.

그러면 급변하는 외부 환경에 대처하기 위한 내부의 업무 분장은 어떻게 설계해야 할까? 개인별로 배타적으로만 업무 분장을 할 게 아니라, 약간씩 서로 중복된 업무 프로세스의 조성이 필요하다. 이를테면 같은 부서의 구성원들 간에도 개인별로 약 10퍼센트의 업무는 함께 일하도록 중첩시키는 것이다. 처음에는 다양한 아이디어가 필요한 부서 중심으로 시행하다가 점차 타 부서원의 업무와도 중첩을 시행해 보면 어떨까? 물론 이는 집단적인 창의성을 발현하기 위함이다. 철저히 분업화된 가운데 개인 단위로 일하기보다는 구성원 상호 간에 건설적인 충돌이 일상화되어야 한다. 물론 최종 책임 소재는 명확히 해야 하지만 성과의 평가에는 이러한 중첩된 협업 체제가 제대로 반영되어야 한다. 이렇게 조직 내부가 불안정해 보일 정도로 유연해야 환경의 변화 속도에 뒤처지지 않는다. 다양한 환경에 미리 각본을 짜서 대응한다는 시나리오 경영도 지금의 환경 변화 속도에 대응하기는 어렵다. 블랙 스완도 자주 출몰하는 지금과 같은 환경에서, 3~4개의 시나리오로 대응한다는 것은 비현실적이다. 이제는 아예 조직 내에 다양성을 배양하여 그때그때 적합한 것(사람)으로 대응하는 것이 바람직하다. 이미 진화론에서도 언급하지 않았는가? 잡종이 결국 살아남는다고 말이다. 조직에서의 잡종이란 다양한 경험을 가진 인력과 다양한 인력 분포를 의미한다. 기존 개인 단위의 업무 분장은 안정적인 환경에서는 장점이 크지만 지금의 환경 체제에서는 책임을 묻기 위한 방편이 될 뿐이다. 창조 경영의 전조 현상을 보여 주는 선진 기업들을 보면 오히려 R&R에 얽매이지 않는다.

한편 이러한 창조 지향적인 업무 분장의 배경은 위에서 언급한 환경 측면 이외에 조직 구성원의 특성에서도 찾을 수 있다. 요즘 젊은 층들은 4050세대와는 사람 자체가 다르게 느껴질 만큼 일에 대한 가치관이 다른 것 같다. 임원들이나 인사 팀장들은 이들 젊은 세대의 책임감이 예전만 못하다고 한다. 이들은 각종 스펙(영어, IT)으로 무장해 있어서, 시키는 업무는 효율적으로 하지만 그 이상은 기대하기 힘들다는 것이다. 맡은 업무를 빨리 끝내고 자기 계발을 하는 데 관심이 있지, 맡은 일 자체에 애착이 깊지 않다는 지적이다. 창조 경영의 관점에서 보면 이러한 현상은 젊은 층의 문제라기보다는 조직의 문제라고 생각된다. 즉, 기업에서 본인이 하고 싶은 일을 제대로 분장시키지 못했거나, 애착을 가질 만큼 업무에 권한을 부여하지 않은 문제일 수도 있다.

최근 많은 기업에서 탄력 근무, 재택근무, 모바일 오피스 등을 시행하고 있다. 하지만 이 같은 제도가 조기 성과로 이어지지 않는 배경에도 이러한 근본적인 문제들이 자리 잡고 있다. 젊은 사원들이 주입식 교육을 받은 스펙 세대이긴 하지만 적합한 업무 환경만 조성해 주면 과거의 그 어느 신입 사원보다 높은 성과를 낼 잠재력을 보유하고 있다. 여기서 적합한 업무 환경이란 업무 자율성, 수평적이며 비정형화된 조직 구조, 펀 경영, 통풍 문화, 새로운 가치 창출에 대한 충분한 보상, 실패 용인 등을 의미한다. 이들은 입사 전부터 온라인 상에서 주인 의식을 갖고 다양한 커뮤니티 활동을 해온 네트워크 세대이기 때문이다. 특히 이러한 특성은 창조 경영의 조직 형태에도 적합하다. 다음 페이지에 제시되는 창조 경영 기업들의 사례에 따르면 미래형 조직은 스스로 원하는 업무를 만들어 조직을 옮겨 다니는 비정형적 조직이다. 팀 규모도 매우 작은 아메바 형태를 띤다. 이러한 소규모 조직 체제에서는 일의 진행 상황과 성과를 명확히 가시화할 수 있는 속성이 있다. 결국 평가와 보상에 민감한 젊은 층에게 적합하다는 얘기다. 이렇게 하고 싶어 하는 일을 하도록 선택권을 주면 더 이상 책임감을 거론하는 현상은 적어질 것이다. 이러한 자율적이고 자생적인 팀 체제는 국내에서도 서서히 나타나고 있다. 최근 삼성전자에서는 '창의 개발 연구소' 제도를 도입했다. 임직원들이 다양한 아이디어를 제안해 과제로 선정되면, 기존 업무에서 벗어나 최대 1년간 테스크포스TF 팀을 꾸려 활동하게 한다. 물론 결과물에 대해 충분한 보상을 하며, 실패에 따른 책임도 지지 않게 배려한다. 정보 기술의 권위자인 돈 탭스콧은 젊은 층에 대한 미래의 조직 구조로서 분자형 조직 구조를 제안한 바 있다. 네트워크로 연결된 개인들이 명확한 목표에 의해 분자처럼 작게 쪼개진 구조로 조직을 운영하는 것이다. 이러한 조직은 형식과 패턴이 변화무쌍하고 일의 진행과 범위에 따라 언제든지 재구성이 가능하다.

미리 보는 2010년대 창조적인 조직의 모습들

애플과 구글

스티브 잡스는 한 이벤트 장소에서 직원들에게 '해군이 아니라 해적이 되어라! Pirates! Not the Navy'라고 적힌 티셔츠를 나눠 준 적이 있다. 해적처럼 무법적이고 자유롭게 사고하라는 주문이었다. 해군은 관료화되고 몸집이 크고 권위주의적인 반면 해적은 작은 그룹이지만 매우 조직화되어 있다. 잡스가 가장 중요시한 것은 팀워크와 개방된 의사소통이며, 가장 싫어한 것은 사내社內 정치라고 한다.

구글도 수평적 조직 구조, 위계질서 거부, 협업 환경을 중시한다. 특히 회사 성장에 따른 대규모화 속에서도 자율 시스템이 유지되는 데에 많은 투자를 하고 있다. 창업 초기 조직이 작았을 때는 말 대신 표정과 눈빛으로 대화가 가능했지만, 조직이 한눈에 볼 수 없을 만큼 커지니 장애를 느낀 것이다. 최근 3만 명에 육박하는 직원 수에도 불구하고 창업 초기의 자율적인 조직 기조를 유지하고 있다는데, 그 비결은 '관리하지 않는 자율 시스템'이라고 자평한다. 특히 직무별 업무 분장을 명확히 하지 않아 업무별로 겹치게 하는 것이 인상적이다. 이런 모호한 역할 분장은 긴장, 갈등, 지적 충돌, 호기심을 유발시켜 혁신적인 아이디어(구글센스, G메일, 에드센스)를 탄생시켰다. 그러나 역시 짧은 기간의 갑작스러운 대규모화에는 어쩔 수 없는 것일까? 최근 구글도 대기업병을 앓는 가운데 핵심 인력들이 경쟁사인 페이스북으로 이탈하고 있다는 소식이 들려온다.

다음 그림은 최근 가장 잘나간다는 초우량 IT기업들의 조직 구성

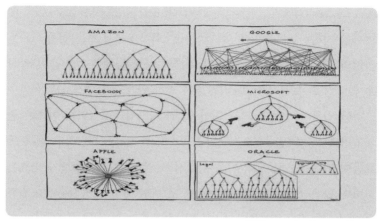

을 재미있게 풍자한 것이다.

고어

정식 회사 이름이 '고어(회장)와 동료들Gore & Associates'로 해석되는
이 회사는 창조 경영의 미래 모습을 현재 시점에서 가장 잘 보여 준
다. 저자의 관점에서는 구글, 페이스북, 애플보다도 더 진화된 창조
경영 기업이라고 생각되어 많은 분량을 할애하여 소개한다.

고어는 우리가 익히 아는 등산복 소재(고어텍스)를 만드는 회사다.
『포춘』지가 매년 발표하는 '미국에서 가장 일하고 싶은 100대 기업'에
1984년 이후 지금까지 연속 선정되는 미국에서 몇 안 되는 기업 중
하나다. B2C 업체인 구글과 더불어 B2B 업종에서의 대표적 창조
경영 기업으로 손꼽힌다. 저명한 경영학자 게리 하멜도 운영, 제품,
사업 모델 등에서의 혁신보다 더 획기적인 혁신 분야는 경영 혁신

management innovation 부문이며, 세계 최고의 경영 혁신 회사로서 이 회사를 지목한 바 있다. 이 회사에서는 회사명에서 보는 것처럼 모든 직원의 직급이 동료Associate이다. 회장은 동료들에게 운전을 부탁할 수 없다며 손수 운전하고, 직원들은 상하 관계가 창의성을 막는다며 고정된 업무나 상사의 지시 없이 일한다. 한마디로 유연성이 탁월한 대기업으로 평가받는다. 누군가 아이디어를 내면 함께 하고 싶은 동료들이 자율적으로 모여 팀을 형성하고, 동료 중 자연스럽게 따르는 사람이 많은 사람이 팀장 역할을 한다. 다만 팀별로 비전문가가 반드시 배치되는데, 그 이유가 재미있다. 전문가가 보지 못할 수 있는 다양한 각도의 아이디어를 놓치지 않기 위해서라고 한다. 우리는 신입 사원이 입사하면 처음 수개월간 단체 교육을 받지만, 이 회사의 신입 사원은 입사하자마자 스스로 업무를 정하는 일부터 시작한다.

이 회사 역시 대기업병을 창조의 가장 큰 적으로 규정하여 아무리 큰 공장도 200명을 넘기지 않도록 제도화했다. 이렇게 본사와 공장 모두 작은 조직을 유지하는 이유는 두 가지다. 한 가지는 개인 간의 직접적인 커뮤니케이션의 한계를 200명으로 본다는 것이고, 또한 가지는 작은 조직에서는 개인별 일의 진행과 성과를 명확히 볼 수 있는 장점이 있다는 것이다. 여기에는 재미있는 일화가 있다. 회사 규모가 커지는 가운데 창업자 빌 고어는 어느 날 신설된 공장을 산책하다가 문득 그가 모르는 사람들이 너무 많다는 사실에 깜짝 놀라 조직(공장) 규모가 200명을 넘어서지 않도록 하였다. 200명이 넘으면 새로운 공장을 증설하는 식이다. 놀라지 마라. 이 회사에서는 CEO도 직원 설문 조사에 따라 선임하며, 연봉도 직원 회의를 통해 결정한다. 한마디로 인간은 자발적으로 일할 때 능력이 가장 극대화된다고 믿는 성선설性善說을 바탕으로 한 회사로 보인다. 중소기업도 아니고, 연매출 26억 달러(2010년)에, 지금까지 31년간 연속 흑자를 기록하는 직원 수 1만 명에 육박하는 기업임을 감안하면 믿기 어려운 기업 환경이다.

이처럼 미래의 조직은 구성원의 일하는 방식에 따라 그때그때 자연스럽게 형성되는 것이다. 그러므로 앞으로는 초우량 기업일수록 연간 2~3번의 제한적인 조직 개편이나 정형화된 조직도 등을 점점 찾아보기 어려울 것이다.

빌 고어는 이러한 파격적인 조직 방식에 대한 아이디어를 카풀에서 얻었다고 한다. 상사와 부하가 카풀로 출퇴근하는 동안 창의적인 대화가 넘치더라는 것이다. 회사보다 출근하는 차 안에서 수평적 의사소통과 자유로운 대화가 가능하다는 점에 신선한 충격을 받았다고 한다. 이 회사가 주식 시장에 상장하지 않는 이유도 간단하다. 동료들 모두가 주인 의식을 갖기를 원하고, 구성원 모두가 주인으로서 장기적인 관점에서 사업을 수행할 수 있다고 믿기 때문이다.

지금까지 설명한 이 회사의 창조적인 인사 제도는 4무無로 요약된다. 직급, 책임자, 직책, 큰 조직이 없다. 1만여 명에 달하는 직원 명함에 적힌 직함은 모두 동료이다. 실제로 부하와 상사의 개념이 없어 서로를 동료로 부른다. 유일하게 직급을 가진 사람은 직원들이 뽑은 CEO와 CFO뿐이다. 미국 상법의 회사 설립 요건에서 요구하기 때문에 할 수 없이 직급을 보유하지만, 이들도 내부에서는 동료로 불린다. 대신 모든 직원은 예외 없이 스폰서를 가져야 하며, 적어도 한 명의 멘토에게서 업무적 도움을 받아야 한다. 이 스폰서 제도가 보스 역할을 대행하며 직원들의 역량 육성을 담당한다.

또한 항상 업무가 변화하므로 직책이 명확히 규정되어 있지 않다. 오히려 지속적 파트너십을 원하는 협력 업체의 불평을 들을 정도다. 이 때문에 전문성이 없다는 평가도 받지만 오히려 유연한 팀 기반에서 신선한 아이디어가 많이 발굴된다. 이러한 자유로운 환경에서는 오히려 느슨하게 일할 수 없는 이유가 있다. 조직이 작아 무임승차하는 직원은 쉽게 표 나기 마련이다. 리더는 믿고 기다려 주는 반면, 동료끼리의 압력이 건설적으로 작동하여 선의의 경쟁과 견제가 유지된다. 어떻게 보면 가족(친족) 경영으로 보일 정도다.

또한 3M의 15퍼센트 규칙처럼 창조적인 별도의 여유 시간을 제공한다. 그래서 일주일에 반나절 정도는 선택한 주제를 연구할 시간을 온전히 쓰게 하며, 이 시간에는 상사를 포함하여 그 누구도 방해하지 않도록 제도화하고 있다. 보상을 결정할 때에는 부서장이 부하를 평가하지 않는 대신, 모든 동료들이 승진 및 연봉 평가에 참여하는 동료 평가제를 활용한다. 결국 부서원들은 자신이 속한 부서의 모든 동료를 평가하게 된다. 가장 눈길을 끄는 인센티브 제도에 따르면, 회사 전체 차원에서 목표를 달성하는 경우 목표를 이루지 못한 공장도 목표를 달성한 공장과 같은 보상을 받는다. 그래서 직원들은 창의적인 시도를 하다가 실패하는 것에 대해 두려워하지 않고 또 다른 시도를 적극적으로 한다.

구글의 인사 전략, 다양한 인재를 확보하여 풀어 놓기

난 사람을 뽑을 때 스팩(과거) 대신
꿈과 네트워크(인맥) 등의
미래 잠재력을 우선적으로 본다.
이금룡(코글로닷컴 회장)

채용

지금까지 기업이 혁신에 주력해 온 영역을 순서대로 보면, 대체로 운영 혁신→제품 혁신→비즈니스 모델 혁신→업계 구조 혁신 등으로 볼 수 있다. 여기서 비즈니스 모델 혁신은 페이스북, 이케아, 자라Zara 등과 같이 기존과는 전혀 다른 방법으로 제품을 만들어 고객에게 제공하는 것을 말하며, 업계 구조 혁신이란 애플의 아이팟, 아이튠즈처럼 하나의 회사나 사업에 제한되는 것이 아니라 업계 전체를 뒤집어엎는 고차원적인 혁신을 의미한다.

그러면 2000년대에 시작된 업계 구조 혁신의 다음 단계는 뭘까? 바로 사람 혁신의 단계이며, 2010년대에 주류를 형성할 혁신 영역이다. 제프리 페퍼 스탠퍼드 대학 교수는 앞으로 10년간 묵혀 둘 만한 '돈 되는 주식' 찾는 비결 하나를 알려 준다. 『포춘』지 선정 '미국에서 가장 일하고 싶은 100대 기업'의 상위에 랭크된 기업의 주식을 사두라는 것이다. 즉, 고객보다 직원에게 인기가 많은 기업이 더욱 지속적인 성장을 할 거라는 얘기다. 참고로 이 책에서 창조 기업으로 언급된 거의 대부분의 회사가 이 100대 기업에 포함되어 있다. 혁신도 한두 번이지 지속적으로 파격적인 혁신을 진행하기는 현실적으로 어렵다. 많은 실패를 감수할 만한 자금이 뒷받침되어야 하기 때문이다. 경영학자 게리 하멜은 지금까지의 경영 구조는 혁신을 생산하도록 설계된 것이 아니라, 같은 일을 효율적으로 반복하도록 설계되어 있다고 주장한다. 사실 지난 100여 년간 기술, 서비스, 유통, 사업 모델 등의 경영 이론에서는 엄청난 변화가 있었던 반면, 사람 경영의 측면에서는 상대적으로 큰 변화가 없는 것 같다. 물론 사람에 대한 관리 방법은 발전해 왔지만 말이다. 그럼 사람 경영의 혁신이란 무엇인가? 직원의 일하는 방식을 근본적으로 바꾸는 혁신이다. 앞서 얘기한 고어처럼.

창조적인 기업의 인사 관리는 인사 부서가 하는 게 아니고 구성원 본인이 한다. 구성원 개인이 경영 주체이기 때문이다. 잭 웰치는 직원의 머릿속 지식을 활용하지 않는 것은 회사 돈을 제대로 활용하지 않는 것과 같은 잘못이라고 했다. 이제 직원의 머릿속 지식은 회사가 활용하는 것이 아니라 직원 본인과 (협업을 하는) 다른 직원들이 활용해야 한다. 여기서는 전통적 인사 관리에 초점을 맞춰 창조 경영과 관련된 채용, 보상, 교육 등을 제시한다.

먼저 인재 채용을 생각해 보자. 우리는 신입 사원 공채 시즌에 그룹별로 원하는 인재형을 소개하는 경제 신문 섹션을 가끔 본다. 저마다의 기업 문화를 소개하면서 여기에 맞는 사람을 채용한다는 기사 말이다. 뒤집어 보면 자기 기업 문화와 맞지 않는 사람은 응시하지 말라는 얘기나 다름없다. 일사불란한 기업 문화는 구성원들이 신속한 대응을 할 수 있는 강점이 있지만, 반대로 똑똑한 사람들이 함께 손잡고 절벽으로 떨어지게 할 수도 있다. 직원들 간의 창의적 마찰과 호기심을 유발하기 위해서는 채용 인력의 풀도 다양하게 구성해야 한다. 현실적으로는 짧은 시간 내에 기업 문화나 기업의 요구 스펙에 맞는 사람을 뽑기도 힘들지만, 뽑는다 해도 스펙에 맞는 척하는 사람들이 섞여 들어올 뿐이다. 요새는 좋은 인상을 주기 위해 면접 전에 성형 수술도 하는 시대다.

사실 각 분야의 전문 인력은 그동안 많이 뽑아 오지 않았나? 임원 면접 평가표에 임원들이 가장 마음에 들지 않는 사람을 선정하는 항목을 포함시킬 필요도 있다. 그리고 그러한 지원자들에 대해서도 긍정적인 관점에서 별도로 검토할 필요가 있다.

합창단을 소프라노만으로 채우면 안 되는 것처럼 팀워크가 잘 맞는 팀원들로만 구성되어서는 새로운 가치를 발현할 수 없다. 미국의 교수 채용을 보라. 모교 출신은 동종 교배라고 해서 특별한 사유가 있지 않는 한 임용이 어렵다. 이렇게 다양한 배경과 경험을 보유한 사람들을 채용해야 하는 이유는 간명하다. 대체로 새로운 사람들이 입사하여 새로운 것을 발굴하는 것만 생각하기 쉬운데, 이에 못지않은 중요한 이유가 또 있다. 이들이 기존 구성원들에게 새로운 자극을 주는 동기 부여가 된다는 것이다. 비슷한 사람들로 구성된 조직이 놓치기 쉬운 것들이 있다. '자신들이 모르는 게 무엇인지', '우리 조직에 불어닥치고 있는 외부의 위기가 무엇인지' 등이다.

한편 다양한 분야 중에서도 그간 외면해 온 인문학 분야의 인력도 충원할 필요가 있다. 특히 인문학 출신 인력이 적은 IT업종이나 금융업종에서 더욱 필요한 사안이다. 이제 인문학은 경영자가 조찬 세미나에서 강의로만 듣는 분야가 아니다. 조직 구성원의 인문학적 지식이 중요한 시대라고 많이들 얘기하지 않는가? 제품보다 고객이 중요하며 고객도 해당 제품을 사용하는 고객 관점이 아니라 일반 생활자로서 폭넓게 이해해야 한다. 결국 사람에 대한 심층적인 이해가 핵심 역량인 시대다. 또한 제품 개발이나 시장을 개척할 때에도 상상력이 필요하다면 이는 인문학의 영역에서 나올 수밖에 없다.

구글은 2011년에만 총 6천 명의 채용자 중 4천~5천 명을 인문 분야 전공자로 뽑을 계획이라고 발표했을 정도다. 구글의 인사 담당자는 사용자 환경UI을 개발하는 데에는 기술 못지않게 사람을 이해하는 게 필수적이며, 특히 인류학자와 심리학자가 뛰어난 결과물들을 만들어 내곤 했다고 주장한다. 현재 구글의 개발자들은 모바일 운영 체제만큼이나 도덕 운영 체제moral operation system에 대해서도 숙고하고 있다는 얘기까지 나온다.

세계적인 광고 기업, 사치 앤드 사치의 CEO 케빈 로버츠가 전하는 재미있는 창조적인 채용 사례를 소개한다. 뉴질랜드 지사 면접 때의 일이다. 면접 문제는 10년 후 세상을 변화시킬 것을, 2시간 안에 사진으로 찍어 오라는 주문이었다. 2시간 후 모두의 시선을 집중시킨 사진이 있었는데, 지원자 자신의 얼굴을 찍어 온 사진이었다. 그 사진의 주인공은 그 자리에서 즉시 채용되었다.

인재 유지

내가 직장 생활을 하면서 접해 본 얘기 중 하나는 '회사가 직원에게 해줄 수 있는 최고의 복지는 지독한 훈련'이라는 말이다. '최악의 직장은 편하지만 그날이 그날 같아서 세월이 지나도 변화가 없는 곳'이기 때문이다. 개인적으로 앞의 얘기는 선뜻 동의하고 싶지 않지만, 뒤 얘기는 맞다고 본다. 다만 창조 경영의 기업이라면 지독한 훈련은 직장과 인사 부서에서 해주는 것이 아니라 스스로 해야 한다. 지금까지는 회사의 지시와 방침대로 일해야 했지만 앞으로 자신에게 명령하지 못하는 사람은 평생 남의 명령을 들을 수밖에 없다.

이렇게 스스로 변화하고 훈련하게끔 하기 위해서는 무엇보다 직장 생활을 재미있게 만들어야 한다. 이미 직장을 일하기 좋은 생활 공간으로 만들고자, 많은 회사의 인사 부서에서는 GWPGood Work Place라는 제도를 실시하고 있다. 전 세계로 확대해 보면 SAS가 BWPBest Work Place 아닐까 싶다. SAS는 구글이 회사 내부에 창조적인 공간을 만들 때 벤치마킹한 회사다. 구글이 사내에 세탁소, 미용실, 병원, 어린이집, 운동 센터, 병원 등을 갖춘 것 역시 이 회사에서 배운 것이다. SAS의 회장 짐 굿나이트의 얘기를 들어 보자.

"나의 업무는 직원들이 내일 다시 출근하고 싶도록 만드는 일이다. 우리 회사는 고과 평가를 하지 않는다. 평가는 동기 부여를 위해 하는 것인데, 상사의 부하 평가가 동기 부여에 별로 도움이 되지 않기 때문이다. 우리 회사의 팀장들은 팀원에 대한 평가 대신 코칭에 더 많은 시간을 할애하고 있다."

부서의 리더가 코칭보다 평가에만 주력할 경우, 창조적인 발상을 요구하는 2010년대에는 어떤 일이 빚어질까? 갤럽이 미국 700개 회사의 직원 200만 명을 대상으로 조사한 결과, 회사에 장기 근속하면서 생산성을 높이는 최대 요인은 '책임자와의 관계'라고 한다. 회사를 보고 입사해서 상사 때문에 퇴사한다는 얘기를 들어 본 적이 있는가? 저자도 20여 년간 직장을 다니면서 이직하는 사람들을 많이 보아 왔다. 그들이 공식적으로 말하는 이직 사유는 다양하다. 그러나 그것은 잘 정리하고 퇴사하기 위한 처세술이고, 사실 솔직한 이직 사유나 이직의 원인들을 거슬러 올라가면 많은 경우 상사나 상사와의 관계가 자리 잡고 있다. 우스갯소리로 원수는 회사에서 만난다는 말도 있는데, 회사에서 상사와 아랫사람의 관계로 만난다는 냉소적인 표현이다. 유능한 직원이 갑자기 회사를 떠날 때, 아이디어를 활발히 내던 직원이 갑자기 의욕을 잃고 시키는 일이나 하는 사람으로 바뀔 때, 인사 부서는 그 사람 위에 관료적인 상사가 있지는 않은지 살펴보는 노력이 필요하다. 사실 나쁜 부하는 없다. 나쁜 리더만 존재할 뿐. 창조는 요구함이 아니라 허락하는 것이다. 창조는 구성원들에게 요구한다고 뚝딱 나오는 것이 아니다. 창조를 위한 매뉴얼도 없을뿐더러 참을 줄 아는 시간도 필요하다.

창조적인 인사 부서의 명칭

현재 많은 인사 부서의 영문명은 HR Human Resources로 되어 있다. 창조 경영의 시대에는 Human Relationships로 전환되어야 한다. 인간은 활용될수록 감가상각되면서 결국 처분되는 자원이 아니기 때문이다. 무엇보다 지금은 인적 자원의 전문 능력보다는, 다양한 상호 관계 속에서 창출되는 새로운 가치에 더욱 주목해야 하는 시대다. 즉, 인력의 다양성을 유지하면서 서로 협업하는 제도와 문화를 지향해야 한다. 개인의 능력은 진공관 속에서 독자적으로 배양되는 것이 아니라 다른 부서원과의 집단적 협업에서 육성되어야 한다. 비슷한 능력을 갖고 있어도 다양한 집단에 있는 사람이 능력을 더욱 발휘한다는 것을 인사 팀장은 명심해야 한다. 종종 기업에서는 특정 기능 부서에 대한 인적 역량을 경쟁사와 비교하며 부족한 인력을 보충한다. 지금껏 많이 사용된 비교 잣대로는 학력, 경력, 직급 현황 등이다. 집단 지성을 위해서는 '전공 분야 및 경력의 다양성 정도' 항목도 추가되어야 한다. 또한 기업 연수원은 집체 교육을 하더라도 부서나 직급별로 단체 교육만 시행하기보다는 다양한 부서의 사람들로 구성된 잡종 형태의 교육 방식도 검토할 필요가 있다. 특히 새로운 아이디어 발굴이 경쟁사보다 뒤처진다고 생각하면 이러한 새로운 교육을 적극적으로 모색해야 한다.

일본의 도검刀劍을 제조하는 집안에서는 아이가 서너 살 때부터 명검들을 가지고 놀 수 있도록 집 안에 명검을 자연스럽게 놓아둔다. 명검들을 보고 자란 아이는 훗날 자연스럽게 초일류 검을 알아본다. 마찬가지로 회사에서도 핵심 인재(명검)를 영입하면 이들이 조직 구성원과 자연스럽게 자주 접촉하는 접점을 만들어 주어야 한다. 모든 직원이 매일같이 핵심 인재와 접할 기회를 늘리면, 보다 높은 시각에서 사물을 볼 수밖에 없다. 아래에서 위를 올려다보면 자기가 몇 단계 아래에 있는지 쉽게 알 수 없지만, 위에서 내려다보면 자기가 몇 단계 위에 있는지 쉽게 보인다.

이질적인 조직 구성원 간의 교류를 추진할 때에 주의할 점이 있다. 죽은 사자의 부패는 외부의 벌레가 아닌, 몸속에서 생긴 벌레 때문이라고 한다. 조직에 해를 끼치는 냉소주의자들을 사전에 판단하고 잘 관리해야 한다. 이들이 섞이면 구성원 간의 화학적 결합을 기대하기 힘들다. 조직에 대한 냉소주의는 마치 사자 몸속의 벌레와 같아서, 다른 구성원들에게 부정적 정서가 전염되기 쉽다.

또한 성과주의에 따라 구성원을 단기적으로 판단하는 현재의 평가·보상 제도를 재검토해야 한다. 개인 역량이 떨어지는 사람이라도 중장기적으로는 집단 지성에 기여하는 다양성의 한 조각을 갖고 있기 때문이다. 매미는 땅속에서 7년 동안 살다가 껍질을 벗고 땅으로 나와 겨우 7일 살다가 죽는다. 하지만 땅 위에 있는 7일 동안은 제몫을 확실히 한다. 매미 없는 여름철, 매미 울음소리 없는 여름철 배경의 영화는 상상할 수도 없다. 7일 동안 그렇게 쓸모 있게 살기 위해서 7년의 내공을 쌓은 것이다. 마찬가지로 사람도 단 한 번만으로 단정 지어서는 안된다.

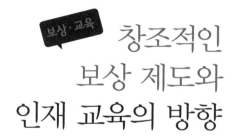

창조적인 보상 제도와 인재 교육의 방향

보상은 아동, 예술가, 과학자 모두에게서
창의성을 감소시킨다.
테레사 아마빌(창의성 연구의 대가)의 연구 결과

창조적인 사람들은 돈으로
매수해 봤자 별 효과가 없다.
피터 드러커

보상

창의성 차원에서 인센티브 제도도 재검토해 봐야 하는 시대다. 두 집단을 두고 실험을 해보았다. 한 집단에는 시간을 잰다고 말한 뒤 그냥 문제를 풀어 보라 했고, 다른 실험 집단에는 문제를 빨리 푼 순서대로 30퍼센트의 사람에게 일정한 인센티브를 준다고 했다. 그런데뜻밖에도 두 집단 중 인센티브가 걸린 집단이 문제 푸는 데 더욱 많은 시간이 걸렸다. 이는 금전적 보상을 줄 때 성과와 효율이 높아진다는 일반적인 인사 이론과는 거리가 먼 결과다. 인센티브가 오히려 자유로운 생각과 창의력을 막는 결과를 초래한 것이다. 종전과 같은 단순 명확한 작업이나 정해진 직무 기술서에 따라 일할 때는 금전적 보상이 효과 있지만 창의성이 필요한 작업에는 그렇지 않을 수 있다.

실제로 최근에 보상은 창의성을 떨어뜨린다는 연구 결과들이 심심찮게 보인다. 거액의 보너스를 약속받으면 창의성이 그럴듯하게 발휘될 듯하지만 실제로는 그렇지도 않다. 도스토옙스키는 구상하지도 않은 소설에 대한 대가로 거액의 계약금을 받고 심한 압박감에 시달렸으며, 노벨상 수상자들도 대체로 수상 이후 새로운 업적을 내놓지 못했다. 주위의 높아진 기대치가 심리적인 압박으로 작용한다.

요즘 갈수록 신입 사원과 최고 경영자 간의 연봉 격차가 증가하는 추세를 보인다. 일류 기업이라도 CEO의 연봉과 인센티브는 크게 높아지는 데 반해, 말단 직원들의 봉급은 생각보다 많지 않다. 여기에는 여러 이유가 있겠지만 동기 부여 차원에서는 다음과 같은 배경이 있을 것이다. 낮은 직급자 입장에서는 높은 직급으로의 승진 기회가 있기 때문에, 보상이 크지 않더라도 강한 동기 부여가 된다. 하지만 승진 기회가 많지 않은 임원의 경우에는 승진보다는 거액 연봉을 인센티브로 제시할 수밖에 없다. 이를테면 사장의 연봉은 사장 본인보다는 부사장으로 하여금 더욱 열심히 일해야겠다는 동기를 부여하는 것이다. 여기서 말하고 싶은 것은 두 가지다.

첫째, 협업에 의한 구성원의 집단 지성을 높이는 데 최고 경영진과의 가파른 임금 격차가 바람직하지만은 않다. 경영학의 대부인 피터 드러커 역시 이를 뒷받침하는 얘기를 했다. '최고 경영자와 직원 간의 임금 격차가 20배 이상 나는 경우, 경영자의 리더십이 온전히 작동하기 어렵다.' 매년 『포춘』지의 '미국에서 가장 일하고 싶은 100대 기업' 명단에 선정되는, 미국의 유기농 식품 유통업체인 홀푸드마켓

(지난 10년간 주식 누적 수익률이 1,800퍼센트로, 미국 식품 유통업계 중 최고 기록)에는 미국 기업에서도 보기 드문 독특한 보상 정책이 있다. 모든 임직원의 급여가 공개되며, 고위 경영진의 임금을 직원들의 평균 임금의 19배로 제한한다. 임원의 연봉이 평균 임금의 20배를 넘어가면 구성원들이 불공정하다는 인식을 하기 시작한다는 이유다.

둘째, 과거 성과에만 기반을 둔 승진 제도는 창조 경영을 지향하는 기업에 적합하지 않다. 앞으로는 불확실하고 급변하는 환경에 대응하기 위해 조직과 업무가 점점 비정형화될 것이다. 즉, 과거의 뛰어난 업무 성과가 승진 후에 수행할 색다른 업무의 성과로 이어지는 연관성이 예전만 못하기 때문이다.

사실 성과주의는 일 잘하면 당근을 준다는 것인데, 일하기 전에 당근을 준다는 회사도 있다. 샐러리맨들이 가장 일하고 싶어 하는 일본의 대표적 창조 경영 기업인 미라이 공업(전기 설비 생산업체)의 야마다 사장 얘기다.

"일본과 한국은 농경 문화 및 유교의 영향으로, 받은 만큼 돌려줘야 한다고 생각하는 경향이 있다. 그러나 먼저 많이 받고 열심히 일하게 하는 직장이 좋은 직장이다. 미리 많이 받아 놓고 나머지 기간을 적당히 보내려는 풍토는 제도와 문화로 충분히 개선할 수 있다."

교육

일반적으로 대기업에 입사한 신입 사원은 일정 기간 그 기업의 전통과 기업 문화를 학습하는 집체 교육을 받는다. 2010년대의 신입 사원 입문 교육에 추가되어야 할 부분이 있다. 신입 사원이 그 기업에 물들기 전에 기존 구성원(특히 팀장, 임원급)들이 신참으로부터 신선한 시각을 얻는 역사회화 교육이 필요하다. 신입 사원이 교육(강의, 발표)하는 과정에 피교육자로 참여하는 팀장과 임원은 각 부서의 고민거리를 하나씩 갖고 참여하는 것도 좋은 방법이다. 회사 내에 뿌리박혀 왔던 과제들을 접한 신입 사원, 어찌 보면 고객과 직원 중간 수준의 시야에서 참신한 아이디어가 나올 법하지 않은가? 이는 전혀 다른 업종의 신입 CEO를 영입하는 경우와 유사하다. 많은 경우, 다른 업종의 신입 CEO를 영입하는 이유는 과거를 청산하고 새로운 업무 방식과 관점을 도입하려는 의도에서다. 신입 사원을 활용하는 또 하나의 방법을 제안한다. 일반적으로 새로운 시행안에 대한 품의안에는 유관 부서가 합의하는 공란이 있는데, 이 공란 옆에 신입 사원의 의견을 구하는 공란을 하나 더 만드는 것이다.

한편 인재를 창의적으로 양성하기 위해서는 단점을 보완하기보다는 강점을 살려서 업무에 활용하는 것이 더욱 중요하다. 단점을 보완해 봐야 개인적 차원에서는 평균 수준 이상으로 상향되지 않으며, 회사 차원에서는 전체 직원의 수준이 약간 상향 평준화될 뿐이다. 이는 다양한 인재의 포트폴리오가 필요한 창조 지향적인 인사 전략과도 배치된다. 실제로 인사 전문가들에 따르면 상위 고과를 받는 직원들의 실질적인 성과 동인은 약점의 보완보다는 강점의 강화에 있었다고 토로한다. 개인의 자질은 타고나는 측면이 강하기 때문에 후천적인 학습이나 훈련으로 극복하기 어렵다. 차라리 그 시간에 강점을 발견해 이를 특화시켜 나가는 것이 21세기를 살아가는 전략적인 방편이다. 또한 개성 있는 인재들의 약점을 지적하여 개선하려는 노력은 자칫 이들의 자신감을 잃게 만드는 역효과를 초래할 수도 있다. 강점 중심의 인재 관리를 위해서는 무엇보다도 리더가 구성원 개개인의 강점을 정확히 간파하는 데 많은 노력을 기울여야 한다. 피터 드러커도 무엇인가를 성취할 수 있는 것은 강점을 통해서만 가능하다고 강조했다.

언젠가 외부 강연에서 야구 해설가 하일성 씨가 다음과 같은 얘기를 들려주었다.

"국내 프로 야구에서 일하는 외국인 코치들을 보면 나라별로 뚜렷한 차이가 있다. 일본 코치는 선수들의 단점을 찾아 고치려 들지만 미국 코치는 단점은 놔두고 장점을 높이는 데 주력한다. 미국 코치의 주장인즉, 프로가 단점에 연연할 시간이 어디 있느냐는 것이다."

저자가 개인적으로 좋아하는 롯데 자이언츠의 전 감독 로이스터는 훈련량이 적기로 유명한데, 그게 가능한 이유는 장점을 키우는 데 집중하기 때문이란다.

하지만 국내 일부 기업들의 교육 현실은 약점 보완에 치중하고 있는 형편이다. 이미 가정에서부터 단점에 치중하는 교육이 시작되어 기업에서 고치기가 더욱 힘든 측면도 있다. 우리나라 엄마들이 자식에게 가장 많이 하는 말이 "하지 마", "안 돼"라고 한다. 약점을 지적하고 개선하도록 하는 것보다는 타고난 재능이나 강점을 더욱 강화시키자.

인재가 비전과 전략에 앞선다. M&A도 사람을 사는 것이다

우리는 햄버거 회사가 아니라
햄버거 만드는 사람들의 회사다.
맥도널드의 미션

우리 회사의 핵심 인력 20명만 데리고 나가면
마이크로소프트는 문 닫을 수밖에 없다.
빌 게이츠

● ● ●   회사 운영에 집착하는 기업은 10년, 전략에 집착하면 30년, 사람에 집착하면 100년 간다고 한다. 여기서 퀴즈 하나를 낸다.

'회사 내부에 있는 다양한 형태의 자산 중에서 밤마다 회사 담장을 나갔다가 다음 날 아침에 다시 들어오는 핵심 자산인데, 회계 시스템에도 잡히지 않는 자산은 무엇일까?'

정답은 인재다. 『드림 소사이어티』의 저자 롤프 옌센은 이렇게 중요한 인재의 가치를 반영하지 않는 현행 회계 시스템은 잘못되었다고 주장한다. 많은 경영자들은 직원이 가장 중요한 자산이라고 강조하지만 이제는 그 수준을 넘어선다. 직원들은 자산이 아니라 회사 자체다. 그러니 리더의 가장 중요한 임무는 매일 회사를 빠져나가는 회사(인재)가 다음 날 아침이면 다시 즐거운 마음으로 회사 정문을 들어오게 하는 것이다.

마케팅 학자들이 퇴임할 무렵인 60대에 집필하는 대부분의 책은 마케팅보다는 사람에 관한 책이라고 한다. 젊은 시절에는 마케팅 전략이 주로 4PProduct, Price, Promotion, Place을 통해 이루어진다고 생각했지만, 나이가 들면서 넓은 시각에서 보니, 사람이 더욱 중요한 마케팅 도구임을 느끼는 것이다. 더구나 4P는 경쟁사에서 흉내 낼 수 있어도 인재는 단기간에 쉽게 카피할 수 없는 지속 가능한 경쟁력이다. 그래서 경쟁사의 인재를 빼내 오거나, 경쟁사의 경영진이 욕심날 경우에는 회사 자체를 인수하기도 한다. 이처럼 인재는 인사 부서의 관리 대상에만 머물지 않으며, 마케팅에서도 중요한 마케팅 도구로 간주하는 실정이다.

『좋은 기업을 넘어 위대한 기업으로Good to Great』의 저자 짐 콜린스는 인재가 비전과 전략보다 앞설 정도로 중요하다고 한다. 그래서 훌륭한 운전자(리더)는 버스(회사)가 갈 방향(비전, 전략)을 정하기 전에 먼저 적합한 사람을 버스에 태우고 부적합한 사람은 내리게 한다. 즉, 적임자를 적합한 자리에 앉히는 일부터 시작하고 나서야 버스를 어디로 몰고 갈지 결정한다. 비슷한 맥락에서 애플의 어느 엔지니어가 했다는 말이 생각난다.

"스티브 잡스가 2~3년 뒤에 뭘 내놓을지 지금 알고 싶다면 애플의 사이트에 나와 있는 인재 채용란을 보면 된다."

말을 잘 타는 가장 좋은 방법도 처음에는 말이 가는 방향으로 가는 것이다. 처음에는 말이 가고자 하는 방향대로 가면서 적절할 때 기수가 원하는 방향으로 천천히 고삐를 조정해도 늦지 않다. 그러나 처음부터 대뜸 원하는 방향으로 말을 잡아당기면 기수는 쉽게 지칠 것이고 기수를 태운 말도 성질을 부릴 뿐이다. 그러니 인재를 뽑은 직후에 시행하는 기업 문화에 대한 연수 교육은 좀 더 시간이 흐른 뒤에 해도 나쁘지 않다. 아니, 개인의 개성과 다영성을 파괴하는 합숙 훈련은 앞으로 하지 말았으면 좋겠다.

저자는 어떤 회사가 큰 위기를 겪을 때나 M&A(기업 인수합병)를 할 때 유심히 보는 것들이 있다. 직원들에 대한 회사의 태도나 인원 감축 방식, 퇴출되어 나가는 인력의 유형들이다. 평소에는 모든 회사가 인력을 소중하게 여긴다고 말한다. 그러나 밀물 때에는 안 보였지만 썰물 때에는 누가 팬티 없이 헤엄치는지 잘 보이는 법이다. 회사가 어려울 때에는 인재에 대한 회사나 경영자의 본심이 드러난다. 이제 회사가 어렵다고 인력을 함부로 감축하는 것은 커브 길에서 급브레이크를 밟는 것과 같다. 물론 감축할 수밖에 없는 상황을 모르는 바는 아니다. 다만 상황이 개선된 직후의 회복에 미치는 여파 및 그만두는 인력과 함께 묻어 나가는 암묵적 지식도 고려해야 한다. 구조 조정 이후에 회사 사람들을 만나 보면 재미있는 상황들을 접할 때가 있다. 이를테면 예전에는 별로 일어나지 않던 문제들이 발생한다든지, 발생한 문제도 예전에는 금방 해결되었는데, 이제는 그 해결에 많은 시간이 소요된다는 것이다.

M&A의 가장 큰 위험은 합병한 후에 핵심 인력이 떠나는 것이다. 그래서 M&A를 할 때는 상대 회사의 핵심 인물이 누구인지 파악하고, 그들을 회사에 어떻게 존속시킬지에 대한 면밀한 고민이 필요하다. 대체로 실패한 M&A의 원인으로 두 회사 간 기업 문화의 갈등을 거론한다. 두 기업 문화의 갈등은 인수 합병 후에 핵심 인력들의 퇴

직을 초래하기도 한다. 이러한 우리의 M&A 문화와 달리 구글이나 애플, 페이스북은 피인수 기업의 핵심 인력이나 창업자의 존속 근무를 계약서에 명시한다. M&A를 기업 인수가 아닌 인재 인수로 보기 때문이다.

핵심 인력의 식별 방법
급한 일이 생겼을 때 팀장이 가장 먼저 찾으며 팀장 입장에서 휴가나 교육도 보내기 싫어하는 사람이다.

창조 경영에 맞는 인재상을 다양한 각도에서 살펴보자. 아마존은 입사 후 6개월이 지나면 엄격한 평가 기준에 따라 직원들을 네 가지 유형으로 구분하여 관리한다. 시한폭탄Time Bomb(언젠가 큰일을 해낼 사람), 이지라이더Easy Rider(능력은 있는데 열심히 일하지 않는 사람), 잠수부Snorkeler(중요하고 위험이 따르는 업무를 피해 다니는 사람), 궁지에 몰린 고양이Cornered Cat(역량도 없고 업무에 문제가 있는 사람). 독자도 느끼겠지만 시한폭탄형 인간에게 가장 의미를 부여하고 싶지 않은가?

또 다른 인재 분류법에 의하면, 직장인은 세 종류로 구분된다. 스스로 잘 타는 자연성自燃性, 불에 가까이 대면 타는 가연성可燃性, 불에 가까이 대도 타지 않는 불연성不燃性. 물론 가장 좋은 인재는 스스로 불타오르는 가운데 엉뚱한 실행과 실패를 즐기는 자연성 인재일 것이다. 식은 붕어빵같이 냉소주의를 띠는 불연성 인재는 미리 파악할 수만 있다면 애초에 뽑지 않는 편이 낫다. 그런 사람은 자영업을 하는 게 본인을 위해서도 좋다. 창조적인 집단 지성을 위해서는 적어도 정열을 가지고 말하면 동조해 주는 가연성이나 자연성 인재가 바람직하다. 가연성 인재가 많은 회사는 정서 공유가 잘되어 감동적인 이야기에 눈물과 웃음을 지을 줄 아는 조직이다. 앞서 소개한 미국의 창조 기업 고어, 일본의 창조 기업 미라이 공업이 자연성 인재가 가장 두터운 회사들이다.

마지막으로 국내 CEO나 정치 지도자들이 핵심 인재를 파악할 때 많이 활용하는 공자의 인재 등용 방법을 소개한다.

1) 번거롭고 어려운 일을 시켜 문제 해결 능력을 본다.
2) 가상 위기 상황을 알려 준 후 그 절개와 충정을 시험해 본다.
3) 뜻밖의 질문을 던져 그 기지를 본다.
4) 어려운 약속을 하여 그 신용을 본다.
5) 먼 곳에 심부름을 시켜 안 보이는 곳에서의 충성을 본다.
6) 재물을 맡기거나 술 취하게 한 다음 여자와 함께 있게 한 후 살펴본다.

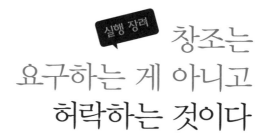

창조는 요구하는 게 아니고 허락하는 것이다

세상에서 가장 먼 거리는? 머리와 가슴 간의 거리(약 30센티미터)
더욱 먼 거리는? 가슴과 손, 발 간의 거리(30센티미터보다 훨씬 멀다)
머리로 깨달아도 가슴으로 느끼기는 쉽지 않지만,
가슴으로 느껴도 실천하기는 더욱 어렵다는 의미다.
『고도원의 아침편지』

●●● 새로운 아이디어 발굴을 의미하는 창의創意에 비해, 창조創造는 뭔가 새로운 결과물을 만들어 내는 행동의 의미를 중시한다. 창조를 위해서는 행동이 중요한데, 아이디어에 그치는 이유 중 하나는 실패에 대한 부담과 두려움이다. 좋은 의미로도 많이 쓰는 '과묵하다'는 말이 있다. 이는 단순히 말 없음을 의미하는 것이 아니라, 말 없이 행동함을 의미한다. 1톤의 생각보다 1그램의 행동이 낫다고 하지 않는가? 프로는 행동과 결과로 말하는 것이지 말로써 결과를 언급하지 않는 법이다.

사실 프로는 자신의 지식을 실행에 옮겨 수치로 정량화해 내는 사람이다. 광개토 대왕의 비문을 보면 병력의 수, 노획한 장비의 수, 섬멸한 성城의 수와 장비들이 대왕의 치적과 관련하여 매우 상세히

정량화되어 있지 않은가? 나는 가끔 상사로부터 "기획은 머리가 아닌 발로 하는 것이다", "전략은 회의실이 아닌 시장의 진흙탕 속에서 나온다" 등 행동을 강조하는 말을 들어 왔다. 이런 말을 들으면 꼭 떠오르는 사람이 있다. 정주영 현대 그룹 선대 회장이다. 그는 생전에 부정적인 의견을 접할 때마다 "해보기나 했어?"라는 말을 달고 살았다.

세계적인 조직 이론가 피터센게 교수는 "아무것도 도발하지 않는 조직이 가장 위험한 조직"이라고 했다. 이러한 조직은 내부에 문제가 있으면 계속 문제를 썩게 만들지만, 건강한 조직은 서로 속을 터놓고 얘기하기에 문제를 실시간으로 파악하고 해결한다. 실패와 위험이 두려워서 문제를 꺼내 놓고 얘기하지 않는, 또는 문제를 꺼내 놓지도 못하는 조직을 생각해 보라. 수면 위로는 통제가 잘되는 것처럼 보이므로 CEO를 흐뭇하게 만들지만, 그 아래에는 문제가 그득한 조직이다. 이런 조직은 IQ 140인 구성원들을 모아 놓아도 시간이 지나면 전체 구성원의 IQ가 100 정도로 하향 평준화된다. 이러한 병폐들을 짚어 낸 동국대 조벽 교수의 얘기가 인상 깊다.

"창의력은 요구하는 것이 아니고 허락하는 것이다."

결국 한 조직이 지속적으로 새로운 가치를 발굴하기 위해서는 엉뚱한 행동을 허락해 주고, 실수나 실패에 대해서도 진정성을 갖고 보듬어 주어야 한다. 세계적인 혁신 기업이자 창의적인 신제품 개발의 대명사인 3M의 정식 회사명은 미네소타 채광공업회사Minnesota Mining and Manufacturing Company이다. 하지만 최근 이 회사는 3M이 실수하고mistake, 마술처럼 일하고magic, 돈을 번다money를 의미한다고 공표한 바 있다.

예의를 아는 것과 예의 바른 것, 좋은 성품을 갖고 있는 것과 좋은 성품을 드러내는 것이 서로 다른 얘기인 것처럼 아는 것과 행동하는 것 역시 큰 차이가 있다. 실행을 강조한 세계적인 경영 컨설턴트인 톰 피터스는 1980년대부터 초우량 기업들의 공통적인 속성을 연구해 온 것으로 잘 알려져 있다. 그에 따르면, 평범한 기업에서 발견할 수 없는 특성이 초우량 기업에서 발견되는 것이 아니라 평범하게 보이는 것도 탁월하게 실행하면 초일류 기업이 된다. 어떤 일을 할 때 안 된다고 생각하는 것과 된다고 생각하는 것은 엄청난 차이가 있다. 안 된다고 생각하는 사람의 머릿속에는 안 될 수밖에 없는 이유들이 들어차 있지만, 된다고 생각하는 사람은 1퍼센트의 가능성밖에 없다고 해도 붙잡고 늘어진다. 애석하게도 이 세상에는 아이디어를 내고도 그것을 실현하는 방법을 생각하는 사람보다는 그것을 실현할 수 없는 이유를 먼저 생각하는 사람들이 훨씬 많다.

저자는 조직 생활을 해오면서 성공 가능성이 최소한 80퍼센트는 넘어야 조금씩 움직이는 사람들을(특히 임원, 팀장, 승급 대상 간부들) 많이 보아 왔다. 이러한 사람들은 수영을 완전히 배운 뒤 물속에 뛰어들려는 사람들이다. 물속에 뛰어들지 않고 수영을 제대로 익힐 수 있는가? 어디 수영만 그런가? 상대를 100퍼센트 이해한 후에 결혼하는 것도 거의 불가능하지 않나?(물론 요즘은 서로를 좀 더 알고 나서 결혼하려는 계약 결혼도 있긴 하다) 대부분 결혼하고 나서 이해하고, 갈등하고, 봉합하면서 아기자기하게 살아간다. 하긴 상대를 100퍼센트 알고 결혼하면 재미도 없거니와 이혼할 일도 별로 없을 것이다. 어쨌든 경험이란 매우 힘든 선생님 같다. 시험을 먼저 치르게 하고 강의는 그다음에 해주기 때문이다.

보통 후회는 시점에 따라 두 부류로 구분된다. 단기적으로는 행동으로 옮긴 (결과가 안 좋은) 일에 대해 후회하지만, 먼 훗날 돌이켜보면 과거 행동에 옮기지 않은 일에 대해 후회를 한다. 유명한 분들이 죽으면서 남긴 아쉬운 얘기들을 보면 '그때 괜히 ……했어'라는 얘기보다는 '그때 ……하는 건데'라는 논조의 얘기가 훨씬 많다. 여러분도 10대, 20대를 회상해 보라. 설사 사랑 고백을 했다가 실패한 것도

70대 어른이 60세 된 분에게 "내가 자네 나이면 못할 일이 없겠네"라는 말을 하더라. 60세 때는 나이가 많다고 생각해서 하고 싶은 일이 있어도 못했는데 10년 지나서 보니 늦지 않았던 것이다.
_안철수

인생은 '다른 계획을 세우느라 분주한 동안 슬그머니 일어나는 일'이다.
_존 레논

그다지 후회스럽지 않을 것이다. 오히려 짝사랑만 하고 말았던 상대방에게 좋아한다는 얘기를 건네지도 못한 일들이 더욱 후회되지 않는가? 노년에 건강한 추억을 더듬으며 살기 위해서라도 젊었을 때 시도하지 못했던 일들이 적어야 한다. 그런데 먼 훗날 시점에서 과거를 돌아보면 실행을 방해했던 그 장애물이 사소해 보이지만 정작 실행할 당시 시점에서는 그 장애물들이 왜 그리 크게 보일까? 마치 먼 훗날 방문한 초등학교 운동장이 매우 작게 보이는 것처럼. 지금의 실행을 발목 잡고 있는 것도 먼 훗날 시점에서는 별것 아닌 것으로 보일 텐데 말이다. 이 세상에서 가장 어리석은 변명은 '시간이 없어서'라는 말이다. 그렇다. 바빠서 실행에 옮기지 않는 것이 아니라 실행하지 않아서 바쁜 것이다.

이 세상에는 다시 돌이킬 수 없는 4가지가 있다. 던져 버린 돌, 내 입술을 떠난 말, 잃어버린 기회, 가버린 시간. 많은 사람들은 이 중

에 '가버린 시간'이 가장 후회스럽다고 한다. 죽음이라는 것이 있기 때문이다. 현재의 소중함을 아는 것이 가버린 시간을 후회하지 않는 방법이다.

실패를 딛고 이룬 성공이 실패 없는 성공보다 유익하다

실패 장려

성공하든 실패하든 상을 주라! 다만 나태한 사람은
처벌하라! 실패한 사람이 나태한 사람과 같이 취급받아서는
안 된다. 접시를 닦다가 깨뜨리는 것은 용서가 되지만,
깨질까 봐 닦지 않는 것은 용서할 수 없다.
1명의 잠재 고객을 만나 열 명의 고객을 만들려고 노력하라.

●●● 실패를 겪고 내려간 밑바닥이 결코 좌절의 장소만은 아니다. 기차가 어두운 터널 속에 들어가면 차창에 비친 자신의 모습을 볼 수 있듯이, 바닥에서는 정상을 제대로 볼 수 있고, 자신의 현 위치도 쉽게 볼 수 있다. 그러므로 밑바닥은 오히려 정상을 제대로 볼 수 있는 희망의 터전이다. 기초와 본질은 바닥에서 닦는 것이다. 실패가 성공을 위한 과정이라면 개인의 건강 차원에서도 실패를 두려워하기보다는 시간을 즐기는 게 바람직하다. 우선 성공한 사람들이 실패를 즐기는 법을 접해 보자.

여자를 잘 꼬드기는 바람둥이나 유능한 세일즈맨을 보면 거절을 즐기는 것처럼 보인다. 그러나 우리가 모르는 그들만의 법칙이 있다. 즉, 평균적으로 한 번의 성공을 위해서는 열 번 정도 실패를 경험해

야 한다는 통계 법칙이다. 그들은 실패를 '일하는 또 다른 방식'이자 선행 투자로 인식한다. 고객의 거절은 13개월 미만 경력의 초보 설계사에게는 두려움과 좌절을 느끼게 하지만, 보험 여왕들에게는 확률적으로 채워야 하는 경우의 수일 뿐이다. 그래서 이번에 거절당했으니 다음번에 성공할 확률이 지금보다 더 높아졌다는 희망을 갖는다. 미국의 전설적인 홈런왕 베이브 루스가 삼진을 1,330번 당했지만 우리는 그가 날린 714개의 홈런을 기억할 뿐이다.

세일즈맨 입장에서도 마찬가지다. 고객에게서 거절당하는 순간 앞으로의 성공 가능성이 높아질 수밖에 없다. (웬만한 친분이 있는 관계라면) 거절하는 사람은 채무자가 되고, 거절당하는 사람은 채권자가 되기 때문이다. 계속 거절하면 더 큰 채무자가 되며, 언젠가는 그 채무를 갚는 날이 오지 않을까? 에디슨은 무려 2천 번의 실험 끝에 전구를 발명했다. 수없이 실패한 기분을 묻자 에디슨이 한 얘기다.

"나는 한 번도 실패한 적이 없다. 단지 2천 번의 단계를 거쳐서 전구를 발명했을 뿐이다. 그러니 전구가 작동하지 않는 2천 가지 방법을 알아낸 것이다."

실패해 봐야 다른 방법으로 시도할 수 있는 아이디어를 얻을 수 있다는 얘기다.

인생도 마찬가지다. 젊은 날 많은 결혼식에 갔다면, 말년에는 많은 장례식에 가기 마련이다. 친구가 많다면 그만큼 헤어지는 경험도 감수해야 한다. 살아가면서 좌충우돌하는 와중에 많은 실수가 있었다면, 이는 아무것도 하지 않고 살아가는 것보다 좋은 것이다. 전설적인 테니스 여제女帝 나브라틸로바는 "시도하지 않은 것까지 포함해서 실패"라고 단언했다. 갓난아이가 서서 걸어 다니기 위해서는 최

트위터 본사에 거꾸로 걸려 있는 액자.
Let's make better mistakes tomor-
row (내일은 더 나은 실수를 하자) 남과
다른 생각, 다른 실수에서 태어난 회
사임을 잊지 말자는 취지다.

소한 천 번 이상은 넘어져야 한다. 많이 넘어진 아이가 빨리 걷는다. 실패는 넘어진 것이 아니라 넘어져서 일어나지 않는 것이다.

사실 길게 보면 성공도 실패도 없다. 성공은 특정 시점에서 일시적으로 그렇게 보이는 것뿐이니 자만해서는 안 된다. 실패도 마찬가지다. '몇 년 있으면 함께 하지 않을' 사람들이 잠깐 그렇게 부르는 것이니 실패했다고 주눅들 필요는 없다. 실패에 연연해하지 말고 묵묵히 나가야 한다. 물이 바위를 뚫는 것은 물의 힘이 아니라 물이 떨어진 횟수라 하지 않던가? 계란으로 바위 치는 격이라고 해서 가만히만 있을 것인가? 계란으로 바위를 친다고 물론 바위가 깨지지는 않지만 달걀 껍데기와 노른자의 얼룩으로 바위의 모습을 부끄럽게 만들 수는 있다.

실패가 두려워지면 멀리 보고 밝은 면만 보는 습관을 갖자. 수영을 잘하는 사람이 배의 노도 잘 젓는다고 한다. 물을 의식하지 않아 노 젓는 일에만 전념할 수 있기 때문이리라. 수영을 못하는가? 뱃멀미가 나는가? 그러면 배를 지나치는 거센 물길을 보지 말고, 멀리 있는 잔잔한 파도를 보라.

사실 장기적으로 보면 같은 성공이라도 실패 없이 이룬 성공보다 실패를 딛고 이룬 성공이 더 유익할 때가 많다. 단숨에 성공한 사람들은 왜 성공했는지 모르지만 실수를 거듭하고 성공한 사람은 성공한 이유를 안다. 특히 실패와 실수가 많은 사람은 사물을 다양한 각도에서 보는 수평적 시각을 보유한다. 피터 드러커는 인생에서 실패를 경험해 본 적이 없는 사람, 그것도 큰 실패를 저질러 본 적이 없는 사람을 윗자리에 앉히지 말라고 당부했다. 왜냐하면 이런 사람은 실패를 예방하거나 실패 직후, 조기에 수습할 수 있는 방법을 알지 못하기 때문이다.

위험을 즐기는 사람들은 1년에 두 번 정도의 큰 실수를 한다. 그런데 위험을 즐기지 않는 사람들도 1년에 두 번 정도는 큰 실수를 한다.
_피터 드러커

바보는 늘 같은 실수를 되풀이하지만, 똑똑한 사람은 늘 다른 실수를 한다.
_하인리히 바거를(오스트리아 작가)

"궁지에 몰려야 창작이 나오며 인생의 쓴맛을 봐야 좋은 작품이 나온다. 여자를 잘 꼬드기는 사람보다 자주 차이는 사람이 좋은 곡을 쓸 가능성이 높다. 절망과 시련을 겪지 않으면 좋은 작사를 하기 힘들다."

가수 김태원이 한 얘기다.

강을 거슬러 헤엄치는 사람만이 물결의 세기를 알 수 있는 것처럼, 좌절을 경험한 사람은 인생을 통찰할 수 있는 지혜를 얻는다. 실패를 동반한 성공의 가치를 김국진(개그맨)만큼 잘 표현한 사람이 있을까? 그의 인생 굴곡을 알 만한 사람은 다 알고 있기에, KBS 프로그램 「남자의 자격」에서 그가 한 다음의 말은 나를 숙연하게 한다.

"내리막이 두려운 나머지 조금만 내려가면 오르막도 그 정도밖에 안 된다. 놀이동산에서 2분이면 타는 롤러코스터를 나는 20년 동안 타고 있지만 두렵지 않다. 무서운 속도로 내리막을 향해 내달린 뒤 지금은 바닥을 찍고 조금 오르는 과정에 있다. 아기가 걸을 수 있으려면 2천 번은 넘어져야 하는 것처럼 여러분(대학생)도 그런 과정을 겪었기 때문에 지금처럼 걸을 수 있다. 하지만 앞으로 또 넘어질 것이다. 학업에 넘어지고 일에 넘어지고 사랑에 넘어지고. 하지만 여러분의 롤러코스터에는 보이지 않는 안전 바가 있으니 주저하지 말고 즐겨라."

_KBS 인기 프로그램 「남자의 자격」에서

'보이지 않는 안전 바'라는 말이 의미심장하다. 직원에게 새로움을 요구하는 기업이라면 여기서의 안전 바는 엉뚱한 행동과 그에 따른 실패를 허락하는 것을 의미한다. 따라서 '보이지 않는 안전 바'는 조직이 굳이 실패를 수용하겠다고 떠들 필요가 없음을 시사해 준다. 다만 실패한 사례에 대해서도 회사가 묵묵히 용인하고 있음을 몇 차례 행동으로 보여 주기만 하면 된다. 실패를 허락하겠다고 떠벌릴수록 구성원은 움츠러들 뿐이다.

지금까지는 개인의 행동과 실패를 조명해 봤다. 그럼 개인의 행동과 실패를 장려하기 위해 조직 차원에서는 무엇을 해야 하나? 개인들이 실패를 즐기도록 실패를 용인하고 더 나아가 장려할 정도의 기업 문화와 제도를 구축해야 한다. 유럽에 실리콘밸리가 없는 까닭은 실패를 용인하지 않는 파산법 때문이라고 한다. 실패하면 깨끗이 정리하고 재기하기가 힘들기 때문이다.

반면 스티브 잡스, 빌 게이츠, 래리 엘리슨(오라클 창업주)을 포함한 많은 세계적 IT업체들은 창고에서 창업했다. 미국 벤처 기업들의 공통적인 창업 공간인 창고는 많은 실패를 학습할 수 있는 공간이다. 일찍부터 미국의 중산층 자녀들은 자동차, 전자제품의 부품과 연장이 갖춰진 창고에서 많은 시간을 보낸다. 재미 삼아 분해하고 조립하면서 실패의 경험을 쌓아 간다. 빌 게이츠조차 평소 가장 두려운 경쟁 상대가 누구냐는 질문에 이렇게 답할 정도였다.

"지금 차고에서 무언가를 개발하고 있을 대학 중퇴생입니다."

학교의 과제를 문방구에서 파는 키트로 해결하는 한국의 어린이들은 실패를 경험할 기회조차 없다. 창고가 없는 아파트 중심의 거주 문화와 더불어 실수를 용납하지 않는 학부모와 제도권 교육 제도가 진한 아쉬움으로 남는다.

NASA는 채용 심사 때, 실패의 경험을 중요하게 반영한다. 실패 경험이 없는 사람은 큰 어려움에 직면하면 쉽게 당황하지만 실패를 해 본 사람은 냉정하게 대처할 가능성이 높기 때문이다. 빌 게이츠 역시 실패한 경험이 있는 사람들을 우선적으로 뽑곤 했다. BMW는 실패를 용인하는 정도가 아니라 장려하는 수준이다. 매달 창의적 실수상과 함께, 창의적 실수를 조롱하는 행동에 대해서도 메달을 수여할 정도다. 메달 이름은 '최고의 바보 같은 행동'이라나.

반대로 이러한 실패의 잠재력을 제대로 파악하지 못한 어느 회사의 사례를 소개한다. 다음은 저자가 직접 경험한 내용이다. 한때 연구 개발 부서에서 초기 개발 단계의 실패가 속출하자 재무 팀이 감사에 들어갔다. 감사 결과는 실패율을 줄이기 위한 대책 마련으로 이어졌다. 이 상황을 곰곰이 생각해 보자. 물론 동일한 실패가 반복되면 그냥 놔둘 일은 아니다. 그러나 실패의 횟수가 아닌 실패율 자체를 줄이려는 시도는 혁신의 시도 및 성공률을 낮추는 것임을 명심해야 한다. 이는 땅에 씨앗을 심은 후, 매일 땅을 파서 어떻게 자라는지 살펴보는 것처럼 어리석은 일이다. 하물며 초기 단계의 실패라면 비용 부담도 그다지 크지 않다.

일단 실패로 판명되면 용인과 장려도 해야 하지만 반드시 전체 구성원이 학습의 기회로 삼는 제도가 필요하다. 실패를 드러내어 다른 구성원에게 공유시킴으로써 미리 피해야 할 업무 프로세스로 학습시켜야 한다. 즉, 실패에 대한 잘잘못을 따져 책임 소재를 가르는 데 집중하지 말고, 실패를 다각도로 조명해 근본적인 원인을 찾아내야 한다. 당사자는 실패를 반복하지 않겠지만 조직 차원에서는 다른 사람들이 반복할 수 있기 때문이다. 일반적으로 타인의 실패를 통한 학습은 매우 효율적이고 효과적인 교육 방법으로 알려져 있다.

GE의 데이터베이스에는 실패라는 거대한 폴더가 있다. 지난 50년 동안 발생한 엄청난 양의 사고나 고장 등의 정보를 체계적으로 정리한 것이다. 이 실패 정보들은 각종 전략을 세우는 데 매우 요긴하게 활용된다고 한다.

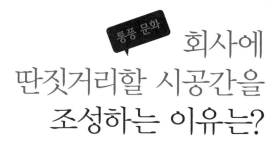

통풍 문화

회사에 딴짓거리할 시공간을 조성하는 이유는?

남귤북지南橘北枳 : 남쪽의 귤이 북쪽에선 탱자가 된다.
같은 씨앗(사람)이라도 토양과 기후(기업 문화) 등의
주위 환경에 따라 크게 달라진다. 일본 요미우리 야구단은
비슷한 기량이면 우승해 본 경험이 많은 선수를 선발한다.
이기는 환경에 익숙해 있기 때문이다.
프로 골퍼와 아마추어 골퍼가 함께 참여하는
US골프 대회를 보면, 1라운드때 상위권에 보이던 아마추어
골퍼도 3라운드를 마치면 대부분 상위권에서 사라진다.

● ● ● 사람은 다른 자원과 달리, 관리해도 원하는 대로 변화되지 않지만 환경을 바꿔 주면 마음과 행동이 변할 수 있다. 사람을 관리하려 들면 최저 수준에 있는 사람들의 역량은 좀 올라가겠지만 중간 수준 이상 층의 역량은 더 이상 올라가지 않고 임기응변만 늘어난다.

'바람을 쐰다Get some fresh air'라는 말이 있다. 한 가지 일에만 몰두할 경우, 가끔 신선한 바람을 쐬어야 한다는 표현이다. 우리가 항상 덮는 이불도 햇볕과 바람을 쐴 때 이 표현을 쓴다. 깨어 있는 시간의 절반 이상을 보내는 직장 생활에서 우리를 덮고 있는 이불은 무엇인가? 그리고 쐬어 주어야 하는 신선한 바람은 또 무엇인가? 기업에서의 이불은 여러 가지가 있다. 칸막이, 회의실, 넥타이, 정장, 정해진 업무 시간, 보고서 제출 시한, 뒤에 앉아 있는 팀장, 부서의 전문

용어, 다양한 계급(직급) 체계, 복잡한 결재 라인, 정해진 업무 분장. 사실 이러한 것들은 종전에 우리에게 익숙한 기업의 모습이다. 그런데 최근 들어 회사에서 새로운 아이디어를 요구하기 시작하면서, 또한 일류 기업들이 이러한 이불들을 하나씩 걷어 내는 새로운 모습들을 보면서, 우리는 이런 익숙한 이불들이 사실은 불편한 이불이었음을 인식하게 된다.

통풍 문화는 회사 내부의 타이트한 업무 여건 속에다가 회사 밖의 일상적인 환경을 조성하는 것이다. 구글, 3M, 페이스북, 트위터, 마이크로소프트, 고어, SAS, 삼성전자, 포스코, 현대카드……. 국내외에서 잘나가는 이들의 공통점은 무엇일까? 창조가 많이 일어난다는 3대 창조 공간(침실, 화장실, 의자) 및 딴짓거리할 시간(비업무적인 자유 시간)을 회사 내부에 조성하는 회사들이다. 한마디로 회사 비용으로 별도의 공간과 자유 시간을 제공해 줄 테니 굳이 회사 밖에 나가서 개인 돈을 써가며 신선한 공기를 쐬지 말라는 것이다. 그런데 의문이 든다. 이렇게 회사 내부에 많은 돈을 들여서 복지 환경을 조성해 줘도 괜찮을까? 비용도 비용이지만 이익으로 회수되는 시간도 많이 걸리는 장기 투자인데? 더구나 창조적인 자유를 방종으로 이용하는 일부 직원들의 도덕적 해이는 어떻게 감당하지? 이에 대한 답은 현실을 보면 나온다. 통풍 문화를 조성하는 기업들을 보면 크게 두 부류다. 직원 수가 적기 때문에 도덕적 해이의 결과가 드러날 수밖에 없는 중소 규모의 기업(특히 창의성을 요하는 연구소, 광고 대행사, 엔터테인먼트사)이나 자금 여력도 있고 직원들의 도덕적 해이를 걱정하지 않아도 되는 수준의 기업 문화를 지닌 초우량 대기업(구글, 고어, 마이크로소프트, SAS, 포스코, 삼성전자 등)이다.

그러면 통풍 문화의 일환으로 시행되는 신선한 바람에는 어떤 것들이 있는지 알아보자. 먼저 업무 시간 중 일정 시간을 개인적으로 자유롭게 활용하도록 하는 '딴짓하는 시간'이다. 일부 기업들은 미래 투자라는 명목으로 직원들에게 전체 업무 시간 중 15~20퍼센트의 자유 시간을 제공한다.

포스트잇으로 유명한 3M은 15퍼센트 룰(업무 시간의 15퍼센트는 개인 시간으로 활용)을 제도화한 지 수십 년이 되었다. 덕분에 이 회사는 오늘날까지도 혁신 제품 개발의 대명사로 인정받고 있다. 이 15퍼센트 룰은 창의력을 촉진할 뿐만 아니라 인기 있는 분야에만 연구 인력이 몰리는 부작용을 방지하는 역할도 한다. 개인 시간에 각자가 생각하는 인기 분야의 연구를 할 수 있기 때문이다. 물론 이 시간 동안 하는 일에 대해서는 상사가 물어볼 수도 없고, 담당자도 상사에게 보고하지 않도록 제도화되어 있다.

구글은 3M의 15퍼센트에 5퍼센트를 더해서, 20퍼센트의 딴짓거리 시간을 제공한다. 다만 매주 20퍼센트씩의 시간을 꼬박꼬박 활용하는 사람들이 많지 않기 때문에 중대 프로젝트에 6개월간 녹초가 되도록 일한 뒤 6주의 시간을 합쳐서 딴짓거리할 시간을 갖는 사람들도 많다. 이렇게 누적된 시간으로 자유 시간을 갖게 되면 잠깐잠깐 딴짓하는 것을 참지 못하는 상사의 간섭을 막아 주는 효과도 있다. 구글의 딴짓거리 시간은 기획 부서나 지원 부서를 제외한 엔지니어와 개발자에게 주로 적용된다. 모두 고과를 잘 받기 위해 겉으로는 자유스러워 보이지만 내부적으로는 눈에 불을 켜고 딴짓들을 한다. 그러니 구글 신제품의 절반 이상이 20퍼센트 룰에서 나오는 것도 그다지 신기해 보이지 않는다.

이러한 자유 시간의 효과는 혁신적인 신제품 아이디어뿐만 아니라 기업가 정신을 고취시킨다. 즉, 거대한 조직 속에서 마치 자신의 기업을 운영하는 느낌을 준다는 것이다. 대학 캠퍼스처럼 꾸며 놓은 구글 본사에는 곳곳에 커다란 낙서장들이 있다. 화이트보드에 아무나 자유롭게 자기 생각을 남길 수 있고, 낙서가 가득 차면 사진으로 찍어 웹사이트를 통해 전 직원이 공유한다. 이 낙서장만 보아도 구글의 미래를 엿볼 수 있을 정도라니 단순한 낙서장은 아닌 것이다. 그 외에 구글이 제공하는 다양한 복지 프로그램으로는 남녀 모두에게 12주 동안의 육아 휴가 보장(다만 전체 임금의 75퍼센트 지급), 드라이클리닝, 애완견 동반 출근 허용, 미용사의 정기적 회사 방문, 마사지실 설치 등이 있다.

구글은 이러한 통풍 시설을 단순한 복지 수단으로 보지 않는다. 구글의 인사 팀장은 통풍 시설에 대해 이러한 관점으로 말한다.

"우리 구글은 다른 기업에 비해 직원들의 업무 강도가 센 편이다. 그래서 미친 듯이 일에 몰두한 후, 일상으로 돌아오는 과정이 순조롭지 않을 정도다."

쉽게 얘기해서 복리 후생 차원의 복지가 아니라 업무와 연관된 복지라는 것이다.

한편 구글에는 최고 문화 경영자CCO라는 직책이 있다. 그의 핵심 임무는 통풍 문화를 유지하면서 직원들의 행복도를 정기적으로 체크하는 것이다. 즉, 수평적 조직 구조, 상하 계층 파괴, 최고 수준의 집단 지성을 향한 협업 문화 등으로 대표되는 통풍 문화의 결과를 행복도로 체크한다. CCO의 가장 중요한 업무가 바로 매년 전 세계 구글 직원을 대상으로 한 행복 설문 조사다. 이 수준은 매년 시계열적으로 분석, 관리되어 직원들의 경력 개발에도 반영되고 있다.

사실 행복한 기업으로 따지면, 구글보다 이 회사를 먼저 소개해야한다. 『포춘』지 선정 '미국에서 가장 일하고 싶은 100대 기업' 목록에서 2010년, 2011년 연속 1위를 차지한 SAS. 구글 창업자도 지식 근로자의 대우 방법을 위해 이 회사를 벤치마킹했다. SAS는 회사의 경영철학이 '만족스러워하는 직원이 만족스러워하는 소비자를 창조한다 Satisfied employees create satisfied customers'일 정도로 직원을 왕으로 대접한다(직원을 왕으로 대접하기로 유명한 또 다른 회사는 사우스웨스트 항공사). 회사 내부에 미용실, 수영장, 병원 시설, 보육 시설을 배려한 것은 기본이고, 아이가 학교에서 첫 연극이나 첫 축구 시합을 할 경우 부모가 가보도록 배려하는 등 일과 삶의 균형을 중시한다. 연봉 수준은 소프트웨어업계의 평균보다 낮으며 스톡옵션도 전혀 없다. SAS뿐만 아니라 앞서 언급한 창조 경영 회사인 고어, 미라이 공업 등을 보면 모두 급여 수준이 높은 편은 아니다. 확실히 창조는 비금전적 보상에 민감한 것 같다. 그러나 이직률이 업계 평균인 20퍼센트에 비해 가장 낮은 수준인 2퍼센트에 불과하다. 오죽하면 집보다 회사에서 자발적으로 보내는 직원들이 많을 정도다. 참고로 이 회사의 회장 이름은 '짐 굿나이트'이다. 회사에서 좋은 밤을 보내라는 얘기일까?

이 회사에서 가장 주목되는 업무 특성이 있다. 누구나 업무 이외에 하나씩 관심 분야의 개발 업무를 병행하며, 언제든지 다른 업무로 전환할 수 있도록 제도화한 점이다. 이는 개인이 가장 잘하거나, 하고 싶어 하는 업무를 자발적으로 분장시키겠다는 취지다. 집보다 회사에서 자발적으로 보내는 시간이 많다 보니 별도의 출퇴근 시간을 체크할 필요도 없다. 이렇게 출퇴근 시간을 개인의 도덕성에 맡기는데도 일단 회사에 나오면 재미있고 열정적으로 일한다는 평가를 받으니 인사 부서의 역할이 많지 않을 것 같다.

최근 많은 국내 대기업들이 직원의 행복 추구를 경영 이념으로 삼고 있는데, 이 회사를 유심히 분석할 필요가 있다.

창조 경영 기업들의 다양한 통풍 문화 사례

통풍 경영을 위해서는 직원의 자율성이 뒷받침되어야 한다. 직원들이 스스로 업무를 찾아서 재미있게 일하는 기업들을 보면 사업 영역도 직원들에 의해 저절로 진화된다. 고어가 그 대표적인 사례다. 우리에게는 주로 등산복 소재인 고어텍스 섬유로 알려져 있지만, 그 외에도 의료, 전자, 산업재 등 4개 사업부 체제 하에 1천여 개의 제품을 생산한다. 재미있는 사실은 대부분의 사업들이 회사에서 전략적 의도를 갖고 새롭게 진출한 것이 아니라는 점이다. 오히려 직원들의 자발적인 발의 하에 제품들이 저절로 진화하여 현재와 같은 다양한 사업 포트폴리오를 형성하였다. 의류 소재만 다루다가 의료 사업을 시작한 것은 스키장에서 친구인 의사와 리프트를 타다가 발굴한 어느 직원의 아이디어였다. 친구인 의사가 찢어진 스키복(고어텍스 섬유의 안감)을 만져 보면서 그 촉감이 피부와 비슷하다고 말한 이야기에 주목한 것이다. 이후 이 직원은 섬유 소재를 인공 피부로 활용할 수 없는지 고민과 실험을 거듭하여 결국 섬유 소재를 인공 피부와 혈관 조직으로 활용하는 의료 사업부를 탄생시켰다(2010년 현재 의료 사업부는 섬유 사업부 다음으로 매출 규모가 크다).

다행히 우리나라에도 구글의 통풍 문화를 벤치마킹하는 회사들이 조금씩 증가하고 있다. 현대카드의 사옥을 돌아보면 '회사를 퇴근하면 오히려 불편을 느낄 정도로' 편의와 복지 시설들이 많이 갖춰져 있다. 외부에서 현대카드를 견학하는 건물 투어도 일상화되어 있을 정도다. 회사의 건물을 돌다 보면 현대카드 성공의 이면에는 재미난 광고, 디자인뿐만 아니라 이러한 창조적인 문화 공간도 한몫했음을 느끼게 된다.

포스코는 2009년 본사에 1천 제곱미터(360평) 규모의 직원 전용 놀이방이자 창의 공간인 '포레카'를 만들었다. 포레카는 그리스 수학자 아르키메데스의 유명한 한마디 '유레카'와 '포스코'를 합성한 개념이다. '포레카'는 직원들이 예술 활동, 독서, 산책, 자유 토론을 즐기며 상상력을 발휘하는 공간이다. 이 놀이방은 당시 직원 대상의 창의적인 공간들 중에는 국내 최대 규모였다. 포스코의 놀이방은 휴식refresh, 즐거움fun, 공부study를 모두 추구할 수 있게 설계됐다. 테이블 형태의 대형 터치스크린을 비치해 스포츠, 전략, 단어 조합 등의 게임을 즐길 수 있도록 했다. 방음 시설이 완비된 '브레인 샤워룸'에서는 악기 연주, 댄스, 영상물 시청도 가능하다. 포스코는 놀이방의 초기 활성화를 위해 직원들에게 의무적으로 놀이방을 이용하도록 매월 2시간씩 '크리에이티브 타임creative time'을 부여했다. 포레카의 반응이 좋고 성과로 가시화되자 2011년 광양제철소와 포항제철소 및 중국 사업장에도 포레카를 오픈하였다.

충격이 일상화된 환경에서는 잡종이 생존한다

다양성 배양

그리스와 로마의 차이점은?
→ 그리스는 피를 섞어야 같은 민족으로 인정했고,
로마는 뜻을 같이하면 동족同族으로 인정했다
(결국 그리스가 로마에게 넘어간 배경에는 이런 문화 차이가 작용했다).

●●● 창조 경영을 위한 가장 중요한 핵심 기반은 다양성의 축적이다. 다양성은 개인뿐만 아니라 조직 차원에서도 중요한 사안이다. 예전에는 스피드와 효율성을 추구해 비슷한 구성원이 한 방향으로 가면 되었다. 그러나 이제는 다양한 방향으로 가면서 끊임없이 새로운 가치를 창출해야 한다. 따라서 다양한 구성원들이 채용되어야 한다. 새로운 것은 일사불란함 속에서보다는 난장판에서 찾을 가능성이 더 높다. 인사 부서와 기업 문화 부서에서는 채용된 다양한 인력들이 자주 접할 수 있는 접점 환경을 조성해 주어야 한다.

아는 만큼 보인다. 여러분도 종종 같은 상황을 보고 해석이 분분한 경험이 있을 것이다. 같은 현상을 보아도 다양한 경험을 축적한 사람은 보이는 각도에서 더 많은 면을 보며, 보이지 않는 뒷면에 대해서도 다양한 상상을 할 수 있다. 넓은 시야를 갖춘 사람들을 360도 전방위로 빛을 낸다 하여 전구형 인재라고 부른다. 반면 한 방향으로만 빛을 내는 사람은 레이저 빔형 인재라고 하는데, 앞으로는 전구형 인재가 중요한 시대임에 틀림없다.

2010년대는 불확실한 환경이 변수變數가 아닌 상수常數가 되는 시대이다. 가혹한 생태 환경의 변화 속에서도 다양한 종을 지닌 생물適者이 생존하는 것처럼 기업에서도 잡종의 생태계를 조성해야 한다. 최근 다양한 분야에서 블랙 스완이라는 개념을 많이 활용하고 있다. 과거에는 상상도 못했던 일이 실제 발생한다는 용어 말이다. 검은 백조는 상상 속에서만 그려지던 허구의 상징이지만, 오스트레일리아에서는 실제로 검은 백조가 발견되었다.

2010년대에는 오스트레일리아뿐만 아니라 다양한 분야에서 블랙 스완의 출몰이 빈번할 것이다. 무엇보다도 블랙 스완과 같은 예상 못한 환경이 나타나면 모두들 사후적으로 그 발생 원인을 갖다 붙이기에 급급하기 때문에 일사불란한 대응이 어렵다. 그러니 과거의 경험으로 미래를 예측하거나 분기별로 경영 계획을 수립하는 것도 점점 힘들 것이다. 이 점에 대해서 경영기획실에 근무하는 사람들은 공감할 것이다. 향후 경영 환경은 예측 가능한 리스크보다 예측 불가능한 리스크가 높아지기 때문에 사전에 준비된 시나리오 방식으로 대응하기가 어렵다. 아예 미래를 예측할 수 없다는 전제 하에 기업 내부에 다양성을 극대화하는 것이 바람직할 수 있다. 내부에 다양성을 갖춰 놓으면 어떠한 환경 변화도 그 다양성 중 하나에 걸리게 된다는 취지다(물론 투자 규모나 투자 기간이 긴 사업은 이런 방식을 적용하기 어렵다). 더 나아가 업계 후발 주자라면 오히려 블랙 스완이 출몰할 환경을 조성하는 것도 바람직하다. 왜냐하면 후발 주자는 항상 업계의 게임 규칙이 바뀌기를 기대하기 때문이다.

개체군이 작은 종끼리 근친 교배를 하면 멸종 가능성이 높아지며, 유전적인 다양성이 적으면 환경과 싸울 적응력을 키우기 어렵다. 앞으로는 스티브 잡스 유형의 창의적인 리더조차도 혼자서 큰 기업을 유지하기가 힘든 시대다. 고어처럼 회장(고어)과 조직 구성원(동료)들이 리더십을 공유하며 협업해 나가야 한다. 고어나 구글은 팀장, 경영진보다 동료의 반응을 더 중시하도록 기업 문화와 제도가 구축되어 있다. 사실 나는 스티브 잡스의 개인 창조와 구글의 집단 창조 간의 대결에서 누가 승리할까에 관심이 많았다. 스티브 잡스의 사망으로 승부의 결과를 볼 수 없게 되었지만 스티브 잡스가 없는 애플 역시 앞으로 어떻게 진화될지 여전히 궁금하다.

대체로 성공한 사람들로 구성된 핵심부는 인적 구성의 다양성이 떨어진다. 즉, 핵심부에 있는 사람들은 자기가 성공할 당시의 제도나 관행에 묶여 새로운 사고를 하기가 어렵다. 그래서 창조적 역량은 핵심부보다 주변부에서 발생할 가능성이 높다. 세계 곳곳에서 이미 핵심부에 자리 잡은 창의적인 유대인들 역시 주변부에서 출발하였으며, 조선시대 실학의 주역도 권력에서 소외된 남인과 서얼 출신이다. 아쉽게도 우리 기업들은 핵심부(경영진, 기획 부서, 본사)뿐만 아니라 주변부에서조차 다양성이 떨어진다. 게다가 경영 혁신 프로그램, 매뉴얼, 집체화된 교육, 계층화된 보고 체계를 통해 직원들로부터 다양성을 뺏는 경향도 있다. 미래에셋 그룹은 그 흔한 그룹 사가(社歌)도 없다. 그룹 관계자에 따르면, 같은 노래를 부른다고 생길 기업 문화라면 벌써 생겼을 것이라는 얘기다. 사람과 시스템으로 구성되는 금융업은 인재가 획일화되

면 경쟁력을 금방 상실한다. 그래서 핵
심 가치만 공유하고 다양한 생각이 조직
내부에 표출되도록 해야 한다는 그 관계
자의 말에 적극 공감한다.

> 비슷한 시각을 가진 사람들이
> 논쟁을 벌이면 더욱 극단적인
> 결론이 나온다. 즉, 보수적인
> 사람들은 더욱 보수적으로,
> 진보적인 사람들은 더욱
> 진보적인 결론을 도출한다. 특히
> 소수의 엘리트들이 모여 무언가를
> 결정할수록 '이건 아닌데'
> 하면서도 서로 아무 말도 못하면서
> 일을 파국으로 몰아넣곤 한다.

사공이 많아야 배가 산으로 간다

'사공이 많으면 배가 산으로 간다'는
속담이 있다. 물론 품질의 오차가 없어
야 하는 생산 라인이나 정밀 분야의 산업에는 여전히 맞는 얘기다.
그러나 경쟁보다는 창의와 차별화를 추구하는 기업이라면 배를 산으
로도 갖고 가야 한다. 지금과 같이 경쟁으로 얼룩진 레드오션을 탈
피하여 산 정상의 산정호수와 같은 블루오션에서 혼자 유유히 고기
를 잡을 수 있기 때문이다. 그런데 배가 산으로 가기 위해서는 다양
한 역할을 담당할 여러 사람의 사공이 필요하다.

골드만삭스는 다양성만을 책임지는 별도의 책임자를 두고 있다.
이 회사의 인재 경영의 핵심은 다양성이다. 다양한 배경(성, 종교, 국
적, 문화)을 가진 사람들을 채용한 후, 이들의 사적인 문제까지 세심
하게 배려한다. 84개 언어를 구사하는 150여 개국 출신의 직원들을
위한 다양성 존중 프로그램에 따라 남편의 입양 휴직까지 보장한
다. 게이, 레즈비언, 트렌트젠더 등 성적 소수자의 커뮤니티도 유지
할 정도다. 이직률도 최하위인 이들의 모토는 '같은 생각을 갖고 있
는 10명보다 다른 생각을 하는 10명이 필요하다'이다. 결국 이러한 다

> 두 사람이 사과 하나씩 가지고
> 있다가 교환했다면 여전히 사과를
> 하나씩 가지고 있는 것이지만,
> 두 사람이 아이디어 하나씩을
> 가지고 있다가 서로 교환했다면
> 그들은 각자 두 개의
> 아이디어를 갖는 것이다.
> _조지 버나드 쇼

양성 배양은 차별화된 투자 기법, 파생 상품 개발의 원천이 되고 있다. 한때 빌 게이츠는 마이크로소프트사의 최대 경쟁자가 골드만삭스라고 지칭한 적이 있었다. MS사가 최고를 유지하려면 최고의 인재들을 계속 뽑아야 하는데, 자신이 원하는 인재들을 골드만삭스가 싹쓸이해 가기 때문이라는 것이다. 그럴듯한 말이지 않은가?

세계적인 컨설팅업체 매킨지의 신입 사원들 출신 배경이 최근 변화하고 있다. 예전에는 대부분의 신입 사원이 MBA 출신이었으나 최근 40퍼센트 선으로 떨어지면서 그 공백을 인문학, 예술 전공자들이 메우고 있다. 고객사의 다양한 요구 때문이다. 또한 스토리텔링, 디자인, 감성이 경영 전략의 핵심으로 부상하였기 때문에 인문학, 예술 계통의 인력이 필요한 것이다.

구글에는 다양한 구성원이 상호 협력하는 근무 환경을 전문적으로 조성하는 CCOChief Culture Officer라는 직책이 있다. 구성원의 다양한 분포가 집단 지성으로 연결되기 위해서는 창의적인 마찰이 생기는데, 그 갈등 관리가 기업 입장에서 중요한 비용이며 투자라는 시각이다. 이미 몇 년 전부터 이러한 다양한 인재 구성을 강조하는 리더들이 눈에 띄게 많아지고 있다.

자신과 비슷한 사람과 일하면 혁신이 없다. 다른 엉뚱한 생각을 하는 괴짜를 쫓아다녀라.
_톰 피터스

나는 매일 다른 사람들과 점심 식사를 한다. _하워드 슐츠(스타벅스 회장)

나 같은 생각을 하는 직원에게서는 월급을 돌려받고 싶다. 신입 사원 면접은 남과 다른 게 무엇이냐는 질문으로 시작한다. 다른 사람과 똑같은 사람은 필요 없다.

_호리바(일본 혁신 기업의 대명사 호리바 제작소의 사장)

우리는 흔히들 발명왕 에디슨 하면 개인적인 천재성을 떠올리지만 사실은 그도 집단 지성을 활용한 사람이다. 그가 보유한 열 명 정도의 핵심 협력자들은 전기 기술자, 유리 세공 기술자, 시계공, 전기 공학자, 전신 기술자, 직물 직공, 수학자 등 다양했으며, 출신도 영국, 스위스, 아일랜드, 독일, 미국, 아프리카계 미국인 등 글로벌 인맥을 형성했다고 한다.

이제 비즈니스 분야에서 벗어나 도시로 가보자. 이 세상에서 가장 다양한 배경의 사람들이 사는 도시는 어디일까? 이렇게 질문하면 단번에 답하기 곤란할 것이다. 그러면 단서를 하나 더 붙여 보자. 다양한 배경의 거주민이 원천이 되어 세계적으로 가장 성공한 창의적인 도시는 어디일까? 아마 가장 많이 거론되는 도시는 뉴욕이 아닐까 싶다. 맞다. 뉴욕에서 백인이 차지하는 비율은 28퍼센트 수준(2010)에 불과하다. 그것도 여러 인종이 그냥 모여 사는 것이 아니라 화학적으로 결합되어 창의적인 시너지 가치를 내고 있다. 오죽하면 뉴욕을 멜팅 팟Melting Pot으로 표현하겠는가. 뉴욕은 불법 이민자에 대한 의료 서비스도 잘되어있다. 이민 당국에 보고하지 않을 테니 사회 안전망을 충분히 활용하라는 취지다. 우리나라 사람들도 뉴욕에 불법 체류하면서 출산하고 치료받는 사람들이 꽤 있다고 한다. 뉴욕에서는 아티스트, 뮤지션, 패션 디자이너, 미술관, 록 콘서트장 등이 모두 65제곱킬로미터(서초·동작구 규모) 남짓 되는 공간에 모여 있다고 한다. 이는 다양한 부류의 사람들이 서로 쉽게 마주칠 수 있음을 시사한다. 한마디로 뉴욕의 핵심은 만남과 충돌인 셈이다. 2009년 「뉴욕타임스」의 세계 도시 경쟁력 조사에서도 뉴욕, 런던, 도쿄, 파리, 워싱턴, 싱가포르 순으로 나타났는데, 이들 도시의 공통점은 외국인 거주 비율이 다른 도시에 비해 압도적으로 높다.

이제 다양한 인적 분포에 대한 국내 상황을 살펴보자. 한국에서는 새로운 멤버를 영입할 때, 되도록이면 자신들과 비슷한 사람을 원하는 경향이 있다. 국내 대기업의 임원 선출 과정도 이와 다를 바 없다. 대체로 임원이 되려면 직속 상사인 임원의 추천이 (비)공식적으로 필요하다. 임원 입장에서는 되도록 자기와 배경이나 관점이 유사한 사람을 임원으로 추천하는 경향이 있다. 자기와 다른 사람이 임원으로 올라오면 일하기가 번거롭기 때문이다. 그러나 비슷한 사람들끼리 있으면 자신이 뭘 모르는지, 우리 회사의 단점이 뭔지 모르기 십상이다. 이러한 취지에서, 부장이 임원으로 승진하는 과정에서 임원의 추천을 받는 것은 바람직하지 않다. 굳이 주위의 평가가 필요하다면 한 사람의 임원보다 같이 일한 경험이 있는 다양한 실무진들이 바람직하다. 예스맨 임원의 증가는 기존 경영진과 다른 생각을 가질 다양성의 배양을 원천적으로 막는 것이다.

어떤 창조적 CEO는 임원들과의 만남도 의도적으로 제한하고 있다. 그 이유는 임원들과의 잦은 만남은 경영자적 시각으로 점차 빠져들게 해서 시장과 고객의 시각으로부터 점점 멀어지게 하기 때문이다.

이와 반대로 튀는 사람을 거부하는 문화도 있다. 오스트레일리아에서는 키 큰 양귀비 증후군Tall Poppy Syndrome이라는 문화적인 정서가 있다. 키 큰 양귀비는 같은 무리에서 허용하지 않기 때문에 잘라 버려야 한다는 것이다. 즉, 조화가 개인 능력에 우선한다는 오스트레일리아인의 의식을 대변하는 개념이다. 튀면 잘릴 수 있다는 무의식적인 걱정 때문에 오스트레일리아의 유명한 골프 선수 그레그 노먼도 프로에 입문한 당시, 다 잡은 우승을 날려 버리곤 했다는 얘기도 들린다.

이제 보험 회사에서는 금융 전공자의 구성 비율을 의도적으로 줄여야 하며, 휴대 전화 제조 회사에서도 전자 공학도만 있으면 곤란한 시대다. 실제로 모 카드 회사에서는 금융 전공자가 직원의 절반을 넘지 않도록 유지한다. 또 어느 전자업체에서는 홍대 클럽에서 노는 사람들을 선별해서 채용하기도 한다. 이제 경쟁력의 원천은 상품 전문가보다는 사람의 심리를 읽어 내는 사람이기 때문이다. 유사한 사람들로 구성되면 70점을 올리지만 이질적인 사람들로 구성된 조직은 30점 아니면 130점을 한다. 위험이 싫다면 그냥 나와 뜻이 맞는 사람과 함께 일하며 70점을 받는 것도 괜찮다. 그러나 지금은 승자가 독식하는 세상이다. 70점으로는 그 자리에 머물기도 힘들다.

성공한 사람에게서 '나는 어릴 적부터 이 자리만을 꿈꾸면서 한 방향으로 매진해 왔다'라는 취지의 말을 듣곤 한다. 나는 꿈 하나에 집착한다는 말에는 그런대로 동의하지만 그 꿈을 달성하는 과정에 대해서는 다른 의견을 갖고 있다. 아니, 솔직하게 말하면 하나의 꿈에 집착하는 것도 반대. 창조의 시대에는 어릴 때부터 꿈과 목표를 고정하지 않고 다양한 기회를 엿보며 여러 경험을 해야 하기 때문이다. 지금은 꿈꾸는 분야가 언제 사양화될지 모르며 생각지도 못한 새로운 분야가 갑자기 그 자리를 대체하는 시대이다. 이어령 전 문화부 장관도 초식 동물의 광각의 시야가 창조 시대에 필요하다고 말한다. 사냥을 해야 하는 육식 동물은 눈이 앞쪽에 달려 있어 먹이 하나에 집중하는 반면, 항상 주위의 적을 살피고 풀 있는 곳을 찾아야 하는 초식 동물은 광각의 시각이 필요하기에 눈이 양쪽 옆으로 달려 있다는 것이다.

그러나 구성원들 간의 경력이나 경험이 지나치게 이질적이면 커뮤니케이션이 효과적으로 이루어질 수 없다. 예컨대, 대화나 회의 과정에서 상대방의 언어나 의도에 대한 이해가 원활하지 못하여, 지식의 교환이 어려워질 수 있다. 따라서 어느 정도의 다양성과 중복성을 균형 있게 갖추어야 팀원들 간의 창의적인 상호 작용이 가능하다. 이를 위해서는 연구 개발, 생산, 영업, 재무 등 다른 분야의 부서원들이 함께하는 교육 프로그램도 바람직하다.

10명의 바둑 1급이 1명의 바둑 9단을 이긴다

창의성은 천재적인 개인에 의해 나타나는 것이 아니라,
개인들이 서로의 생각을 나누는 협력으로 발현된다.
키스 소여(『그룹 지니어스Group Genius』의 저자)

유능한 인재들이 서로에게 영감을 줄 수만 있다면
세계 최고의 제품을 만들 수 있다.
스티브 잡스

● ● ● 2010-2011 유럽 챔피언스 리그의 우승자는 맨유를 결승에서 물리친 바르셀로나 팀이다. 양 팀을 통틀어 최고의 선수는 바르셀로나의 리오넬 메시다. 그러나 바르셀로나는 메시 중심의 경기보다도 많은 선수들이 참여하는 팀플레이로 유명하다. 이 팀은 전 세계 프로 클럽 중에서 가장 많은 횟수의 패스로 골을 생산하지 않을까 싶다. 그런데도 역시 최종 골의 주인은 메시다. 미국 프로 농구 명문 팀 시카고 불스의 우승은 마이클 조던이 최다 득점을 넣었던 1986년이 아닌, 결승전에서 어시스트를 10개나 기록한 1991년이었다. 2010년대 기업의 모습도 마찬가지다. 창조 경영의 시대에도 수만 명의 조직 구성원을 먹여 살리는 몇 명의 천재는 존재하겠지만, 일하는 방식은 협업일 것이다. 향후 혁신 제품은 한 분야의 독자적인 개발로는 힘

들기 때문이다.

　개인에게 IQ가 있는 것처럼 집단에도 지성知性의 수준이 있다. 소비자의 마음속에 존재하는 브랜드 가치를 점수화하여 회사별로 순위를 매기는 것처럼, 앞으로는 집단 지성의 정도를 수치화하여 회사별로 순위를 매기는 전문 조사업체도 등장할 것이다. 그러나 집단 수준의 지성이라는 것은 매우 동태적이고 복잡한 개념이다. 그래서 '집단 지성의 수준'을 직접 측정하기보다는 주로 '집단 지성을 위한 인프라 지수'를 산정하는 데 주력할 것이다. 왜냐하면 집단의 지성은 구성원의 지성을 단순 합산하는 차원이 아니기 때문이다. 집단 지성의 출발은 인재의 규모보다는 인재 구성의 다양성이다. 이를 기반으로 다양한 인재들이 자주, 그리고 자연스럽게 충돌하면서 서로에게 영감을 주고받는 것이 매우 중요하다. 즉, 집단 지성이 높은 회사의 부서들은 평소 거리가 먼 이질적인 부서와의 협업에 많이 노출되어 있다.

　사실 르네상스 시대에도 집단 지성의 뒷받침이 있었기에 획기적인 문화 발전이 가능했다. 즉, 메디치 가문의 재정적인 후원 아래 다양한 분야의 과학자, 예술가, 철학자, 시인 들이 활발히 교류하여 창조적인 결과를 내놓았다. 물론 레오나르도 다빈치처럼 개인이 다양한 분야의 지성을 아우른 뛰어난 개인 지성도 있었다.

　한때 삼성의 이건희 회장은 '천재 몇 명이 10만 명을 먹여 살린다'는 천재 경영론을 언급하였다. 그러면서 나머지 인력은 천재 몇 명이 앞서 나가는데 뒷다리 걸지 말라고 신신당부를 하기도 했다. 그러나 다양한 융합 기술들이 등장하면서 천재 몇 명으로 만드는 창조가 예전에 비해 어려워지고 있다. 레오나르도 다빈치, 아리스토텔레스, 정약용 등이 혼자서 다양한 분야를 섭렵하고 융합할 수 있었던 것은 각 분야의 지식 수준들이 깊지 않았기에 가능했다. 지금은 각 분야의 우물이 매우 깊은 데다가 우물 간에도 물길을 터야 경쟁력 있는 산물이 나온다. 앞으로는 10명의 바둑 1급이 1명의 9단을 이기는 집단 지성의 시대이다. 이렇게 보면 인력의 풀이 넓은 대기업일수록 유리한 측면도 있다. 물론 집단 지성을 활용한다는 전제가 필요하지만 말이다.

한편 집단 지성을 위해서는 구성원 간의 활발한 지식 교환이 전제되어야 한다. 사실 지식 공유는 과거의 경영 혁신에도 많이 강조되어 왔다. 학습 조직과 지식 경영 등이 그것이다. 그리고 벤치마킹을 통해 선두 기업의 가장 효과적인 업무 방식을 매뉴얼에 담아 많은 사람들이 공유하도록 하기도 했다. 그러나 이러한 방식이 점점 어려워지고 있다. 업무가 다양한 분야와 맞물려 있어서, 실행 과정에서 암묵적 지식(개인의 머리와 근육 속에 축적된 노하우성 지식)이 관여되기 때문이다.

지식 경영이 기업에서 활용되는 상황을 보자. 구성원들의 다양한 정보와 지식을 정보 시스템(인트라넷) 안에 구축하여 업무상 필요할 때 해당 정보와 지식을 꺼내 쓴다. 그러나 지금은 지식을 공유하고 활용하기보다는 새로운 지식을 어떻게 만들어 내느냐가 더욱 중요하다. 지식 경영에서는 지식을 고정 자산으로 보는 데 반해, 창조 경영에서는 지식을 흐름으로 본다. 그래서 창조 경영은 지식이 얼마나 많은 사람에게 공유되느냐 하는 것보다, 어떤 구성원들의 지식들이 융합되어야 하는가에 더욱 큰 관심이 있다. 결국 지식의 공유 그 자체보다 관련 있는 지식 보유자 간의 관계가 더 중요하다. 지식도 공유가 가능한 표준화된 성격의 형식지(업무 매뉴얼, 고객 DB)보다 암묵지가 더욱 중요하다. 이렇게 지식 공유와 집단 지성의 협업은 질적으로 다른 것이다.

이처럼 집단 지성은 창조 경영의 중요한 원천이지만 아직도 기업 내부에는 협업에 대한 장애물이 많다.

우선 경영진은 집단 지성을 어떻게 보고 있을까? 사실 관리 지향적이고 조직의 통제를 중시하는 일부 임원들은 구성원들의 협업 체제를 꺼리는 경향도 있다. 왜냐하면 집단 지성이 그들의 엄청난 연봉에 대한 근거를 손상시킬 수 있다고 생각하기 때문이다. 즉, 임원의 엄청난 보수는 그들 개인 지성의 대가인데, 집단 지성이라는 파워는 자칫 그들의 개인 지성 영역을 침범할 수 있다는 우려가 있는 모양이다. 여러분의 회사를 생각해 보라. 지난달에 결정된 주요 사안의 의사 결정 과정에서 조직의 집단적 지혜가 어느 정도 활용되었는지, 그리고 얼마나 많은 사람들이 참여했는지.

경쟁 중심의 기업 문화와 제도도 집단 지성의 장애물이다. 어느 기업이나 가지고 있는 조직도를 보라. 부서 간에 연결된 선들, 인근 부서 간에 가깝게 배치된 형태를 보면 그럴듯한 협업 구조를 띠고 있다. 그러나 유사한 업무와 공통의 목표를 지향하는 같은 팀의 구성원들 간에도 경쟁의식이 흐른다. 승진, 고과 상의 인사 자원은 사실상 부서별로 할당되어 있는 경우가 많다. 그래서 승진이나 고과 평가 시즌에는 재미있는 현상들이 벌어진다. 부서원 간에는 보이지 않는 견제가, 부서원과 팀장과는 그 어느 때보다 강한 친밀감 말이다. 부서 간 경쟁 체제에 대해 세계적인 경영 석학 피터 드러커는 다음과 같이 경고한다.

"경쟁은 기업 밖에서나 하는 것이다. 기업 내에서의 경쟁은 절대

금물이다. 조직을 구성하는 이유는 평범한 사람들이 모여 비범한 일을 하도록 만들기 위한 것이다."

외부에서 들어온 핵심 인력들도 협업에 장애가 되는 경우를 종종 보아 왔다. 기존 인력들이 새로 들어온 핵심 인력을 보는 순간, 그들의 내면에는 은근한 질시감이 싹튼다. '저 사람이 핵심 인력이라면, 나는 잉여 인력인가?' 이제 인사 부서는 유능한 인재를 뽑는 것뿐만 아니라 영입된 인재가 조직 내부에서 조화롭게 융합되는 제도에도 많은 고민을 해야 한다.

또한 기존 인력 간에도 협업 환경에 장애는 없는지 꾸준히 살펴야 한다. 나는 직장 생활을 하면서 오묘한 사실을 발견했다. 다른 사람과 상대할 일이 적을수록 대체로 상대에 대해 좋은 인상을 견지한다는 점이다. 많은 부서원들이 업무상 이해관계가 없는 부서와는 별로 접촉하지 않는 이유도 그 때문인지 모른다. 현재 많은 기업에서 수평적 조직 문화의 일환으로 호칭을 단일화하고 직급을 간소화하고 있다. 그러나 더욱 원활한 집단 지성을 위해서는 물리적인 만남의 빈도 이전에 구성원 간의 정서 공유가 필요하다. 단군 이래로 정서 공유가 가장 잘되었다는 2002년 월드컵 때를 상기해 보라. 낯선 사람을 만나도 미소를 짓지 않았던가? 그러니 집단 지성을 위해서라도 조직 내에 재미있는 분위기가 흘러야 한다. 재미있는 분위기에서는 나와 다른 의견을 비판하거나 협업하는 분위기를 깨뜨리기가 힘들다.

집단 지성을 위해서는 고객과 경쟁사와도 협업하라

집단 지성의 협업 범위는 회사 내부로 국한되지 않는다. 고객이나 외부 개발자, 동호회 등 외부의 모든 지성과 교류해야 한다. 저자는 새로운 업무를 시작할 때, 포털 사이트의 지식 검색을 활용하고 있다. 즉, 우선 비슷한 고민을 하는 사람들의 아이디어를 구하는 것이다. 특히 깊이보다 범위가 중요한 초기 기획 단계에서 말이다. 이제는 지식뿐만 아니라 특정 지식을 보유한 지식인까지도 쉽게 찾을 수 있는 시대다. 트위터, 페이스북 같은 소셜 네트워킹 서비스SNS가 그런 것이다. 이런 서비스를 집단 지성 차원에서 잘만 활용하면 큰 도움이 된다. 이미 두산 박용만 회장, 신세계 정용진 부회장 등 대기업 최고 경영자들은 SNS를 경영에 적극 활용하고 있다. 그래서 보고 과정에서 걸러진 고객의 생생한 소리를 24시간 듣고 있으며, 고객과 실시간 소통을 하고 있다. 또한 초기 단계에서 남보다 먼저 사용한 관계로 이미지 상승 효과도 누리고 있다. 사실 SNS의 생활화를 다른 각도에서 보면, 이제 기업이 더 이상 임직원의 대내외 활동을 통제할 수 없음을 시사한다. 사소한 내부의 정보가 언제 어떻게 확산될지 모르기 때문이다. 그러므로 기업 전반에 걸친 직원의 가치 공유가 어느 때보다 중요하다.

사실 기업 외부와의 집단 지성을 생각하면 세계 소비재 시장을 뒤흔드는 P&G를 언급하지 않을 수 없다. 마케팅계의 대부인 필립 코틀러는 세계에서 마케팅을 제일 잘하는 회사로 이 회사를 지목했다. 또한 이 회사는 세계 1위 유통업체인 월마트에 싫은 소리를 할 수 있는 몇 안 되는 제조업체이기도 하다. P&G의 '외부와의 집단 지성'은

C&DConnect & Development로 표현한다. 감자칩 프링글스에 글씨를 새긴 프링글스 프린츠는 C&D의 대표적인 제품이다. 얇고 끈적끈적한 감자칩 반죽에 글자를 새기는 기술이 필요한 P&G는 이 고민을 인터넷에 올렸다. 그러고 나서 이탈리아의 한 조그마한 제빵 회사에서 제안한 대로 제품화하여 대박을 냈다. 대부분의 기업들이 개방적인 기술 제휴에 폐쇄적인 입장을 보이던 당시(2004)의 상황에서 이 전략은 파격적이었다. 자신의 역량이나 관심 분야, 미래의 사업 구상 등을 경쟁자에게 내보이는 위험을 감수해야 하기 때문이다. 그러나 P&G는 기술 및 전략 유출의 위험성을 감수하더라도 혁신 속도를 높이는 길을 선택했다. 신제품 시판 속도를 높이면 경쟁자가 따라올 겨를이 없을 것이라는 계산에서였다. 이러한 개방 전략은 150만 명 규모의 연구 개발 인력을 확보하는 효과를 P&G에 안겨 주었다. 자연스레 P&G 내부의 연구 인력들은 외부로 유출되면 안 되는 핵심 개발에만 집중하게 되었다. 이 같은 혁신 성과는 지난 수년간의 재무제표에 고스란히 반영되어 왔다.

애플의 성장 배경에도 이러한 개방형 혁신open innovation이 자리 잡고 있다. 월마트가 IT 시스템으로 물건을 전달하는 전통적인 유통의 상징이라면, 애플은 상상력과 아이디어로 첨단 제품을 전달하는 신유통 기업인 셈이다. 칩은 삼성전자가, 생산은 대만 업체가, 소프트웨어는 외부 개발자가, 최종 제품의 콘텐츠 선택은 구입자 스스로 하도록 개방된 집단 지성을 시도한 것이다. 애플은 이러한 집단 지성 체제를 연결하고 관리하는 것으로 엄청난 돈을 번다.

그러나 최근에는 스마트폰 운영 체계os에서부터 단말기에 이르기까지 외부와 공유하지 않고 있어, OS를 개방하면서 타 업체들과 협력 시스템을 구축하는 구글과 대조를 보이고 있다. 애플의 폐쇄형 사업 구조 때문에 세계적인 미디어 융합 기술 연구소인 MIT 미디어랩의 네그로폰테 교수는 애플의 시대는 얼마 남지 않았다고까지 비판한다.

비슷한 사례가 소니와 닌텐도의 게임기 경쟁이다. 소니의 PS2가 하드웨어 면에서 닌텐도 DS보다 뛰어나지만 닌텐도 DS는 좋은 소프트웨어업체들과 구축한 수평적 네트워크를 활용하여 소니를 앞서고 있다. 특히 닌텐도의 게임 개발자 절반 이상은 외부 인력이다. 이러한 개방화된 수평적 네트워크 경쟁은 수직 계열화 속에 값싸고 빠르게 하드웨어를 제작하는 우리 대기업들에게 시사하는 바가 크다. 수직적 계열화는 광범위한 네트워크 지성에서 분출되는 창의적 아이디어의 양과 질에서 뒤질 수밖에 없다. 한국의 중소기업들은 대기업과 집단 지성을 하기는커녕, 대기업의 단가 인하 요구를 맞추기에 급급하다. 무엇보다도 한국에서 중소기업이 정착하기 위해서는 여러 대기업에 납품하면서 다양성의 폭을 넓히는 풍토가 필요하다.

앞으로는 기업 간의 대결이 아니라 네트워크 간의 싸움이다. 때로는 수익성 높은 업종에 속해 있는 것보다 부가 가치 있는 이종 업종이 결합된 네트워크에 끼여 있어야 할 일이다. 결국 지성의 범위를 외부 네트워크로 넓혀 놓으면 다양한 상상력과 아이디어가 결합될 가능성이 높다. 요새는 개발 영역만이 아니라 기업의 다양한 업무 영역에 걸쳐 고객과 외부 관심자들을 참여시키는 분위기가 조성되고 있다. 다음 그림은 P&G와 구글이 마케팅 영역에서 상대방 회사의 직원까지 협업하는 집단 지성 사례다.

얼마 전부터 클라우딩 소스clouding source라는 말이 경제 신문에서

모범생과 괴짜의 스와핑

P&G와 구글이 업무를 스와핑하다! (월스트리트 저널)

- 2008년 1월부터 실시
- 각사 광고 마케팅 부문의 직원을 12명씩 선발해 상대 회사로 보내 1개월 간 근무하도록 함
- 현재까지 참여한 직원 200명 이상

구글에서 배울 것?
온라인 광고
노하우와 아이디어

P&G에서 배울 것?
전통 마케팅의
체계적 학습

많이 회자되고 있다. 이는 뜬구름(구름처럼 종잡을 수 없을 만큼 다양한 외부 집단)에서 아이디어와 자원을 획득하겠다는 의미로서, 외부로 확장된 집단 지성과 다름없다. 이젠 증권 투자자와 애널리스트들도 특정 기업의 주식 가치에 반영되는 미래 잠재 가치를 파악할 때 그 기업의 집단 지성의 범위도 분석해 봐야 한다. 왜냐하면 해당 기업의 수익 원천이 그 기업의 내부 자원뿐만 아니라 다양한 외부 자원이나 외부 인력으로 확장되기 때문이다. 그렇다면 지금의 비정규 인력이라는 개념도 앞으로는 다양하게 진화하지 않을까? 다른 업계의 다양한 외부 정규 인력이 우리 회사의 비정규 인력으로 활동하는 모습을 상상해 본다.

집단 지성의 발생 장소는?

집단 지성이 원활하게 수행되려면 다양한 분야의 인력, 다양한 지식을 충돌시키는 인프라가 뒷받침되어야 한다. 최근 창조 경영을 위한 다양한 시도들을 보면 (지식 경영에서 많이 보았던) IT 인프라 구축보다는 자율적인 기업 문화나 제도 개선 등이 더욱 눈에 띈다. 삼성이 창조 경영 관점에서 벤치마킹한다는 게임기 업체 닌텐도의 개발실에는 의외로 중장년층이 많다. 이들은 철저한 도제식으로 후배들에게 지식을 전승한다. 전체 사원 중 73퍼센트(2010년 기준)가 개발 인력이고, 이 중 절반은 회사의 외부 인력이다. 한 층에 회의실 및 응접실만 40여 개가 있을 정도로, 개인 연구보다는 회의, 토론 등의 협업이 많다. 좋은 게임은 책상보다는 다양한 사람들 간의 상호 작용에서 더 많이 나온다는 얘기다.

집단 지성이 일어나는 장소에서는 고도의 화학적 융합이 일어나야 한다. 융합convergence을 얘기할 때 많이 나오는 개념이 플랫폼이다. 본래 다양한 용도에 공통적으로 활용되는 기반을 의미하지만, 최근 융합의 발생 장소로서도 활용되고 있다. 플랫폼이 왜 부각될까? 그 이유 중 하나는 고객 욕구의 다양화 추세다. 즉, 다양한 고객의 욕구를 충족시킬 저비용의 다품종 소량 생산 체제mass customization를 위해서는 비용 절감의 기반이 되는 고정비 성격의 생산 기반, 즉 플랫폼의 개념이 중요하게 대두되는 것이다.

집단 지성의 장소가 갖춰야 할 요건을, 다음의 플랫폼 특성에서 찾아보자.

첫째, 기차역처럼 다양한 사람이 오가는 곳이어야 한다. 둘째, 상시적으로 접촉해야 한다. 아무리 세상이 변해도 우리 생활 속에 존재할 상시적인 접촉 공간(문, 변기, 침대, 냉장고)에 대해 전자업체들은 오래전부터 많이 연구해 왔다. 여기에다가 디스플레이 액정을 설치하여 홈네트워킹의 본체로 활용할 목적이었다. 셋째, 다양한 기능을 장착할 수 있는 유연성flexibility이 있어야 한다. 결국 집단 지성을 위해서는 다양한 사람이 상시적으로 접촉하면서 새로운 가치를 창출하는 플랫폼 성격의 공간이 필요하다.

요즘 사무 공간 디자인업체들은 사무 공간 자체보다 접점 공간에 더욱 많은 신경을 쓰고 있다. 그래서 유사한 인력들이 모여 있는 업무 공간보다는 서로 다른 부서의 구성원들이 접하는 접점에 많은 투자를 한다. 특히 최첨단 연구소일수록 실험실보다는 창의적으로 꾸며 놓은 화장실, 복사실, 카페가 눈길을 사로잡는다. 이해관계가 없는 자연스러운 만남에서 지식의 교환과 융합이 발생할 수 있기 때문이다. 구글에도 몇 미터 반경 내에 그랜드 피아노, 당구대, 화이트보드, 간이식당 등이 모여 있다. 우리나라의 상황도 이에 못지않다. 예전에는 눈에 잘 띄지 않는 지하 공간에 있었던 문서 수발실(우편물, 택배 보관실)을 최근에는 많은 사람들이 모이는 공간에 설치되고 있다. 어떤 기업은 문서 수발을 여직원의 전담 업무에서 해방시켜 임원들도 손수 가지고 오도록 제도화한다. 업무 시간의 손실은 있겠지만 접점의 강점을 고려한 것이다.

물리적인 거리가 가까울수록 커뮤니케이션이 활성화된다는 연구 결과가 있다. 그래서 미국의 SEI 인베스트먼트는 개인 사무실과 파티션을 철거해 회사를 하나의 큰 공간으로 만들었다. 더욱 획기적인 것은 책상과 의자에 바퀴를 달아 직원들의 사내 이동을 자유롭게 하저온에서 구운 도자기에 비해 고온에서 구운 도자기는 매우 강하다. 고온에서 구우면 원료들이 완전히 녹으면서 융합하여 물 한 방울 새지 않는 하나의 강력한 덩어리가 된다(여기서의 고온은 아래에 소개되는 페이스북의 헥카톤 회의 수준을 말한다).

고, 층간에는 에스컬레이터를 설치해 층간 의사소통을 촉진시킨다.

페이스북 본사에서는 새로운 프로젝트가 생기면 개발, 디자인, 기획 실무자 들이 한자리에 모여 아이디어를 공유한다. 모여서 얘기하는 주제는 일이지만 분위기는 일반적인 회의 상황과 사뭇 다르다. 피자, 콜라, 스낵을 먹고 마시며 파티 하듯 토론한다. 페이스북은 이 즐거운 회의를 핵카톤hackathon이라 부른다. 핵카톤은 해킹hacking과 마라톤marathon의 합성어로, 고정관념을 깨고 새로운 가치를 만드는 아이디어 회의를 뜻한다. 직원들이 며칠 밤을 새우면서 아이디어를 충분히 나눈 뒤에야 끝난다고 하여 마라톤이라는 개념을 붙였다. 앉은 자리에서 끝을 내는 이른바 '끝장 토론'인 셈이다. 기업 경험이 없는 마크 주커버그가 페이스북을 만들 수 있었던 것은 대학에서의 경험 덕분이었다. 하버드 대학 기숙사 시절, 그는 기발한 아이디어가 떠오르면 옆방에 있는 생판 모르는 친구들과도 토론을 즐겼다. 간단한 음식을 먹으면서, 지칠 땐 침대에서 쉬기도 하면서 계속했다. 결국 새로운 무언가가 나오면 즉석 파티가 열렸다. 자유롭게 아이디어를 나눌 수 있는 조직 문화를 원했던 그는 기숙사 토론 방식을 페이스북에 그대로 적용해 성공을 이뤄 냈다.

OB 맥주 본사에는 없는 게 너무 많다. 별도의 사장실, 임원실이 없다. 비서 세 명이 모든 임원의 일정과 전화를 관리할 뿐 전담 비서도 없다. 대신 맨콤management committee(경영위원회)으로 불리는 5층의 넓은 방에서 사장과 8명의 임원이 함께 일한다. 임원 책상 위에는 노트북과 전화기, 달력만 놓여 있을 뿐, 그 흔한 소파나 개인 책꽂이, 화분도 없다. 몇몇 대기업에서 임원들이 일주일에 하루 정도를 한 방에 모여 근무한다는 사실은 접한 적이 있지만, 상시적으로 그것도 사장까지 함께 동참하는 것은 이 회사가 처음이 아닌가 생각된다. 이러한 임원들의 집단 지성 효과는 무엇일까? 임원들이니까 실무적인 효과보다는 빠른 의사 결정과 투명한 업무 처리를 들 수 있다. 임원끼리 늘 얼굴을 맞대다 보니 별도의 임원 회의가 필요 없다. 보통 대기업에서 임원들이 모이는 회의를 한 번 하려면 얼마나 번거로운가? 일반 직원들이 자료 준비하고, 임원들의 스케줄 맞추는 데 얼마나 고생하는지 회사원들이면 알 것이다. 그러나 임원이 한곳에 모여 있다면 임원 회의는 문자 그대로 일도 아니다.

자동차 메이커인 닛산은 사장을 포함해 40여 명의 중역이 10층의 한 방 한 사무실에서 근무한다. 15명의 비서 및 회의실을 공동 사용하며, 자료도 돌려 본다고 한다. 이러한 제도를 창업 때부터 시행해 왔다니 정말 대단한 회사다(금융 위기가 할퀴고 간 2008년에 도요타는 4500억 엔의 영업 손실을 기록한 반면, 닛산은 1400억 엔의 영업 이익을 기록해 기적이라는 중평을 받았다).

우리의 전통적인 가옥 구조에서 보이는 '사랑채'를 집단 지성의 공간으로 비유하면 지나친 유추일까? 안채와 적당히 떨어진 남성 전용 밀실 공간인 사랑채는 소소한 얘기부터 거대한 담론까지 수용했다. 물론 전통 사회가 주는 도덕의 억압으로부터 남자들이 만든 일종의 일탈 공간이라는 시각도 있지만. 예술 계통의 창조 경영자로 대접받는 홍사종 전 정동극장 극장장은 유독 한국에서 룸살롱 같은 밀실 문화가 성행하는 이유는 주거 공간의 급격한 변화 때문이라고 한다.

그래서 아파트가 남성들로부터 사랑방 문화를 앗아 가면서 사랑채를 잃어버린 남성들이 문득 갈 곳이 없어졌는데, 이를 대체한 것이 룸살롱과 노래방이라는 것이다. 즉 집단지성의 공간이 집안 놀이 공간으로 변질된 것이다.

창조적 전략

●●● 21세기에 접어들면서 기업의 전략은 경쟁 일변도의 전략에서 창조적 관점으로 진화하고 있다. 2010년대의 창조적인 경영 활동은 경영진이나 기획(전략) 부서원뿐만 아니라 모든 구성원의 업무다. 따라서 직장인이라면 경영 전략의 진화 과정 정도는 개략적으로나마 알아야 되며, 2010년대 전략의 방향을 가늠해 보기 위해서 필요하다고 생각해 다음과 같이 전략의 진화 과정을 정리해 보았다.

경영 전략의 출발점은 환경 대응이다. 그간 국내 기업이 답습하여 온 미국 경영 전략의 변천사도 철저히 환경 변화에 대한 적응과 대응의 역사로 점철되어 있다.

●●● 1960년대 미국 기업들은 다양한 사업을 아우르는 다각화를 통해 덩치를 부풀렸다. 따라서 거대해진 기업의 효율적인 관리에 큰 관심을 가졌다.

1970년대에는 안정적인 성장을 유지하기 위해 5년 정도의 중장기 전략 수립이 유행했다. 또한 다각화 전략을 구사하던 미국 기업들의 사업(부)별 효율적인 자원 배분을 위한 사업 포트폴리오 전략이 큰 인기를 얻었다.

1970년대 후반의 오일 쇼크를 겪으면서 중장기 전략은 비현실적이라는 시각이 팽배했다. 그래서 이전과 같이 5년 전후의 목표와 전략을 수립하기보다는 분기(월) 단위로 전략을 조정하고 새롭게 설정하는 데 주력했다. 즉, 환경의 변화를 의식한 나머지, 전략의 정확성보다는 민첩성이 기업의 미래를 결정한다는 의식들이 팽배했다. 이에 따라 정형화된 중장기 전략보다는 경영자의 직관에 의존하였다.

1980년대 초에는 하버드 대학의 마이클 포터 교수를 중심으로 산업 분석을 통한 전략 수립의 틀을 기업에 제시했다. 즉, 한 기업의 수익에 영향을 미치는 요인은 내부 자원보다는 기업을 둘러싼 다섯 가지 경쟁 환경 요인들(업계 경쟁자, 잠재 진입자, 대체재, 공급자, 구매자)이 더욱 중요하다는 것이었다. 결국 기업 자체의 역량보다는 경쟁이 덜 치열한 산업 생태계(업종)에 속하는 것이 더 중요하다는 얘기였다.

1980대 후반에는 전략의 관심이 기업 내부로 쏠렸다. 즉, 기업의 경쟁 우위를 결정하는 것은 기업이 속한 경쟁 환경이 아니라, 기업이 보유한 경영 자원이라는 것이었다. 이러한 주장의 대표적인 학자로는 당시 핵심 역량이라는 경영 개념을 주창한 게리 하멜을 들 수 있다.

1990년대에는 (잃어버린 10년의 시기를 겪었다는) 일본을 비롯한 세계 각국의 기업들이 저성장의 어려움을 겪으면서, 시장에 대한 '선택과 집중'이라는 경쟁 전략이 부각됐다.

2000년대에는 경쟁 전략의 한계를 넘어서려는 시도가 계속됐다. 유럽 경영대학원 인시아드Insead의 김위찬 교수의 탈 경쟁 전략인 '블루오션Blue Ocean' 전략 등을 꼽을 수 있다. 기존 시장에서의 경쟁보다는 새로운 시장을 창출하는 창의적인 전략 개념이 붐을 형성하기 시작했다.

●●● 지금까지 살펴본 전략의 진화 과정을 요약하면 대체로 한 기업의 전략에 영향을 주는 핵심 요인은 환경 변화→업계 경쟁사→기업 내부 자원→시장의 순서로 진화하여 왔다. 2010년대에는 어떨까? 우리는 전략이라는 말을 일상생활 속에서도 많이 쓴다. 하지만 정작 전략의 정의를 한두 줄로 요약하라면 선뜻 답하기 어려운 것이 사실이다. 전략의 교과서적인 정의는 '목표를 달성하기 위해 한정된 자원을 효율적으로 배분(선택·집중)하는 것'이며, 경쟁 전략은 이러한 전략을 통해 경쟁 테두리(산업·시장) 안에서 지속적인 경쟁 우위를 점하는 것'이다. 대체로 한 업계에서 1등이 되는 전략에는 다음과 같은 방법이 있다. 치열한 경쟁 속의 승리, 첫 진입first move, 차별화only one, 신시장(블루오션) 창출, 초경쟁(타 업계와의 경쟁, 집단 간의 경쟁), 이렇게 5가지 전략 중 경쟁 전략은 첫 번째 전략밖에 없다. 그런데 2000년대 이후 붐을 조성하는 성공 전략들은 경쟁 전략이 아닌 나머지 4가지 비경쟁 전략인 것이다. 특히 2010년대에는 초경쟁이 새로운 붐을 조성할 전략으로 전망된다.

●●● 일선 기업에서는 전략을 기획으로 간주하여 실행과 대치되는 개념으로 보는 시각이 많다. 그래서 전략보다는 실행을 강조하는 많은 경영진들은 현안 이슈들의 원인을 실행의 미흡으로 쉽게 치부한다. 대체로 이러한 경영진일수록 '전략이 시대에 뒤떨어졌거나', '환경에 부적합함'을 인정하는 데 인색한 편이다. 이들은 경쟁사가 신 시장 발굴과 타 업종과의 제휴를 추진하는 동안 기존 시장 내에서 기존 사업을 더 효율적으로 밀어붙일 것을 강조한다. 물론 이들 전문 경영자들은 단기적인 성과에서 자유롭지 않다. 하지만 작년 전략 회의 때 보았던 전략이, 상이한 환경에 놓여 있는

올해의 보고서에서도 그대로 자리 잡고 있음에도 불구하고 그냥 넘어가는 경영진을 보면 의아스럽기만 할 뿐이다. 나는 전략과 실행을 이분법적으로 보지 않는다. 무릇 제대로 된 전략은 단순한 기획만을 담고 있는 것이 아니라 실행 가능한 방안을 담고 있어야 한다. 따라서 세밀하고 실행 가능성이 높은 방안을 담고 있지 않은 전략은 전략이 아닌 것이다.

1981년 GE 회장으로 승진한 잭 웰치는 취임 직후, 전략에 대한 의사 결정을 신속히 단행했다. 취임 초기, 업계에서 1~2위를 못하는 사업들이 이유를 막론하고 모두 중단된 것은 많이 알려진 얘기다. 여기서는 그 조치의 결과보다는 그 조치가 내려진 내막에 주목할 필요가 있다. 당시 잭 웰치는 세계적인 경영학의 대부 피터 드러커에게 구조 조정에 대한 조언을 구했다. 드러커는 이렇게 말했다.

"만약 당신이 지금까지 하고 있던 사업을 지금 새로 시작한다고 하면, 그것을 하겠는가?"

잭 웰치는 그러한 판단 기준에 따라 1~2등의 사업만 남겼다. 즉, 피터 드러커가 제시한 전략적 판단이 명확한 실행안을 담고 있었던 덕분에 신속한 조치가 가능했다. 물론 명확한 실행안은 드러커가 제시한 것이 아니라 1~2등 사업만으로 꾸려 가겠다는 웰치의 판단이었지만, 드러커의 전략 속에 웰치의 실행안이 이미 들어 있었던 것이다.

유명한 전쟁 전략가에게 한 병사가 승리의 비결을 묻자, 전쟁사(戰爭史)를 열심히 공부하라고 했다. 병사가 이론보다는 실전 경험이 더 중요하지 않느냐고 하자, 전략가가 다음과 같이 말했다. "우리 부대에 전투를 60회나 치른 노새가 있다. 그러나 그 친구들은 아직도 노새다."

_프리드리히 2세(프로이센의 왕)

경쟁보다 제휴,
제품보다
고객에 집착하라

●●● 아프리카의 영양은 사자보다 빠르지만 치타의 속도에는 못 미친다. 이러한 속도의 경쟁구도 속에서 영양은 적정거리만 유지되면 사자를 봐도 겁내지 않지만, 치타를 보면 이리저리 몸을 틀며 필사적으로 달아난다. 치타 역시 처음부터 잘 달렸던 것은 아니다. 발 빠른 영양을 사냥하기 위해 부단히 노력하는 진화 속에 시속 110킬로미터로 달리게 된 것이다. 기업도 마찬가지로 서로를 의식하고 자극하는 경쟁 속에서 진화하여 왔다. 전통적인 경영 전략 역시 부단한 경쟁 전략의 과정이었다. 그래서 경영 전략의 많은 전술 개념들은 전쟁(병법과 군사학)에서 파생되었다.

2011년 방송계를 흔든 큰 트렌드 중 하나는 서바이벌 경연 프로그램이었다. 일반 아마추어뿐만 아니라 정상급 가수들까지 가세하여 시청자들의 주말을 장악한 한 해였다. 논쟁의 여지가 있지만 저자는 이러한 프로그램들이 큰 흐름으로 지속되는 데 반대하는 입장이다. 다양한 장르의 정상급 가수들이 과연 치열한 경쟁을 통해서만 지금과 같은 감동적인 모습을 보여 줄 수 있는 걸까? 그러면 이전의 그들은 최선의 모습을 보여 준 프로(페셔널)가 아니었다는 얘기인가? 주중에 치열한 경쟁의 생활 전선에서 상처받은 시청자는 주말에도 경쟁의 대리전을 바라보면서 자신들의 스트레스를 치유받아야 할까? 각 종목의 선수들을 한자리에 불러 모아 경쟁시킨 이종 격투기의 인기도 점점 시들해 지는 것처럼, 서바이벌 프로그램 역시 창의적인 시대에 맞춰 새롭게 진화할 것이다. 이를테면 여러 장르의 가수들이, 경쟁보다는 화합으로써 새로운 장르를 열어 가는 과정을 그린다든지 하는 방식으로 말이다. 지금 사회 각 분야에서는 그간의 경쟁 지상주의에서 오는 폐단의 상처가 움트고 있다. 경쟁을 부정하는 것은 아니다. 그러나 경쟁 지상주의는 새로운 가치를 창출해야 생존하는 2010년대에 적합한 화두는 아니다. 새로운 것들이 발현되기 위해서는 화합, 제휴, 협업해야 한다.

환경에 대응하는 경쟁 전략이 기업의 흥망성쇠에 어떻게 영향을 미쳐 왔는지를 잘 보여 주는 특정 산업의 역사적 사례를 알아보자. 이 산업에서의 경쟁 사례는 '고객보다는 제품', '차별화보다는 경쟁'에 집착한 기업들이 결국 어떻게 쪼그라들었는지를 극명하게 보여 준다. 다음은 애플, IBM, MS마이크로소프트, 구글에 이르는 IT업체 간 경쟁의 진화 과정이다. IT의 초기 산업이었던 대형 컴퓨터 시장을 놓고 각축을 벌인 애플과 IBM의 승부처는 리더의 선택이었다. 당시 애플은 코카콜라의 존 스컬리 사장에게 CEO를 맡겼다. 영입 과정에서 스티브 잡스가 스컬리에게 던진 도발적인 말이 인상적이다.

"남은 인생을 설탕물이나 팔면서 보낼 건가요? 아니면 세상을 바꿀 기회를 잡겠습니까?"

그러나 영입된 스컬리의 전략은 콜라 회사와 같은 수직적 조직 운영으로 거대 기업 애플을 일사불란하게 움직이는 것이었다. 이러한 내부 운영에 대한 집착은 급속한 기술과 고객의 변화를 따라잡는 데 한계를 보였다. 반면 제품 중심의 방만한 운영에 따른 이전의 실패를 극복하려는 IBM의 전략은 대폭적인 권한 위양과 다양한 서비스 사업이었다. 결국 거대 기업 IBM은 트랜스포머와 같이 잽싸게 변신하여 선두로 복귀했다.

선두에 복귀한 IBM은 1980년대 들어, 신생 기업 MS에게 무너졌다. 이 시기는 대형 컴퓨터 시장에서 개인 컴퓨터 시장으로 전환되는 과도기였다. 당시 개인이 사용하기엔 번거롭고 어렵기만 했던 대형 컴퓨터의 시장 현실, 이에 대해 IBM은 대형 제품이니 어쩔 수 없다며 친절한 애프터서비스에 승부수를 던졌다. 결국 서비스 전략도 고객 욕구 앞에 무너졌다.

빌 게이츠는 마우스 몇 번만 누르면 조작이 쉬운 윈도우 운영 체계를 고안, 하드웨어의 IBM을 소프트웨어를 통해 승리한다. 당시 IBM의 전략적 사고는 지금 생각해도 너무 안일했다. 즉, 소프트웨어를 게임이나 사무용 정도로 얕잡아 보고, 시장에서 어떤 소프트웨어를 사용하건 결국 자신들의 하드웨어를 쓸 수밖에 없다고 맹신한 것이다. 최근의 얘기지만 하드웨어에 집착하던 HP는 2011년 8월 들어 PC, 모바일 사업을 분사하기로 발표했다. 뒤늦게 사업 방향을 소프트웨어로 돌린 것이다. 이러한 HP 사례 역시 포스트 PC의 흐름인

소프트웨어라는 환경 변화에 뒤늦게 대응한 제
2의 IBM 사례가 아닐까?

이제는 구글이 MS의 아성을 넘어서고 있다.
구글의 전략적 사고는 뭘까? 역시 제품보다 고객
에 집착한 점이 부각된다. 구글 입장에서는 정보
의 바다 속에 허우적거리는 고객을 보며, 필요한
정보만을 단시간에 족집게처럼 골라내는 검색 엔진에 '선택과 집중'을
했다. 그것도 야후와 달리 최대한 빨리 검색하여 신속하게 검색 사이
트을 떠나게 함으로써 검색 고객의 입장과 포털 본연의 자세에 충실한
것이다. 최근에는 휴대폰업체인 모토롤라를 인수하며 사업 영역을 확
장하고 있어 앞으로의 귀추가 주목된다.

이러한 IT업계의 전략적 진화 추세가 우리에게 던져 주는 시사점
은 명확하다. 제품보다는 고객에 집착하며, 경쟁보다는 차별화와 경
쟁 영역의 확대에 주목하라는 점이다.

2010년대의 핵심 전략은 경쟁이 아니라 창조 전략이다. 환경이 안정
적이었던 20세기에는 업계 내부의 치열한 경쟁 전략과 기업 내부의 운
영 매뉴얼에 충실하면 그런대로 중상위는 유지했다. 그래서 업계 내의
지위별로 대체로 다음과 같은 경쟁 전략 행태가 유지되어 왔다.

업계의 리더는 업계 구조를 그대로 유지하는 안정 지향의 전략을
구사한다. 잠재 진입자나 게임 룰을 해칠 만한 경쟁사의 동향을 살
피는 치안 유지 역할 말이다. 2~3위권의 도전자는 업계 선두의 눈치
를 보면서 호시탐탐 순위를 뒤집을 기회를 모색한다. 그러나 한편으
로는 2~3위의 자리도 괜찮으므로 그럭저럭 현실에 안주하려는 자세
도 보인다. 그 외 많은 추종자들은 이름 그대로 리더나 도전자들에

순응한다. 워낙 선두권의 기업들과 규모의 차이
가 크기 때문에 전략적 행보도 좁고, 색다른 모
험적 시도도 별로 없다. 워낙 규모가 작은 관계
로 틈새시장에만 국한하여 차별화 전략을 쓰는

업체들이 있는데, 이른바 니처nicher이다. 이들은 업계 리더의 눈치도
볼 필요가 없다. 노선이 다르고, 시장 공간이 너무 작아 리더와 도전
자들이 별 신경 쓰지 않기 때문이다. 어느 정도의 범위 내에서는 업
계의 눈치를 보지 않고 가격을 맘대로 설정하기 때문에 매출은 작지
만 높은 이익을 실현하는 경우가 많다. 환경이 안정적일 때에는 위에
서 제시된 '지위 계층별 경쟁 전략적 행보'가 잘 유지된다. 그리고 그
계층별 보폭 안에서 서로 예측 가능한 경쟁 전략을 수행한다. 마치
1루에 발 빠른 주자가 나가면 투수 입장에서는 (도루를 허용하는) 느린
커브를 던지기 힘든 것처럼 말이다.

그러나 21세기에 접어들면서 경쟁의 본질이 변화하고 있다. 블루
오션의 김위찬 교수는 경쟁에서 이기는 유일한 방법은 경쟁자를 이
기려는 노력을 그만두는 것이라고 했다. 경쟁 전략의 대가 마이클 포
터도 (경쟁에 집착하게 만드는 개념인) 시장 점유율은 목표가 되기보다는
결과가 되어야 한다고 강조한다. 앞으로도 계속 경쟁에만 집착하면
성장에 걸림돌이 될 것이라는 경고도 나온다.

과거 경쟁 전략의 산물인 하버드 비즈니스 스쿨에서 창안한 분석
기법인 SWOTStrength, Weakness, Opportunity, Threat, 마이클 포터의 경쟁
우위 전략, 업계 리더를 창조적으로 모방한다는 벤치마킹. 이들은 경
쟁 영역 안에서의 제로섬 게임을 전제한 전략 툴tool이다. 그러나 전
쟁을 통해 확보하려는 땅(지역)과 달리 기업 간의 경쟁에서 확보하려

는 고객은 움직이는 생물이다. 더구나 그 생물은 예전과 달리 파워와 지식을 갖고 있어 이제는 경쟁자보다 고객에게서 전략의 근원을 도출해야 한다. 경쟁에 집착하면 시야가 좁아지며, 타 업종이나 고객에 대한 집착력이 약해진다.

전략의 어원은 그리스어로 '적을 놀라게 하는 장치'라고 한다. 앞으로는 적뿐만 아니라 고객도 놀라게 해야 한다.

친구와는 가까이, 적과는 더욱 가까이 지내라

2010년대에는 더욱 많은 산업에서 지금의 IT업체들이 벌이는 초경쟁 상황을 보일 것이다. 구글(검색업체), MS(소프트웨어업체), 삼성전자(휴대폰 제조업체), 애플(PC업체) 등의 이종 업체들이 제휴와 경쟁을 병행하는 것처럼 말이다. 이는 업종 간의 경쟁 장벽이 무너짐에 따라 예상치도 못했던 타 업종의 기업이 어느 날 경쟁사로 대두되며, 아울러 동종 업계 경쟁사가 제휴 대상이 되기도 하는 현상을 말한다. 왜 이러한 현상이 대두하는 것일까? 같이 결합하면 최종병기가 될 만한 시너지 잠재력을 타 업종의 기업이 보유할 수 있기 때문이다. 한마디로 타 업종의 기업은 우리의 경쟁사도 될 수 있고, 제휴해야 할 친구가 될 수도 있다. 다양한 타 업종의 업체들과 제휴하여 동종 업계의 경쟁자와 경쟁하는 것이 네트워크 경쟁이다. 이러한 초경쟁 체제를 형성하기 위한 중요한 기반은 역시 창조적인 차별화 전략이다. 신 시장과 새로운 고객 가치를 발굴하는 이러한 차별화 전략은 대기업과 중소기업, 대형 마트와 지역 상인 간의 갈등도 상당 부문 해결할 수 있다. 결국 초경쟁의 시사점은 두 가지다. 첫째, 경쟁 상대는 업계를 초월하여 고객 관점에서 넓게 봐야 한다. 둘째, 앞으로의 경쟁 전략은 기업 간 경쟁이 아닌 집단 간의 네트워크 경쟁이다.

고객의 욕구가 고도화되고, 융합 기술이 발전하면서 네트워크 간의 경쟁은 여러 형태로 나타나고 있다. 이러한 초경쟁 체제에서는 네트워크 영역을 제대로 선택하는 것이 중요하다. 전쟁이 불가피하다면 전쟁 시기와 장소는 자기가 선택하는 것이 유리하다. 적어도 적이 전쟁터를 선택하는 상황보다는 이길 확률이 높기 때문이다.

> 승리하는 군대는 먼저 승리할 수 있는 여건을 조성해 놓고 적과 싸우며, 패배하는 군대는 먼저 싸움을 걸어 놓고 승리를 추구한다.
> _『손자병법』
>
> 전쟁의 결과는 승리, 패배 외에도 불패不敗가 있다. 적이 승리하지 못하게 하는 여건은 나에게 존재하며, 내가 승리할 수 있는 상황은 적에게 달려 있다.
> _『손자병법』

나이키와 애플, 경쟁 관계이면서 제휴 관계

마케팅에서는 마케팅 근시안Marketing myopia이라는 개념이 있다. 경쟁사를 '유사한 형태의 제품을 만드는 동종 업계'로 국한하는 협소한 시각을 말한다. 1960년대에 나온 용어가 최근 산업 간의 경계가 무너지면서 다시금 주목받고 있다. 한마디로 업의 본질 및 경쟁 영역을 고객 관점에서 넓게 봐야 함을 강조한다. 고객이 특정 상황의 욕구를 충족하기 위해 물건을 살 때는 특정 업계의 제품들만 고려하지는 않기 때문이다.

나이키는 자사의 경쟁사가 리복이나 아디다스가 아니라 닌텐도,

애플, 삼성전자라고 생각한다. 주 고객층인 청소년의 야외 활동 시간이 PC나 게임기, 3D TV 등에 의해 잠식당하고 있기 때문이다. 운동하지 않고 게임기에 열중하는 청소년이나 게임기(닌텐도 Wii)를 통해 실내에서 운동하는 청소년들에게 신발을 신기기 위한 나이키의 캐치프레이즈는 '게임기는 던져 버리고 밖에 나가 꿈을 이뤄라!'였다.

이처럼 경쟁 영역이 확대되는 근본적인 원인은 고객에게 있다. 고객의 욕구가 환경의 변화 못지않게 변화가 심하며, 이러한 고객에게 밀착하다 보니 경쟁 영역이 넓어진 것이다. 과거에는 제품에 집착하여 비슷한 제품을 만드는 동종 업체들만 신경 썼는데 말이다. 결국 경쟁사를 확대한 시각에서 나온 작품이 '나이키플러스'라는 신개념의 운동화다. 이는 신발 깔창에 센서를 부착하여 운동량, 칼로리 정보, 달리는 구간의 지도 등의 정보를 아이팟 화면에 제공해 주는 IT 신발이다. 결국 첨단 기기에 몰입되어 운동량이 적어지는 청소년을 야외로 끌어내려는 의도다. 그것도 경쟁사로 간주했던 애플과의 제휴를 통해서 말이다. 사실 나이키가 1988년부터 쓰고 있는 슬로건 'Just do it'도 가만히 보면 경쟁사를 TV로 규정하고 있다. 당시에는 소파에 누워 TV를 봄으로써, 운동 시간이 적어진 라이프스타일이 존재했던 모양이다. 그래서 나온 날카로운 자극이 '일단 움직여 봐라Just do it'였다.

쉬운 캐주얼 게임기로 고객층을 5세에서 95세로 넓힌 창조 경영의 대명사 닌텐도 역시 2011년 초부터 부진의 늪에 빠져들고 있다. 값싼 게임기가 저장된 스마트폰이 경쟁사로 대두되었기 때문이다. 뿐만 아니라 페이스북과 트위터 같은 소셜 사이트에서 즐길 수 있는 게임도 늘고 있다. 게임기업체가 아닌, 스마트폰과 소셜 사이트가 경쟁사로 부각한 것이다. 따라서 나이키처럼 이들 모바일과 온라인 경쟁사도 제휴하는, 새로운 생태계(네트워크) 구축이 요청되는 실정이다. 이처럼 나이키와 닌텐도에게 엉뚱한 경쟁업체가 등장하여 위협하는 것은 결국 고객의 시간과 돈이 한정되어 있다는 사실에 기인한다. 따라서 고객의 라이프스타일을 제대로 감지하지 못하면 생각지도 못한 업종의 경쟁 상대에게 내몰리게 된다.

요즘 소주업체의 마케팅 담당자는 경쟁사의 소주 출시보다 전자업체의 TV 제품 출시에 더욱 신경을 쓰고 있다고 한다. 점점 성능 좋은 LCD TV, LED TV, 3D TV가 출시될수록 가슴이 철렁 내려앉는다는데, 이유가 뭘까? 소주의 주 고객층인 직장인의 관점에서 보면 쉽게 이해된다. 고화질의 빵빵한 TV가 퇴근 후 술집에서 술 마시는 기회를 점점 줄어들게 만들기 때문이다. 집에서 생동감 있게 TV를 즐기려는 사람이 많아지면서 일찍 귀가하는 현상은 분명 소주업체에 기분 좋은 일이 아니다. 요새 음식점이나 술집의 TV가 LCD TV로 바뀌는 추세 또한 이러한 현상과 맥락을 같이하는 것이다. 그러면 이러한 고객의 시각을 견지하는 소주 마케터는 어떠한 경쟁 전략을 펴야 할까? 소주의 도수 하향 경쟁 이외에도 TV 시청의 단점이나 TV 시청보다 유리한 소주의 강점을 셀링 포인트로 공략해야 한다. TV 시청을 하면서 부부가 함께 마실 수 있는 'TV 시청 전용 부부 소주'를 개발한다면 어떨까?

승자 독식의 시대, 위기는 흔치 않은 기회다

2010년대는 위기를 활용하는 전략이 중요하다. 즉, 위기에 대처한 방식에 따라 회복 시기 때의 도약 여부가 판가름 난다. 수직 코스(호황기)에서는 하위권 주자가 앞에 나서기 어렵지만, 곡선 코너(침체기)에서는 업계의 선두를 추월하기 쉽다. 2010년대의 경쟁 양상인 양극화나 승자 독식의 현상이 계속된다면 평탄한 시기(직선 코스)에서 순위를 뒤집기는 과거보다 더 힘들다. 따라서 위기(곡선 코너)를 적극 활용하는 평소의 역량 배양과 전략적 준비가 필요하다.

실제로 위기 때 혁신 제품이 많이 나왔다. 애플의 성장에는 금융 위기가 큰 기회가 되었다. 위기는 경쟁사 고객과 핵심 인재를 자사의 고객과 직원으로 만들 수 있는 절호의 기회다. 그런데 간혹 위기를 더욱 위기로 몰아가는 경영자들이 있어 안타깝다. 과거 경제나 업계의 위기가 닥칠 경우, 광고비, 교육비, R&D(연구 개발) 투자 비용이 우선적인 축소 대상이 되었다. 2010년대에는 이들 분야의 과감한 축소에 대해 조심스럽게 접근해야 한다. 이들 분야는 고객과 인재에 대한 분야로서 새로운 가치를 발굴해 내는 성장 엔진이기 때문이다. 고객, 직원, 기술은 우리 몸에서 빼야 할 지방이 아닌 키워야 할 근육이다. 매출이 줄어 급한 마음에 가격부터 내린다면, 당장은 싼 가격을 찾아다니는 고객cherry picker만 확보하는 것과 다름없다.

이렇게 호황이거나 평탄할 때보다 위기를 잘 활용하기 위해서는 새로운 전략을 활용하는 타이밍이 중요하다. 어느 분야든 보고서 목차는 환경 분석으로 시작한다. 이렇듯 환경에 민감해야 하는 것은 당연하지만, 그렇다면 대응하는 실행의 타이밍은 항상 빨라야 할까?

환경에 대한 전략적 대응은 스피드보다는 적시성이 중요하다. 의사 결정권자의 숙명적인 고민은 '좋은 전략'보다 '전략의 대응 시점'이다. 과연 어느 시점에서 상품, 기술, 시장, 고객에게 변화를 줄 것인가가 중요하다. 너무 오래 붙들고 있으면 썩고, 너무 빨리 내려놓으면 추락하기 십상인 것이다. 이에 대해서는 채드 홀리데이 듀폰 회장의 주장은 모호하지만 현실적인 설득력을 제시해 준다.

> 바람이 강할 때야말로 연 날리기에 가장 좋은 시기다. 호황도 좋지만 불황은 더 좋다. 불황기에는 사업의 모든 과정이 평소보다 더 잘 보이며, 불합리한 낭비 요소를 제거하기에 좋은 때다.
> _마쓰시다 고노스케

"자신이 원하는 것보다 조금 먼저 내려놓고, 자신의 생각보다 조금 빨리 점프해라. 위기 때까지 기다리면 늦다."

카이사르 암살 후의 내란을 종식시킨 아우구스투스 황제의 좌우명도 유사하게 들린다. '천천히 서둘러라!'

서두르다 보면 천천히 할 수 없고 천천히 하다 보면 서두를 수 없다. 창과 방패의 모순처럼 들리지만 '서두르되 전후좌우를 따져 보면서 서두르라'는 의미가 아닐까 싶다. 특히 무엇을 위해 서두르는지를 항상 명확히 인식해야 한다. 특히 중소기업은 대기업에 비해 한 박자 앞서 서두르기보다는 반 박자 정도로 앞서서 천천히 서두르는 게 바람직하다. 한 박자가 빠르면 제품을 내놓아도 시장을 일구는 막대한 마케팅 비용을 감내하기 힘들기 때문이다.

때로는 모든 경쟁사가 서두를 때 나 홀로 천천히 대응하는 차별화도 괜찮은 방법이다. 『손자병법』에는 '가장 빠른 길은 돌아서 가는 길'이라고 한다. 지금처럼 모두들 빨리 가는 직선의 길 위에는 치열한 경쟁에서 파급되는 불확실성이 많다. 그래서 때로는 우회하여 가는 것보다 오히려 늦게 도착하는 상황도 발생한다. 서울에서 부산까지 가장 빨리 가는 방법도 '좋은 친구와 가는 것'이라고 하지 않는가? 지구상에서 가장 빠른 새라고 하는 매는 먹이를 향해 날아갈 때 수직으로 급강하하지 않는다. 먼 곳에서 미리 수직으로 강하했다가 그 에너지를 축적, 활용하여 시속 320킬로미터의 속도로 먹잇감에 수평으로 접근한다. 지금의 시대에는 우회 전략도 좋은 대안이 된다. 우회하는 동안 경쟁사들이 보지 못했던 것들을 챙겨 보는 기회도 확보할 수 있다.

한편 진행 중인 전략이 잘못되었다고 판단되면 적시에 그만두는 것이 중요하다. 전략의 본질이 선택과 집중이라고 하지만, 하지 말아야 할 것은 재빨리 포기하는 것도 중요한 전략이다. 이에 대해 게리 하멜은 『혁명을 이끄는 리더십』에서 좋은 비유를 제공한다.

죽은 말(전략)을 타고 있다는 사실을 알았을 땐, 얼른 말(전략)에서 내려오는(그만두는) 것이 최선이다. 물론 다른 말로 바꿔 타기 위한 고민과 회의도 필요하며, 죽은 말을 분석하기 위해 위원회를 소집할 수도 있다. 다른 기업은 죽은 말을 어떻게 타고 있는지 벤치마킹해 볼 수도 있겠지만, 이러한 방법들을 모두 시도해 보더라도 결국 말에서 내려올 수밖에 없을 것이다.

창조적 마케팅은 영업을 불필요하게 만든다

기업에는 마케팅과 혁신이라는 두 가지 기본 활동이 있을 뿐이다.
혁신은 전략이 아니라 마케팅 전략을 뒷받침하는 전술이다.

피터 드러커

● ● ● 우선 마케팅의 최근 흐름을 보자. 경제학에 애덤 스미스가 있다면 마케팅에는 필립 코틀러(켈로그 경영대학원 교수)가 있다. 전 세계적으로 활용되는 마케팅 교과서는 코틀러가 집필한 이론을 피해 갈 수 없다. 코틀러가 마케팅에 대해 남긴 어록 중에 아직도 내 기억 속에 담겨 있는 얘기가 있다.

"마케팅은 하루면 배우는 학문이지만 달인이 되려면 평생이 걸린다."

또한 그는 마케팅을 한 문장으로 정의한다. '돈 되는 고객을 발굴하고 그 고객들을 유지하고 확대하는 과학이자 예술 활동.' 조선 시대의 거상 임상옥도 비슷한 얘기를 남겼다.

"장사는 이문을 남기는 것이 아니라 사람(우량 고객)을 남기는 것이다."

결국 마케팅은 물건을 파는 것이 아니라 우량 고객을 확보하는 것이다. 돈은 그 결과로 오는 것이지 돈을 쫓으면 고객은 멀어진다는 의미다.

피터 드러커는 기업의 목적은 고객 창조이며, 고객은 이윤 센터라고 하면서 고객을 강조했다. 이렇듯 '만든 물건을 파는 판매(영업)'보다 '팔릴 만한 상품의 발굴 및 우량 고객의 확보와 유지'에 마케팅의 초점을 맞추면 마케팅은 광고 부서나 영업 부서의 일만이 아니다. 그래서 HP의 창업주 데이비드 팩커드는 일찍이 마케팅은 너무 중요해서 마케팅 부서에만 맡겨 둘 수 없다는 말까지 남긴 모양이다. 피터 드러커는 마케팅은 너무나 기본적인 것이기에 기업 활동 중의 하나로만 볼 수는 없다고 역설했다. 고객을 위한 기업의 모든 업무 프로세스는 결국 마케팅 활동이다. 사실 기존의 마케팅은 만든 물건을 경쟁사보다 많이 그리고 빨리 파는 것(영업, 판매)에 초점을 맞췄다. 그러나 21세기 고객은 구름과 같다. 영업 부서원이 잡으려고 하면 흩어질 뿐이므로 스스로 오게 해야 한다. 따라서 앞으로의 마케팅은 팔릴 만한 물건을 만들고, 구입 가능성이 높은 세분 시장을 지속적으로 발굴하는 활동들이 주목받을 것이다. 실제로 상품력을 중시하는 기업들은 상품 기획 팀이나 연구 개발 팀을 마케팅 팀 내에 편제하고 있다. 결국 마케팅의 목적은 영업을 불필요하게 하는 것이라는 얘기까지 나오는 실정이다.

창조 경영은 마케팅에도 매우 중요하게 적용된다. 원래 마케팅 기획 부서는 본연의 역할인 시장 전략을 수립하여 현업을 이끌어야 한다. 그러나 현실적으로는 현업의 지원 역할에 충실한 마케팅 기획 부서가 더욱 많은 것 같다. 그래서 신 시장, 신제품, 신 비즈니스 모델의 발굴이나 목표 시장 선정 등의 본연의 업무보다는, 매분기 말 밤새워 가며 영업 전략 회의 보고 자료를 만든다든지, 현업을 위한 시장 조사 등 지원 업무에 주력하곤 한다. 독자 여러분도 소속 회사의 마케팅 부서가 있다면, 그 부서가 실제로 무슨 활동을 하는지 이러한 관점에서 살펴보기 바란다. 이렇게 마케팅 부서가 지원 성격의 뒤치다꺼리 역할을 한다면 그 이유는 간단하다. 전략다운 기획도 잘 나오지 않거나 경영진에서 충분한 권한을 부여하지 않기 때문이다.

마케팅 전략은 경영 전략의 한 부분이다. 각각의 최고 책임자인 마케팅 책임자CMO과 전략 책임자CSO, Chief Strategy Officer 간의 관계도 유심히 살펴볼 필요가 있다. 물론 CMO, CSO라는 공식적인 직함이 없다고 할지라도, 웬만한 규모의 기업이라면 전략과 마케팅(영업)을 담당하는 책임자가 존재한다. 중견 기업이나 중소기업에서는 대체로 재무 책임자가 경영 전략을 겸임하거나, 영업 책임자가 마케팅 전략을 겸임하기도 한다. 종전에는 상식적인 수준에서 마케팅 활동만 하면 안정적인 성장이 가능했으므로 두 사람 간의 갈등은 별로 보이지 않았다. 그러나 고객의 기대와 욕구를 넘어서는 혁신적인 역발상을 요구받는 지금의 마케팅 임원은 간혹 현실과 상식을 앞세우는 경영자와의 갈등에 고민하고 있다. 그러나 계급이 깡패라고, 상식을 벗어나야 하는 마케팅 전략이 상식을 기반으로 한 경영 전략에 앞서는 기업은 많지 않다. 어쩔 수 없이 제품 혁신보다는 제품 개선, 브랜드력을 앞세운 고가격보다는 손쉬운 가격 인하 등이 채택된다.

예전에 복사기의 대명사격인 제록스가 PC 사업에 진출하며 사용한 브랜드 역시 '제록스'였다. 극히 상식적인 이 브랜드 전략은 실패로 끝났다. 기존의 성공 브랜드를 성격이 다른 신제품에 활용하는 브

에디슨의 핵심 역량은 발명보다 판매였다. 대부분의 발명품은 사실 그의 연구진이 개발했다. 대중에게 홍보하고 은행에서 투자 자금을 유치했던 그의 마케팅 능력이 없었다면 도시를 밝힌 불빛은 꽤 늦게 나왔을지 모른다. 스티브 잡스 역시 창의적인 개발자라기보다는 팔릴 수밖에 없는 제품을 볼 줄 아는 마케터였다. i로 시작되는 그의 히트 브랜드(아이맥, 아이팟, 아이폰, 아이패드)들은 이미 누군가 팔고 있던 제품들이 아닌가?

랜드 확장 전략은 곧잘 실패한다. 마케팅 전략에서 과도한 욕심으로 보는 이러한 사례들은 마케터보다는 경영자의 직관으로 시도한 경우가 많다. 브랜드 명성이 높을수록 소비자들의 마음속에는 고정된 이미지(제록스는 복사기)가 새겨지기 때문에 새로운 범주(제록스 PC?)에서는 성공적인 브랜드로 자리 잡기 힘들다.

저자의 관점에서 보면 마케팅에서 전략은 80퍼센트, 실행은 20퍼센트를 차지한다. 그럼에도 불구하고 경영자는 마케팅 전략(기획)보다 영업 현장 부서를 더 중요시하는 경향이 많다. 그래서 기획이나 전략보다는 실행을 유난히 강조한다. 영업과 현장 부서가 돈 벌어 오는 '존재의 명분'이 뚜렷한 부서이기 때문이다. 이러한 경영자들의 마음속에는 '경쟁 업체와 같은 마케팅 전략을 구사하되 실행을 더 잘하면 된다'는 논리가 깔려 있다.

김치찌개와 된장찌개는 반찬도 달라야 한다

여기서는 마케팅 전략 중에서 전통적으로 중요시하여 온 '시장 세분화' 및 2010년대에 더욱 부각될 '차별화 전략'에 대해 살펴본다.

우리는 어떤 회사가 전격적인 가격 인하를 단행하면 일종의 마케팅 전략으로 간주한다. 물론 가격은 마케팅 수단이지만 마케팅의 본질은 비가격 경쟁이다. 가격 경쟁은 최후의 마케팅 수단이지, 바람직한 마케팅 전략은 아닌 것이다. 진정한 마케팅 전략은 동일한 기능의 상품도 비싸게 파는 것이다. 오늘날 세계 전자 시장에서 프리미엄 제품으로 인정받는 삼성전자도 1990년대까지는 회사의 경영 화두가 '제값 받기'였다. 당시에는 상품의 기능과 품질에서 경쟁사 제품과 유사한데도 미국의 전자 매장에 가보면 진열대 구석에 놓여 있는 싸구려 제품으로 인식되었다. 비싼 것도 쉽게 팔 수 있는 시장을 발굴하는 노력, 즉 시장 세분화 및 목표 시장 선정은 마케팅 전략의 본질이다. 시장 세분화는 '모두를 위한 제품은 결국 그 누구를 위한 제품도 아니다'라는 기본 철학을 담고 있다. 그러나 마케팅 담당자들조차 간혹 오해한다. 시장을 세분화해서 목표 시장을 선정하는 것은 판매 시장을 좁히는 것이 아니냐는 것이다. 표적을 좁히는 것은 나머지 시장을 소홀히 하겠다는 것이 아니다. 선택과 집중의 원칙에 입각하여 살 만한 사람들에게 한정된 마케팅 자원을 우선적으로 투입하는 것이다.

상황에 따라서는 한정된 목표 시장이 나머지 넓은 시장에 자극을 주기도 한다. 청바지 브랜드인 게스의 초창기 세분화 전략은 창의적이다. '허리 24인치 미만의 여성만 입을 수 있다'는 타깃 마케팅은 24인치 이상의 여성의 욕구도 함께 자극했다. 젊은층의 대명사 제품들인 콜라, 청바지, 오토바이. 이러한 젊은층 제품을 구입하려는 중장년층의 마음속도 마찬가지일 것이다.

> 시장 세분화로 성과가 향상되지 않는 제품은 없다. 시장 세분화는 심층적인 고객 이해의 출발점이자, 한정된 자원을 효과적으로 활용하는 전략이다.
> _린제이 오언 존스(로레알)

스스로를 젊다고 인식하는 심리적 욕구와, 남에게 젊음을 과시하려는 사회적 욕구가 자리하는 것이다.

시장을 세분화하는 변수들도 예전에 비해 많은 변화를 가져왔다. 예전에는 주로 사람의 외면적인 특성을 많이 사용했다. 마케팅 조사용 설문지를 보면 맨 뒤에 물어보는 인적 항목(성별, 나이, 소득, 거주 지역, 학력 등)들이 그것이다. 그러나 고객의 욕구가 전문화·고도화되면서 이들 변수로 사람들을 구분하기가 예전 같지 않다. 즉, 같은 30대 주부라도 전업 주부와 취업 주부는 구매하는 장소가 다르고, 같은 60대층이라도 건강한 사람과 병석에 있는 사람의 사용 제품이 다른 것이다. 이제는 라이프스타일처럼 '특정 제품과 관련된 인식 및 행동'과 관련된 항목들을 세분화 변수로 활용하는 추세다. 특히 제품 사용과 관련된 상황TPO: time, place, occasion을 활용하여 기존에는 생각지도 못했던 틈새시장을 발견하기도 한다. 최근에 출시된 장례식장 전용 소주 '그리워 예'(대선주조)도 그러한 사례다. 기존의 저도수 경쟁에서 탈피하여, 고객의 생활에 집착하여 탄생한 이 소주는, 근조謹弔의 의미를 담아 은은한 느낌의 검은색을 띤다. 장례식장의 분위기를 고려하여 알코올 도수도 16.2도로 낮추었다. 또 어떤 화장품업체는 젊은 사무직 여성의 라이프스타일을 연구하여, 오피스타운의 사무 문구점을 신규 판매처로 발굴하기도 하였다. 오피스타운의 문구점에 오는 주 고객층이 사무 여직원들이라는 점을 통찰한 것이다.

한편 과거에는 시장 세분화가 그다지 부각되지 못했다. 해외 선진국처럼 고객 욕구가 고도화되지도 않았을뿐더러 시장을 구분할 만큼 국토가 그다지 넓지 않았기 때문이다. 미국의 경우, 카드 시장만 보더라도 조카에게 보내는 카드, 외할아버지에게 보내는 카드 등 세분화의 극치를 보여 준다. 세분화가 제대로 이루어지려면 인구가 1억 명은 되어야 한다는 얘기도 있다. 총인구가 1억 명을 넘는 일본도 세분화 전략을 잘하는 나라로 인정받는다. 더구나 다품종 소량을 위한 생산 라인 체제가 잘 되어 있어 우리의 상상을 초월하는 틈새시장이 쏟아져 나온다.

이제는 국내 고객의 욕구도 고도화되고 있다. 나는 동일한 현상을 보고도 다양한 각도로 쏟아져 나오는 인터넷 댓글들을 보면서 시장 세분화의 중요성을 새삼 실감한다. 누군가는 우리나라에 찌개 백반 집은 10만 개 정도 있는데, 김치찌개와 된장찌개의 반찬이 다른 집은 없다고 한다. 도라지나물을 예로 들면, 된장찌개에는 고춧가루를 넣어서 빨갛게 무친 반찬이 더 어울리고, 매운 김치찌개에는 그냥 기름에 볶은 담백한 도라지나물이 더 맞다나? 이러한 고객에 대한 정성의 차이는 아직 우리 주위에 시장 세분화를 할 만한 상황이 많다는 것을 보여 준다.

일반적으로 소비재 기업에 비해 산업재 (B2B 산업) 기업에서는 시장 세분화를 생소하게 보거나 그 필요성을 느끼지 못하는 경향이 있는 것 같다. 불특정 다수의 고객들을 상대하는 소비재에 비해 산업재 업체는 한정된 고객 집단(기업체)을 상대하기 때문이다. 특히 소수의 대형 고객사들이 매출의 상당한 비중을 차지하기 때문에, 매출 비중이 큰 대형 고객사에 집중하면 되지, 굳이 고객층을 세분화할 필요가 없다

최초가 될 수 없으면 최초가 될 수 있는 범주를 창조하라. 후발자가 일등을 따라잡기 위해서는 물리적인 제품의 차별화에 앞서 제품 콘셉트의 차별화부터 해라.
_잭트라우트와 알리스

풀빵을 굽는 게 창피한 것이 아니고 남들과 다르게 굽지 못하는 것이 창피한 것이다.
_고세림(미국에서 20년 동안 30만 개의 채칼을 판 한국인)

는 것이다. 그러나 최근 개방화되는 글로벌 경쟁의 심화 및 고객사의 다양해진 욕구, 품질 평준화 속에서 품질, 납기, 가격만으로는 지속적인 성장을 보장받기 힘들다. 소비재 기업들처럼 시장을 세분화함으로써 고객사도 파악하지 못하는 욕구나 고객사의 최종 욕구까지도 발굴하는 추세다.

에지 있고, 주목할 만한 차별화 조건은?

대표적인 마케팅 전쟁의 역사로 곧잘 회자되는 코크업계를 보자. 펩시는 지난 100여 년 동안이나 2인자에 머물러 있었다(물론 펩시는 다각화된 사업을 통해 최근 몇 년 전부터 회사 매출액에서는 코카콜라를 앞서기 시작했다). 그 이유 중 하나는 선두 기업인 코카콜라에 유리한 게임 룰을 깨려는 차별화 시도를 거의 하지 못했다는 점이다. 아니면 일부러 차별화를 시도하지 않고 2인자의 자리에 안주해 왔던 것인지도 모른다. 여러분은 프랑스에 유독 수제 명품 브랜드가 자리 잡은 이유를 아는가? 여러 이유 중의 하나는 일찍이 부자에 대한 차별화된 전략에 집중했다는 사실이다. 영국, 네덜란드, 스페인처럼 일찍이 세계 식민지 건설에 나서지 못한 프랑스, 당시 프랑스 재무 장관은 프랑스의 생존 전략으로서 사치품 산업으로 차별화를 시도했다. 다른 나라들이 식민지에서 새로운 원자재를 들여오면 프랑스는 그것을 예쁘게 빚고(디자인), 낙인(브랜드)을 찍어서 다시 그들에게 고가로 팔았던 것이다. 당시 영국이 산업 혁명의 붐 속에서 공장의 대량 생산을 주도하는 동안 말이다.

이처럼 차별화는 고객에게 경쟁사와 다른 가치를 제공하는 것이다. 차별적인 가치는 제품에 물리적으로 반영하거나 제품에 변화를 주지 않고도, 색다른 광고를 통해 고객의 마음속에 인식을 심어줄 수 있다. 사실 마케팅에서는 차별화보다 포지셔닝이라는 개념을 더욱 많이 쓴다. 포지셔닝은 주로 고객의 마음속을 겨냥한 협의의 차별화로 볼 수 있다. 즉, 목표 고객층의 마음속에 경쟁사와 다른 차별적 특성의 제품으로 자리 잡는 것이다. 우리의 마음속에는 상품 범주별로 몇 개의 브랜드들이 저마다의 개성(2~3개 단어)으로 자리 잡고 있다. 그러나 사람들의 한정된 기억 공간 속에 브랜드 이름 및 차별적 특성을 정립시키기 위해서는 많은 광고비가 소요된다. 결국 마케팅의 전쟁터는 이마트가 아니다. 이미 고객의 마음속에서 전쟁은 시작된다.

세계 제일의 고층 빌딩 기록은 시간이 흐르면 바뀐다. 사람들은 시점별로 제일 높은 빌딩들을 계속 기억하지는 못하지만 엠파이어스테이트 빌딩이 더 이상 1등이 아니라는 것만은 안다. 그러나 사람들 마음속에는 최초의 최고층 빌딩은 엠파이어스테이트로 계속 기억된다. 이럴 경우, 나머지 고층 빌딩들 입장에서는 차별화 방법이 없는 것일까? 아니다. 그냥 최고층 빌딩이 아닌, 새로운 범주를 만들어 '최초'를 시도하면 된다. 이를테면 '쌍둥이 빌딩으로서는 최초의 최고층 빌딩'과 같은 새로운 범주 말이다. 역시 차별화 전략에도 창조적 발상이 요구된다. 물론 무조건 처음이라고 해서 차별화를 보장받는 것은 아니다.

차별화 전략의 성공에는 세 가지 필요조건이 있다.

첫째, 경쟁사와 다른 차별적인 차이가 고객 입장에서 느껴져야 한다. 회사 내부에서는 차이가 있다고 보지만, 고객의 시각에서는 경쟁사와 차이를 느끼기 시작하는 임계치를 넘지 못하는 경우도 있다. 온라인 자동차 보험은 처음 시장에 나온 이후 꽤 오랫동안 설계사 가입 대비 15퍼센트 저렴한 가격 차별화를 유지하였다. 이 역시 기존 보험료 대비 15퍼센트 정도는 차이가 있어야 고객들이 싸다고 인식하기 시작한다는 나름의 과학적 조사 결과에 근거한 것이다.

둘째, 차별화된 차이에 고객 가치가 존재해야 한다. 꽤 오래전에 수심 수십 미터 속에서도 시계가 작동한다는 시계 회사의 잠수부 광고가 생각난다. 비행기 참사가 아니면 깊은 물속에 들어갈 일이 없는 고객 입장에서 그 차별화된 기능의 가치를 느끼기는 힘들다. 미국의 대표적 자동차업체인 GM을 보자. 캐딜락부터 쉐보레까지 5개 브랜드로 서로 상이한 타깃을 겨냥해 왔지만, 고객 입장에서는 브랜드별로 의미 없는 차별화를 계속한 것이 몰락의 한 원인으로 지적받고 있다.

셋째, 차별화된 가치가 고객에게 제대로 전달되고 이해되어야 한다. 사실 그럴듯한 차별화된 강점을 갖고도 시장에서 실패한 제품들이 많았다. 위의 두 가지 차별화 조건은 충족했지만 세 번째 조건을 넘지 못한 결과다. 광고비만 많이 쏟아부을 문제가 아니다. 고객에게 차별적인 가치를 충분히 전달하더라도 제대로 이해가 안 되면 소용없다. 일본 후생성에서 특허로 인정받은 상품을 국내에 처음 도입하였다가 결국 실패한 국내 중소기업 사례가 떠오른다. 이 업체는 냉장고 없이도 부패하게 않게 신선도를 유지해 준다는 독특한 화학 제품을 국내에 도입하였다. 고객들에게 광고를 통해 그 제품의 차별성을 부각한 것까지는 좋았다. 그러나 당시 상식으로는 너무 파격적인 차별성을 제대로 이해시키지 못했다.

차별화는 쉽지 않은 창조의 산물이지만 적어도 비용에 대한 부담을 가질 필요는 없다. 물론 고어사의 등산복 소재처럼 '미세한 구멍이 무수히 뚫린 천으로 수증기(땀)는 통과시키지만 빗방울은 통과하지 못할 정도'의 차별화된 소재 개발에는 많은 돈이 소요된다. 그러나 렉스톤이라는 고급 승용차가 활용한 차별화 전략은 간단했다. 어차피 집행되는 광고에다 카피 문구 하나를 얹었을 뿐이다. '대한민국 상위 1퍼센트 계층이 타는 차'라고. 미스터피자의 사훈은 '고객의 신발을 정리하자'이다. 배달 직원이 피자를 전달하고 나오면서 현관에 있는 가족의 신발들을 가지런히 하고 나오는 것뿐이다. 그러나 고객들의 마음속에는 사소하지만 의미 있는 차별화된 가치로 각인된다.

B2B 사업에서도 큰 비용 없이 주변 단서(신뢰감 담긴 제품 보증서)로 차별화에 성공한 사례가 많다. 미국의 건설용 벽돌 제조업체 애크미 브릭Acme Brick은 제품 보증서 하나로 차별화에 성공했다. 판매 후 100년 동안 벽돌에 하자가 생기면 보상하겠다는 증서를 집주인에게 증정한 것이다. 실제 벽돌에 문제가 생겨 보상을 요구하는 사례는 극히 적었다. 차별화할 게 별로 없어 보이는 농산물에서도 상상력을 발휘한 사례들이 눈길을 끈다. 네모난 틀에 가둬 놓고 키운 육면체 모양의 수박(맛은 별 차이 없는데 가격은 훨씬 비싸다), 재배할 때부터 검은 글씨의 스티커를 붙여서 햇빛에 노출시키면 나중에 '복, 합격' 등의 글자가 새겨지는 사과(수능 시험장에서 비싸게 팔린다) 등.

한편 차별화는 전통적으로 업계 선두 업체보다는 후발 업체들의 전략으로 많이 활용된다. 선두 업체 입장에서는 괜히 변화를 조장하여 현재의 지위에 균열을 낼 필요가 없기 때문이다. 후발 업체 입장에서 차별화를 모색하는 방법 하나를 소개한다. 선두 업체의 강점이나 후발 업체의 약점을 통찰하여 그 이면에 있는 공략 포인트를 발굴하는 것이다. 즉, 선두 업체가 보유한 강점의 이면에 있는 약점이나,

후발 업체인 자신이 보유한 약점의 이면에 있는 강점을 파악하는 것이다. 이 세상에 영원한 강점이나 약점은 없다. 강점 속에는 그 강점으로 인해 접근하기 힘든 시장이 있는 반면, 약점 속에도 그 약점을 역이용하여 쉽게 접근할 수 있는 시장이 있다.

오랜 기간 코크업계의 2인자에 머물던 펩시가 한때나마 선두 업체인 코카콜라를 크게 위협했던 사례다. 당시 코카콜라가 갖고 있던 강점 중 하나는 병 모양에 있었다. 여성의 잘록한 허리 곡선 형태로 만들어 은근한 섹스 코드를 반영한, 어둠 속에서 만져도 코카콜라를 인식할 수 있다는 매끈한 병 모양 말이다. 병 모양에 대한 코카콜라의 특허권 가치만 4조 원에 달한다고 할 정도로 판매 성과에도 지대한 영향을 미쳤던 모양이다. 그러나 펩시는 코카콜라의 병 모양에서 약점을 발견했다. 병 가운데 부분이 잘록하게 들어감으로써 시각과 촉각상의 강점은 있었지만 콜라를 많이 담을 수 없다는 본질적 한계를 통찰한 것이다. 코카콜라에는 펩시에 비해 갈증을 더 유발하는 달착지근한 맛의 특성이 있다. 결국 펩시는 자신의 밋밋한 병이 더욱 많은 양의 코크를 담고 있다는 콘셉트로 한동안 고객의 지지를 받았다.

반면 매년 11월 셋째 주 목요일 0시에 전 세계적으로 출시되는 보졸레 누보(포도주)는 자신의 태생적인 약점을 강점으로 승화시켰다. 아시다시피 숙성이 오래된 포도주일수록 맛있고 비싸지 않은가? 토양과 품종의 속성상 오랜 숙성이 어려운 프랑스 보졸레 지방은 이러한 약점을 강점으로 역이용하였다. 오랜 기간 숙성이 어렵다고 절망하기보다는 빨리 만들어 금방 마시게 한 것이다. 그것도 전 세계를 대상으로. 물론 숙성의 약점은 경쟁사들이 따라올 수 없는 저가격의 경쟁력으로 상쇄시켰다. 또한 매년 11월 셋째 주 0시 이전에는 팔 수도 살 수도 없다는 전 세계에 걸친 재미있는 이벤트도 성공에 한몫했다.

나에게는 '차별화' 하면 에지edge, 리마커블remarkable이라는 단어가 연상된다. 드라마에서 한때 회자되었던 에지의 개념적 설명으로는 '스쳐 지나가면서도 한 번쯤 돌아보게 하는, 나중에도 자꾸 생각나게 만드는 그 무엇'이라고 한다. 리마커블도 이와 비슷한 용어다. 우리에게 『퍼미션Permission 마케팅』, 『보랏빛 소가 온다』, 『린치핀』 등의 베스트셀러 작가로 잘 알려진 세스 고딘은 앞으로 보랏빛 소 같은 리마커블한 상품을 만들어야 한다고 강조한다. 그는 목장에서 풀을 뜯는 수많은 소들을 지루하게 보면서 갑자기 눈길을 자극한 독특한 빛깔의 소에서 차별화라는 충격적인 영감을 얻었다.

2010년대에는 광고보다 고객의 구전 효과가 훨씬 신뢰성과 파급력이 크다. 애플의 신제품들이 시장에 확산되는 과정을 보라. 기업 주도의 엄청난 광고보다는 발매 몇 달 전부터 전 세계의 흥분과 구전이 주된 마케팅 도구로 자리 잡고 있지 않은가? 개봉 한 달 전에 대부분의 마케팅 비용이 투입되는 영화 마케팅처럼 말이다. 결국 고객이 다시 한 번 뒤돌아보고, 주목할 만한 독특한 상품을 만들 일이다. 팔릴 만한 물건과 살 만한 사람을 발굴하는 '마케팅'과 일단 만든 물건을 남보다 많이 파는 '영업'과의 차이는 결국 에지와 리마커블에 달려 있다.

고객의 욕구보다
고객의 불편한 상태에
집착하라

고객의 욕구

화장품을 파는 사람은 아름다움을 파는 사람을 이길 수 없으며
장난감을 파는 사람은 즐거움을 파는 사람을 이길 수 없으며
몸만 치료하는 의사는 마음부터 치료하는 의사를 이길 수 없으며
카메라를 파는 사람은 추억과 그리움을 파는 사람을 이길 수 없다.

● ● ● 상품보다 고객에 집착하는 기업에서 가장 많이 쓰는 단어는
고객의 욕구needs가 아닐까? 물론 욕구는 마케팅 용어다. 그러나 앞
서 언급한 대로 2010년대에는 누구나 마케터가 되어야 한다. 창조
의 시대에 우리 모두에게 중요한 화두라고 생각되는 욕구 개념을 소
개한다.

고객이 상품을 구입하기 직전에는 두 가지 상태를 겪게 된다. 뭔가
불편함을 느끼는 상태와, 그 불편한 상태를 벗어나기 위한 구체적인
도구(상품)를 원하는 상태다. 보통 전자를 1차적 욕구, 후자를 2차적
욕구로 구분한다. 혹시 '매슬로의 욕구 5단계'를 들어 본 적이 있는
가? 인간이 살아가면서 단계별로 불편하게 느끼는 동시에 차례대로
충족하여 간다는 생리적 욕구, 안전의 욕구, 소속감(사랑)의 욕구, 존

경(인정)의 욕구, 자아실현의 욕구가 그것이다. 이들 욕구가 바로 뭔가 부족함(결핍)을 느끼는 상태, 즉 1차 욕구다. 1차 욕구를 구체적으로 정의하면, '이상적 상태ideal state에 못 미치는 현실적 수준actual state'으로 표현한다. 2차 욕구는 1차 욕구(결핍된 상태)를 충족시켜 주는 구체적이고 가시화된 수단을 말한다. 쉽게 말해서 갈증을 느낀다면 1차 욕구가 발현되었다고 보며, 갈증을 채우기 위해 콜라나 생수를 원한다면 2차 욕구가 생겼다고 한다. 결국 1차 욕구에서 2차 욕구가 파생되며, 기업의 신제품들은 2차 욕구를 기반으로 하여 개발된다. 그러므로 '필요는 발명(신제품)의 어머니'라는 문장에서의 '필요'는 1차 욕구를 의미하며 발명은 2차 욕구인 셈이다.

1차 욕구와 2차 욕구 중 어느 것이 더 중요할까? 혁신적이고 창의적인 상품을 요구하는 창조 경영에서는 1차 욕구가 더욱 중요하다. 1차 욕구는 마케팅의 시작이며 고객의 마음속 저변에 자리 잡은 구입 동인이다. 2차 욕구는 고객이 구체적인 형태로 원하는 수단이다. 따라서 고객 조사를 통해 2차 욕구를 파악하는 과정에서는 혁신적인 제품이 나오기 힘들다.

벽에 구멍을 뚫기 위해 드릴을 구입한다고 생각해 보자. 우리가 궁극적으로 원하는 것은 구멍이지 드릴(수단)이 아니다. 물론 드릴을 취미 삼아 수집하는 극소수 사람은 예외지만. 궁극적으로 구멍(1차 욕구)을 뚫기 위해 할 수 없이 드릴(2차 욕구)을 사는 것이다. 그러나 구멍에 집착하면 드릴 외에도 구멍을 낼 수 있는 초음파, 물, 레이저 등의 혁신적인 수단을 생각해 낼 수 있다.

이처럼 고객이 원하는 것(2차 욕구)과 고객이 필요로 하는 것(1차 욕구)은 다르다. 비싼 커피로 대표되는 스타벅스. 스타벅스는 커피를 파는 곳이 아니라 문화를 파는 제3의 공간(집과 가정 사이 또 하나의 생활 공간)이다. 젊은 여성들은 커피(2차 욕구) 자체의 맛 때문에 스타벅스를 가지는 않는다. 클래식한 냄새와 음악, 사교 공간, 스타벅스 마크를 통한 사회적 신분 과시 등의 1차 욕구를 충족하기 위해 스타벅스를 찾는 것이다. 김치 냉장고는 고객의 2차 욕구에서 개발된 것이 아니라 고객의 1차 욕구(결핍된 상태)를 간파한 마케팅의 산물이다. 이미 집집마다 냉장고를 보유한 상태에서 고객이 김치 전용 냉장고(2차 욕구)를 별도로 원했을 리 만무하다. 아파트 거주 문화(현실적인 수준) 속에서 겨울에 땅속에 묻어 놓는 전통 김치 맛(이상적인 상태)을 아쉬워하는 잠재적인 불편에, 마케터가 주목한 것이다.

사실 먹고살기 바쁠 때에는 고객의 불편한 상태에 그다지 민감하지 않았다. 고객이 요청하는 2차 욕구를 충족하는 상품을 대량 생산하면 그만이었다. 그러나 시장이 성숙기로 접어들고 경쟁이 치열해지면서 차별화가 요구되고, 결국 고객의 불편한 상태에 집착하게 되었다. 그래서 때로는 고객이 느끼지도 못하는 이상적인 상태를 높게 띄우면서 현실과의 괴리감을 느끼게도 한다. 사치를 조장하거나 양극화를 조장한다는 사회적 비난을 받기도 하는 광고에서 이러한 양상을 엿볼 수 있다. 반면에 마케팅이 이상적 상태를 높여 가면서 문화적 수준도 높이고 삶의 질을 높이는 동기 부여를 제공한다는 의견도 설득력 있게 들린다. 여기서는 독자의 가치 판단에 맡기고 넘어간다.

실제로 고객의 욕구는 점점 고도화·전문화되면서 현실과 이상의 간격을 벌리고 있다. 사회가 퇴보하지 않는 이상, 이상적 상태나 기대치는 계속 높아질 수밖에 없기 때문이다. 서 있으면 앉고 싶고, 앉으

면 눕고 싶은 것이 인간 본연의 욕망 아니
겠는가? 기업은 이러한 미세한 불편의 공
백을 잘 포착하여 때로는 이를 과장되게
넓히면서 우리에게 접근한다. 최근 부각
되는 감성 마케팅, 스토리텔링 등도 사실
은 이러한 수단으로 활용되고 있다.

> 고객의 욕구는 사라지지
> 않는다. 다만 진화할 뿐이다.
> 나의 관심은 현재의 소비자가
> 아니라 미래의 소비자다.
> 현재 소비자의 1차 욕구를
> 관찰함으로써 미래 소비자의
> 2차 욕구를 파악한다.
> _스티브 잡스

　최근 몇 년간 성공적인 성과를 거둔 신
제품들을 보면 고객이 요구하는 2차 욕
구보다 고객이 불편하게 느끼는 1차 욕구를 발굴하여 성공한 사례가
훨씬 많다. 닌텐도의 창조적인 혁신 상품, 가정용 게임기 닌텐도 위
Wii를 보자. 당시 잃어버린 10년이라는 경제 불황을 겪은 일본 사람
들은 가정용 게임기를 요구할 상황이 아니었다. 그러나 닌텐도는 일
본인들이 말하지 않는 저변의 결핍된 상태를 통찰했다. 이른바 누에
고치처럼 가정에 칩거하는 코쿠닝cocooning 현상을 보았다. 많은 일본
인들이 불황 탓에 돈 드는 외출이나 여행보다 집 안에서 지내는 시
간이 더 많아졌던 것이다. 닌텐도는 늘어나는 가정 내 킬링 타임killing
time에 주목하여 결국 닌텐도 위를 만든 것이다.

　금융 위기를 기회로 활용해 크게 도약한 현대자동차의 실직자 보
상 프로그램Assurance Program은 고객의 1차 욕구에 집착한 역발상 작
품이다. 금융 위기 여파로 언제 실직할지 모를 우려(현실적 수준)가 미
국 소비자들의 차 구입(이상적 상태)을 주저하게 만들었다. 이 때문에
미국 자동차 회사들도 적극적인 영업을 주저하던 상황이었다. 회사
에서 해고되면 원리금 상환도 못하는 이런 불편한 상태를 제거하기
위해 현대자동차는 고객도 거부하기 힘든 제안을 시도했다. 즉, 차

를 산 뒤에 직장에서 해고되면 현대자동차에서 다시 좋은 조건으로 차를 되사주는 안심 프로그램을 제시한 것이다. 자동차 시장의 세분화 기준인 성능, 가격, 디자인, A/S 등으로 접근하면 도저히 발견해 낼 수 없는, 틈새 아닌 틈새시장으로 잠재적인 고객의 불안을 간파한 것이다.

누군가 인류 역사상 여성 심리를 가장 잘 꿰뚫은 상품은 스타킹이라고 한다. 사실 나일론은 처음부터 스타킹의 소재로 쓰이지 않았다. 나일론이 처음 의류 소재로 활용될 때, 많은 사람들은 입는 문제를 해결할 것으로 착각했다. 그러나 의류 소재로서의 나일론은 일정한 성장 곡선을 거친 후 수요가 정체되는 상태에 이르렀다. 신체에 대한 나일론의 부작용도 있었다. 그러나 실제보다 더욱 날씬해 보이고자 하는 여성 특유의 1차 욕구를 읽은 결과, 투명한 나일론으로 감싸 날씬하게 보이는 오늘날의 스타킹이 탄생한 것이다. 참고로 미니스커트, 하이힐, 스타킹에는 여성 내면의 다양한 욕구가 잠재되어 있다. 날씬하게 보이려는 욕망, 남성의 보호 본능을 자극하는 연약함, 다른 남자의 아기를 갖고 있지 않다는 미혼의 표현 등. 대부분 남자를 1차 욕구들이다.

위에서 살펴본 성공 사례들은 모두 고객이 요청한 2차 욕구가 아닌, 고객 내면의 필요(1차 욕구)에 집착해서 발굴되었다. 사실 고객은 자신이 뭘 원하는지 모른다. 누가 전기를 만들어 달라고 해서 오늘날의 전기가 탄생된 것이 아니다. 마찬가지로 사우스웨스트 항공사가 나오기 전까지 미국에서 버스 요금으로 승객을 실어다 주는 초저가 항공 서비스를 상상하거나 요구한 사람은 없었다. 미국의 품질 통계학자 에드워드 데밍도 일찍이 비슷한 주장을 했다.

"진정한 대박은 고객들이 원하는 것을 만 드는 것이 아니라 고객들 스스로도 알지 못 하는 전혀 새로운 상품을 만드는 것이다."

한편 고객의 욕구를 마케팅뿐만 아니 라 다양한 영역에서 활용하면 창의적인 산물이 나올 수 있다. 첫째, 고객의 욕구

> 만약 고객에게 원하는 것이 무엇이냐고 물었다면 더 빠른 말을 요구했을 것이며, 자동차는 절대로 나오지 않았을 것이다.
> _헨리 포드

가 경기를 예측하는 선행 지표에 활용되기도 한다. 이를테면 미니스 커트, 하이힐, 립스틱, 속옷, 콘돔 판매가 증가하면 곧 경기 불황이 온다고 한다. 경기가 어려워지기 시작할 때, 사람들이 이러한 상품을 필요로 하는 내면에는 여러 가지 1차 욕구가 자리한다. 돈을 벌기 위 한 사회생활 참여, 비싼 옷이나 핸드백 대신 값싸게 멋 부릴 수 있는 대리 만족의 품목들(립스틱, 속옷), 자녀의 육아 부담 등. 유사한 맥락 에서 이런 말도 있지 않은가? '생활이 어려워지면 남성은 지갑을 열 어 보고, 여성을 거울을 본다.' 실제로 그린스펀 전 FRB연방준비이사회 의장은 금리 정책을 결정하기 전에 브래지어 판매 추이를 종종 본다 고 한다. 살림살이가 빠듯할 것 같으면 여성들이 비싼 겉옷보다 값싼 속옷으로 위안을 삼는 심리(1차 욕구) 때문이다.

둘째, 고객의 욕구를 협상법에 활용한 창의적인 사례를 보자. 미 국 내셔널 풋볼 리그는 매년 시즌이 끝나고 마지막 행사로 올스타전 을 개최한다. 그러나 상금이나 출전비를 아무리 높여도 슈퍼스타들 이 이러저러한 핑계로 참석하기를 꺼렸다. 그러나 그들의 숨어 있는 욕구를 고민한 끝에 리그 관계자들은 올스타전 개최지를 하와이로 옮기고, 선수들에게 부인이나 애인과 함께 올 수 있도록 왕복 항공 권 두 장과 하와이 최고급 호텔 숙박권을 제공했다. 결과는 적극적

인 참석으로 나타났다. 선수들의 1차 욕구(불편한 상태)는 정규 시즌에 못 봤던 가족이나 애인과 보낼 시간(이상적 상태)이었는데, 현실은 휴식 없이 이어지는 훈련과 올스타전(현실적 수준) 출전이었던 것. 이 간극을 채운 것(2차 욕구)은 엄청난 참가비가 아니라 단지 여행지에서 올스타전을 개최하는 것뿐이었다.

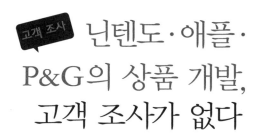

닌텐도·애플·
P&G의 상품 개발,
고객 조사가 없다

●●● 일반 기업들이 마케팅 의사 결정에 가장 많이 이용하는 소비자 조사 방법은 설문 조사와 심층 집단 면접FGI: Focus Group Interview으로 구분된다. 그런데 말이나 글을 통한 이러한 조사들이 앞으로도 창의적인 신제품을 발굴하는 데 많이 활용될까? 여기서는 이미 혁신적인 제품으로 크게 성공한 기업들의 조사 방법의 변화와 전망을 살펴본다. 설문 조사는 기업이 사전에 짠 각본(설문지)을 통해 짧은 시간 동안 고객의 단답식 응답을 받아 낸다. 반면 심층 집단 면접은 기업이 준비한 몇 가지 주제에 대해 7~8명 내외의 고객들이 1시간 남짓 상호 대화를 나누게 함으로써 깊이 있는 응답을 얻는 조사 방법이다. 두 방법 모두 글과 말을 통해 그들이 느끼는 불편과 원하는 것을 기업에 알려 준다.

언제부터인가 초일류 기업들이 내놓는 창의적인 혁신 제품의 발굴 과정에 변화가 감지되고 있다. 기존의 소비자 조사 대신, 소비자의 생활 현장에서 세심한 관찰과 통찰력으로 아이디어를 얻는 것이다. 그리고 그들은 기존의 소비자 조사의 한계를 언급하기 시작했다. 그들의 얘기인즉, 최근 고객의 감성과 체험이 중시되면서 기존 소비자 조사는 고객 내면에 깊숙이 자리 잡은 1차 욕구(무엇이 불편한지)를 파악하는 데 한계가 있다는 것이다. 다만 고객이 원하는 2차 욕구(불편함을 충족하는 구체화된 수단) 정도를 얻을 수 있을 뿐이다. 무엇보다도 응답자로서의 고객들은 무엇이 불편한지 '한정된 시간 내에 기업이 짜놓은 조사라는 틀' 안에서 쉽게 얘기할 수 없다. 사적으로 민감한 질문의 경우, 솔직한 응답을 받기도 쉽지 않은 경우가 많은 데다가, 즉흥적인 답변이 없다고 보장하기도 힘들다. 예를 들어, 벤츠 고객에게 구입 이유를 물어보면 고품질·고품격이라고 답변하지만, 본심은 사람들에게 과시하고 싶은 속내가 있는 경우가 많다. 앞서 언급한 대로 불편(결핍)은 이상적 상태와 현실적 상태 간의 차이이다. 그런데 소비자는 이상적 상태를 못 느끼거나 구체적으로 어떤 상태인지 모를 때가 많다. 더구나 불편한 차이를 충족시킬 다양한 수단(획기적 상품)에 대한 기술 및 개발의 현실성에 대해서는 더더욱 무지하다. 그러므로 그 차이를 충족시키는 수단(2차 욕구)으로서 그들이 답하는 것도 기존 제품을 개선한 정도의 수준들이다.

고객 조사를 통해 들어오는 것은 대부분 우리 제품이 갖고 있지 않은 경쟁사의 강점들일 것이다. 결국 경쟁이 치열한 업계일수록, 특히 고객 조사를 통해 각자가 약점을 보완할수록 동종 업계의 제품들은 서로 유사해질 뿐, 차별화는 요원해진다. 일찍이 소니는 신제품을 개발할 때에 고객에게 물어보지 않는 것으로 잘 알려져 있다. 그래서 이미 작고한 모리타 아키오 회장은 고객들에게 그들의 욕구를 묻기보다는 기업 스스로 신제품을 만들어 고객을 설득해야 한다는 얘기까지 남겼다.

그래서 새롭게 부각되는 리서치 방법이 문화인류학에서 많이 쓰는 관찰 조사다. 원주민들과 생활하며 그들을 이해하는 인류학자들처럼 고객의 생활 속에 들어가 그들을 이해하려는 것이다.

정말로 사자(고객)가 어떻게 사냥하는지 알고 싶다면 동물원이 아닌 정글로 가라. 하지만 대개의 기업들은 동물원에 가서 정보를 얻는다. 응답자를 관찰실에 집어넣고 간단한 먹을거리를 제공한 후, 훈련된 진행자의 질문에 답하도록 유도한다. 이렇게 하면 고객이 원하는 게 뭔지 알 수 없다. 고객을 기업에 불러 수집한 정보는 '우리가 원하는 답'일 수밖에 없다.
__케빈 로버츠(세계적 광고 대행사 사치 앤드 사치 사장)

물론 이전에도 관찰 조사는 있어 왔다. 그러나 이전의 방법은 주로 실험실 같은 데에 소비자를 불러서 심리 테스트를 하거나 서비스 현장에서의 모니터링 조사가 대부분이었다. 광고 테스트 같은 특정 용도 이외에는 많이 활용되지 않았다. 그러나 최근에는 소비자의 생활 현장(가정, 쇼핑 공간)에 침투하여 충분한 시간 속에서 제품의 구입 및 사용 과정을 관찰한다. 그리고 관찰한 결과에다가 관찰자의 통찰력과 창의적 사고를 접목하여 신제품 아이디어를 발굴한다. 현재 P&G, 야후, 소니, 애플, 구글, 닌텐도 같은 글로벌 기업들은 기존의 시장 조사 대신, 고객 관찰을 통해서 가설을 세우고 답을 찾고 있다. 심지어 닌텐도에서는 "우리가 시장을 창조하는데 시장 조사가 무슨 필요 있나?"라고 할 정도로 자신감에 넘쳐 있다. 결국 고객의 생활 속에서 고객의 입(말) 대신에 관찰자의 눈과 머리로 미래 고객의 필요와 욕구를 추적하겠다는 것이다. 여기에는 미래의 일부 조각이 현재의 어디인가에서 잉태되고 있다는 전제가 깔려 있다. 사실 세계적으로 고객 리서치를 제일 많이 한다는 대표적인 마케팅 회사 P&G조차 신제품 발굴 영역에서는 주로 고객의 생활 속에 파고들어 아이디어를 얻는다. 고객을 더욱 깊이 이해하기 위한 그들만의 독특한 리서치 기법인 '리빙 잇Living it'이라는 프로그램을 보자. 이는 관찰의 달인인 문화인류학자들을 고객의 집에 파견하여 함께 생활하면서 고객이 생활용품을 어떻게 사용하는지 관찰하는 기법이다. 또한 '워킹 잇Working it(고객의 쇼핑 생활 속에서 일하기)'이라는 프로그램은 상품 개발 직원들이 매장이나 카운터 뒤에서 실제로 일하면서 고객들을 이해하는 관찰 기법이다. 이렇게 개발된 것 중의 하나가 캐릭터 기저귀다. 매장에서 고객을 따라다녀 봤더니 의외로 많은 엄마들이 아기의 손길이 가는 기저귀를 산다는 것이다. 즉, 기저귀의 구입 결정권자는 엄마가 아니라 아기였던 셈이다. 이러한 아이디어는 설문 조사나 좌담회 같은 조사에서는 나오기 힘들지 않겠는가? 이미 국내 모 백화점에서도 고객의 동의 하에 매장 내에서 고객의 동선을 졸졸 따라다니며 관찰한다고 들었다.

애플의 스티브 잡스도 뉴욕 매디슨 거리에서 사람들을 관찰하면서 아이팟에 관한 아이디어를 끌어냈다. 길거리에서 음악을 듣는 사람들의 옷차림과 아이팟의 조화, 걸으면서 MP3 플레이어를 조작하는 동작 등. 그는 현재 고객이 미래에도 같을 것이라는 가정에 곧잘 의문을 던져 본다고 한다. 그 한 방법으로 현재의 고객들과

퓨처마킹 future marking : 업계 최고를 벤치마킹하는 방식을 버리고 오리진origin이 되라는 것으로, 최고가 언제 무효화될지 모르는 불확실한 세상에서는 미래 고객에 집착하라는 의미다. _톰 피터스(경영학자)

커뮤니케이션을 차단한다든지, 때로는 고객을 무시하고 자신의 생각으로 리딩하라고까지 주장한다(물론 어디까지나 신제품 개발에 국한된 것이며 고객 서비스는 예외다). 어쨌든 그의 포인트는 고객의 사소한 의견에 너무 밀착하면 새로운 시장 기회를 놓칠 수 있다는 점이다.

종군 사진작가 로버트 카파는 "사진이 만족스럽지 않다면 그건 당신이 충분히

기존 제품에 익숙한 소비자는 혁신적인 신제품보다 현재의 불편을 개선한 수준의 익숙한 신제품을 더 좋아한다. 그러므로 소비자는 혁신적인 아이디어를 제공하지 못한다. 그래서 애플은 사람에게 귀 기울이는 대신 사람들로 하여금 애플에 귀를 기울이게 만든다.

가까운 거리에서 찍지 않았기 때문이다"라고 말했다. 마찬가지로 고객을 불러서 물어보기보다는 최대한 가까운 거리에서 그들의 생활 습관을 지켜보면 고객 자신도 인식하지 못한 문제를 발견할 수 있다. 즉, 장기를 두는 본인보다 옆에서 훈수를 두는 사람이 더 넓은 시야를 가진다는 얘기다. 여러분은 순간 급속 전기 주전자인 테팔을 사용하는가? 기존의 전기 주전자 업체들은 고객 리서치를 통해 전기 주전자의 욕구는 '빠른 시간에 물을 데우는 것'이라고 파악했다. 그러나 테팔은 고객의 이용 행태를 관찰하고 나서, 고객 자신도 모르는 불편한 상태(1차 욕구)가 있음을 간파했다. 고객들은 100도까지 물을 끓이고 난 후, 일정한 온도(커피가 가장 맛있다는 70~80도)까지 식혀서 커피를 마시는 것이었다. 그들이 진정 원하는 것은 빨리 데우는 것이 아니라 적정한 온도였던 셈이다. 결국 100도까지 끓였다가 70~80도로 맞춰 주는 급속 전기 주전자가 나왔다.

2011년 8월에 한국을 방문한 네그로폰테 예일대 교수도 비슷한 얘기를 했다.

"애플의 스티브 잡스는 한 번도 상품 평가단을 둔 적이 없다. 사용자 중심으로 제품을 만들겠다는 것은 상상력이 부족하거나 안전하게 잘하기 위한 핑계일 뿐이다."

삼성전자가 소비자의 행동 패턴과 욕구를 연구하는 반면, 애플은 최고의 제품을 만들기 위한 조사를 하지 않는다. 이에 대해 네그로폰테 교수는 "사람들이 원하는 것과 사람들에게 필요한 것 간에는 큰 차이가 있다. 이에 고객이 원하는 것은 기업이 알고 있지만, 고객이 필요로 하는 것은 우리가 모르는 것도 있다"고 설명했다. 즉, 삼성전자가 운영하는 상품 평가단은 별로 도움이 되지 않는다는 뜻이다. 그러나 간과해선 안 될 점이 있다. 애플은 제품 기획 단계에서 고객의 의견을 구하지는 않지만, 판매된 후에는 고객의 말과 행동에 세심한 관심과 수용을 보이는 것으로 유명하다. 다만 모든 의견에 세세하게 신경 쓰기보다는 다수의 패턴이 감지될 때, 신속한 대처를 한다.

앞으로의 관찰 조사에는 사람(관찰자)과 더불어 IT가 개입될지도 모른다. 물론 고객의 사전 동의와 사생활을 침해하지 않는 범위 내에서 말이다. 이미 벤츠는 일부 차종에다가 '빨간 버튼 시스템'이라는 것을 부착했다. 고객이 드라이브를 하다가 사소한 아이디어가 생각나거나 불편함을 느낄 때 차에 장착된 빨간 버튼을 누르면 곧바로 리서치 센터와 화상 전화로 연결되어 그들의 의견을 실시간 전달하게 된다.

지금까지는 고객 조사와 관찰 조사를 이분법으로 구분하여 관찰 조사에 너무 치중한 감이 없지 않다. 리서치업계에 종사하는 분들의 오해가 없기를 바란다. 고객 조사의 비중 축소는 어디까지나 신제품 개발(기획) 용도에 한정된 얘기다. 신제품이 출시된 이후에 진행되는 광고 효과 측정, 고객 만족도 조사, 제품 사용 행태 조사 등에서 여전히 고객 조사가 중요함은 재론의 여지가 없다. 물론 신제품 개발을 위한 관찰 조사 결과를 확인하기 위한 보완 조사로서도 고객 조사는 여전히 필요하다.

한편 고객 조사에서도 창조적 관점에서 재고할 부분이 있다. 첫째, 1990년대 중반부터 우리 기업들이 지금껏 많이 해오고 있는 고객 만족도 조사에 대한 얘기다. 보통 특정 상품에 대해 얼마나 만족하느냐는 질문의 응답 항목이 5개로 되어 있다면 대체로 다음과 같은 형태일 것이다. 1)매우 불만 2)불만 3)보통 4)만족 5)매우 만족. 이때 4)번과 5)번의 응답자를 합산하여 만족한 고객의 비율을 산정하게 된다. 그러나 제록스의 조사 결과에 의하면, 매우 만족한 고객의 재구매율이 어느 정도 만족한 고객보다 6배 이상 높게 나타났다. AT&T에서는 매우 만족한 고객의 재구매 의향이 그냥 만족한 고객보다 50퍼센트 이상 높다는 조사 내용을 공개하기도 했다. 즉, 가장 관심 있는 차후의 재구입에는 만족 고객은 보통 수준에 응답한 고객과 큰 차이가 없을 수 있다. 여러분이 조사 결과에 관여된 담당자라면 매우 만족한 사람만의 비율을 따로 파악하여 전년도와 비교해 보든지, 경쟁사와 견주어 보기를 권한다.

최근의 비즈니스 일각에서는 이러한 만족도 항목에 대한 부정론도 일고 있다. 만족 고객이 많아도 지속적(향후)으로 매출이 늘지 않는 것은 충성 고객이 없다는 의미인데, 많은 비용을 들여 매년 실시할 만큼 큰 도움이 되느냐는 것이다. 그래서 만족도 항목에 대한 대안론으로 부상한 것이 '타인 추천(권유) 의향도'이다. 이를테면 GE의 경우, '당신은 GE를 당신 친구에게 소개하겠습니까?' 같은 항목이다. GE

이멜트 회장은 이 지표에 대해 "지금까지 본 고객 지표 중 최고"라고 극찬한다. GE의 지표 산출 방식은 다음과 같다.

순수 추천 고객 지수= (9, 10점 응답자 비율) – (0~6점 응답자 비율). 10점 만점 척도인데도 긍정적인 7~8점 응답자를 제외한 것이 이채롭다. 이들은 너무 추천 강도가 약해 별 의미를 부여하지 않겠다는 자신감이랄까? GE의 모든 사업부에서는 이 지표를 2005년부터 전사적 핵심 경영 관리 지표로 활용한다. 참고로 미국 기업의 평균 지수는 5~10%인 반면, 애플, 코스트코, 사우스웨스트항공사 등의 창조 기업들은 50% 내외의 수치를 보인다.

지금의 고객들은 인터넷으로 먼저 구입한 사람들의 의견을 확인하고 구입한다. 구전 효과가 광고 효과보다 중요하다는 점을 고려할 때, 이러한 주위 추천 지표는 앞으로 더욱 중요하게 부각되리라 생각한다.

둘째, 국내 고객 만족도 조사 시스템에도 문제가 있다. 저자는 1993년 삼성경제연구소에서 당시 삼성 그룹의 신경영 지표의 하나로서 고객 만족도 조사 체계를 개발하여 그룹 전체 관계사를 대상으로 조사한 경험이 있다. 만족도 조사 결과는 한 기업의 고객 지표로서 제품의 현상과 문제점을 시계열로 분석하는 데 큰 효과가 있다. 그러나 현실적으로 많은 기업의 고객 담당자들에게는 지표 관리 이외에 부담을 주는 측면도 있다. 언제부터인가 공신력 있는 대외 기관들은 매년 고객 만족도 조사를 통해 기업들의 순위를 경쟁적으로 발표하고 있다. 또한 업종별로 고객 만족 경영 대상을 받은 기업들은 예외 없이 이를 자랑(광고)하는 데에 많은 돈을 투자한다. 매년 발표하는 대외 기관도 한두 군데가 아니므로 고객 입장에서는 혼란스럽기만 할 뿐이고, 제품 간에 큰 차이가 없는 업종의 마케팅 팀장들은 이들의 평가에 민감할 수밖에 없다. 종종 대외 기관의 조사가 임박한 시점에서 미리 고객 접점의 영업사원들을 동원하여 고객들에게 청탁을 하기도 한다. 특히 산업재의 경우에는 만족도가 낮을 것 같은 고객사들에게 평소와 다른 인사를 하기도 한다. 고객 만족도를 조사 발표하는 기관들은 유사한 조사를 상품화하여 컨설팅 사업에 활용하기도 한다. 물론 고객 만족도 조사는 상품과 서비스의 질을 높이기 위해 중요하다. 그러나 일정 수준의 만족도를 달성한 업계 선두 기업들은 경쟁사와의 비교 수치에 너무 연연할 필요가 없다. 지금처럼 업계의 경계가 무너지는 시장 환경이라면 특정한 서비스 속성에서는 이종 업계의 지표와도 비교하면서 벤치마킹해야 한다. 2010년대에는 경쟁사와 경쟁하면서 비슷하게 가기보다는 경쟁사와 차별화하면서 다른 모습으로 고객의 마음속에 자리 잡아야 한다.

2010년대, _{광고} 변화하는 광고의 본질

성공한 영화의 초기 고객은 마케팅으로 들어오고,
이후의 고객은 입소문으로 들어온다.
점점 고객들이 마케팅하는 제품들이 많아질 것이다.

● ● ●   어느 날 술자리에서 친구가 물었다. 경제가 어렵고 중산층이
줄어드는 양극화 현실에서도 왜 드라마에서는 재벌이 더욱 많이 등
장하며, 어려운 사람들의 모습이 많이 반영되지 않느냐고. 단지 저소
득층이나 여성층의 신데렐라 향수(갑작스러운 신분 상승)를 자극하여
현실을 잊게 하기 위해서일까? 물론 그러한 배경도 있지만 이런 논
리도 타당하지 않을까? 사실 냉엄한 경제 논리로 접근하면 TV 드라
마는 방송국이 제공하는 게 아니라 드라마의 앞뒤에 붙는 광고(주)가
제공하는 것이다. 개성이 특이한 드라마라면 드라마 앞뒤에 붙는 광
고 제품들을 유심히 보라. 대체로 그 드라마를 볼 만한 타깃층에 적
합한 제품들일 것이다. 광고료는 철저하게 시청률에 따라 매겨진다.
방송사는 시청률이 높은 프로그램을 만든 다음, 이를 이용하여 비

싼 광고료를 받을 뿐이다. 고급 브랜드 제품의 광고주 입장에서는 높은 시청률뿐만 아니라 중상류층이 시청할 만한 프로그램을 원하기도 한다. 드라마 속에 의사, 교수, 디자이너, 사업가가 많은 것이나 최근 구매력을 갖춘 싱글층, 돌싱층이 많은 것도 이러한 맥락이다. 따지고 보면 출판사가 독자에게 책을 판매하는 것처럼 TV는 광고주에게 시청자를 파는 것이다. 이러한 논리에서 보면 궁금한 점이 있다. 왜 일반 서적에는 TV, 신문, 잡지처럼 광고를 싣지 않을까? 요즘처럼 베스트셀러가 나오기 힘든 출판 상황에서 스폰서로부터 미리 경제적인 도움을 받으면 더욱 양질의 집필을 기대할 수 있을 텐데. 책에 있는 광고가 부담스러운 독자는 TV 리모컨처럼 광고면은 쉽게 넘기면 될 뿐인데.

한편 광고 대행사의 존립 기반은 광고의 시간(TV, 라디오)과 공간(신문, 잡지)이 제한되어 있는 오프라인의 현실에 있다. 이처럼 광고의 공급 여건이 제한되어 있으므로 사전에 시청 시간대와 신문 지면을 확보하여 광고주에게 적절한 시공간에 연결해 주는 중개인 역할이 가능한 것이다. 그런데 이러한 시공간이 이론상 무한대로 열려 있는 온라인 광고가 나오면서 기존 광고 대행사의 중계 역할의 명분이 약해지고 있다. 비록 아직까지는 온라인 광고 대행사도 온라인 공간이 마치 한정되어 있는 것처럼 행동하지만 말이다. 더구나 갤럽의 선거 조사처럼 온라인 광고도 그 효과를 실시간으로 측정하고 있어 앞으로 광고 대행사의 역할은 새로운 가치를 창출하는 방향으로 진화될 것이다.

광고업계에서는 요즘 사람들을 콘크리트 소비자라고 부른다. 웬만한 외부 충격(광고)에도 별 반응이 없는 현대의 무감각한 소비자를 의미하는 것이다. 나는 세상이 너무 복잡하고 불안정하게 돌아갈수록 일관성 있는 광고 전략이 중요하다는 입장이다. 환경이 복잡할수록 스티브 잡스가 강조하는 단순성이 부각되듯이, 변화가 심한 생활 환경은 사람들로 하여금 일관성에 편안함과 신뢰감을 갖게 한다. 전통적으로 P&G와 코카콜라, 볼보가 이러한 일관된 광고(브랜드) 전략에 의존하고 있다. P&G는 '다른 세제보다 깨끗하다'는 브랜드 컨셉트를 수십 년 동안 쓰고 있다. 이 회사에는 광고의 3C 전략이 있다고 하는데, 첫째도 일관성, 둘째도 일관성, 셋째도 일관성이란다. 일관성을 우려먹는다는 비아냥을 받기도 하지만, 그래도 사람과 상품이 신뢰를 얻는 가장 좋은 방법은 일관성을 유지하는 것이다.

필립 모리스의 말보로는 일관된 광고로 유명하다. 우리에게는 생소하지만, 말보르는 원래 여성용 담배로 출시되었다. 그러나 성장의 한계를 느껴 남성용 담배로서 30년 이상을 카우보이 광고로 일관한 것이다. 재미있는 일화를 소개한다. 어느 날 말보로 담당 광고 대행사 직원에게 친구들이 물었다.

"매일 똑같은 광고만 내보내는데 너는 도대체 회사에서 무슨 일을 하냐?"

그러자 광고 담당자는 말보로 광고를 바꾸지 못하도록 광고주를 설득하는 일을 한다고 대답했다. 광고 대행사에게 광고주가 절대 지존인 우리 상황과 다르지 않다면 그 담당자가 광고주를 설득하는 데 얼마나 힘들까 상상이 된다. 볼보 하면 안전이 제일 먼저 생각나는 이유도 80여 년 동안 볼보는 안전에서 벗어나는 외도를 거의하지 않았다는 점에 기인된다. 더 나아가서 안전 하면 볼보가 제일 먼저 생각나는 사람도 있을 정도다.

매스 미디어는 중간에서 사람들의 관심을 독점하였지만 온라인에서는 이미 한정된 관심을 자동 배분하는 매칭 시스템도 등장하고 있다. 구글의 애드센싱이라는 광고 대행 방법을 보라. 구글의 자동 매칭 시스템은 중소 업체나 개인 사업자의 광고를 받아다가 적절한 타깃을 보유한 다양한 사이트나 블로그에 실시간 자동 광고해 주고 있지 않은가?

> 풍부한 정보는
> 주목의 희소성을 야기하고,
> 한정된 주목을 소비하려는
> 지나치게 많은 정보원들에
> 대해 효율적인
> 배분 시스템이 필요하다.
> _허버트 사이먼
> (노벨 경제학상 수상자)

미국에서는 이미 온라인 광고액이 신문 광고액을 넘어서 TV의 아성을 넘보고 있다. TV 광고와 온라인 광고는 고객에게 커뮤니케이션하는 방식이 매우 상이하다. 가장 큰 차이는 반복적인 노출이다. TV CF는 수개월 동안 반복적으로 우리에게 노출되어 구매 행동에 간접적인 영향을 준다. 그러나 온라인 광고는 고객이 원하면 충분한 시간을 들여 클릭을 반복해 가며 세밀하게 볼 수 있다. 그래서 온라인 광고를 한 번 접한 고객이 그다음에 또 그 광고를 클릭할 가능성은 매우 낮은 것이다. 결국 거시 경제적으로 보면 온라인 광고는 엄청난 사회 간접 자본(광고비)의 낭비를 줄이고 있는 것이다. TV 광고는 시청자가 반복적으로 광고에 노출되면 언젠가는 제품을 구입하게 될 것이라는 전제를 깔고 있기 때문에 노출에 제일 큰 관심을 둔다. 리모컨으로 돌리기 전에는 광고를 볼 수밖에 없는 매체의 특성이 있기 때문이다.

본격적인 스마트 TV 시대에는 광고를 거르고 잘라 주는 로봇까지 등장하여 광고의 효용성을 저하시킬 것이라는 얘기도 들린다. 이에 비해 온라인 광고의 제일 큰 관심은 주목attention이다. TV와 달리 웹사이트에 많이 깔아 버린다고 해서 고객들이 그만큼 클릭하는 것은 아니다. 온라인 상에는 이론상 시간과 공간이 무한하게 존재하기 때문이다. 앞으로 고객의 주목은 기업이 점점 많은 비용을 지불해야 할 비싼 경영 자원이 될 것이다. 희소화된 사람들의 주목을 확보하기 위해 향후의 광고는 셋 중 하나를 분명히 택해야 한다. 지독히 재미있거나 철저하게 유용한 정보를 제공하거나, 아니면 세밀한 개인형 맞춤 광고를 해야 한다는 것이다. 어쨌든 액정이 있는 다양한 IT가 나오면서 앞으로 우리의 한정된 주목이라는 자원을 확보하기 위해 치열한 커뮤니케이션 전쟁이 벌어질 것이다.

『보랏빛 소가 온다』의 저자로 잘 알려진 세스 고딘은 광고가 죽었다는 얘기를 한다. 지금과 같은 방식의 광고는 그 역할이 축소될 것이라는 의미다. 무슨 얘기인지 좀 더 구체적으로 살펴보자. 일반적으로 신제품은 5개의 구입 계층(innovator, early adopter, early majority, late majority, laggard)이 순서대로 구입한다고 한다. 변화를 즐기는 층부터 변화를 거부하는 층에 이르기까지 순서대로 구입한다는 확산 이론의 개념이다. 그러나 5개 구입 계층에 다 도달하지 못하고 사라지는 경우가 훨씬 많다. 과거의 매스 미디어 광고는 계층 규모가 가장 큰 얼리머저러티와 레이트머저러티를 대상으로 했다. 그러나 이제는 이들 층에 대한 광고가 실제 구매로 잘 이어지지 않는다고 한다. 현대인들은 광고는 재미있게 보지만 정작 구입할 때에는 지인들이나 미리 구입한 사람들의 영향을 더 받기 때문이다. 따라서 이들 다수층에 실질적인 영향을 주는 얼리어답터를 설득하는 게 훨씬 효과적이다. 결국 얼리어답터를 유혹할 만한 리마커블한 제품을 개발해야 하며, 동시에 얼리어답터가 나머지 사람들에게 쉽게 퍼뜨릴 수 있는 흥미로운 제품을 만들어야 한다는 것이다.

그래서 나오는 얘기가 리마커블이다. 주목할 만한 두드러진 제품 말이다. 리마커블한 제품이 얼리어답터를 쉽게 끌어들이며 이들 집단이 나머지 뒤에 구입하는 다수층에게 영향을 준다. 따라서 점점 많은 기업들은 처음부터 전염 바이러스를 일으킬 매력적인 제품을 설계하되, 광고비의 비중은 초기 구입층인 얼리어답터에게 집중할 필요가 있다. 이렇게 제품이 출시되는 초기 시점 중심의 광고비 투입은 한 제품에 할당된 전체 광고비를 절약하게 한다. 이러한 돈은 제품 개발 비용이나 개발 실패를 감당하는 비용으로 투입시키면 된다. 결국 중요한 사실은 신제품이 출시된 이후 꽤 시간이 흘러야 구입하게 되는 다수층에게는 이제 광고 효과가 예전 같지 않다는 점이다. 그러므로 이들에게 광고비를 낭비하기보다는 시장의 구전 효과를 일으킬 매력적인 제품 개발에 더욱 힘을 기울여야 한다. 사실 규모가 큰 집단인 얼리머저리티, 레이트머저리티에 집중된 광고비의 흐름을 보면 낭비 요소가 많은 것이 사실이다. 대다수의 광고가 정작 제품을 살 만한 마음이 없는 사람들, 광고에서 본 것을 주위에 얘기하지 않을 사람들에게도 함께 도달하기 때문이다. 참고로 세계 100대 브랜드를 발표하는 인터 브랜드 100위권에 새롭게 등장한 브랜드의 절반은 거의 입소문으로 브랜딩이 구축되었다고 한다. 결국 제품과 입소문이 없었다면 이들 브랜드의 성공은 불가능했을 것이다.

비즈니스 모델을 바꾸는 유통업체의 부상

유통

대형 소매업체가 '제조업체에서 소비자에게 이르는 제품 공급망'
전체의 최적화를 주도할 것이다. 따라서 대형 소매업체가
대형 제조 업체를 인수합병하는 상황도 자주 나올 것이다.
노무라 연구소의 2010년 보고서

● ● ● 수십 년 전에 미래학자 앨빈 토플러가 예측한 대로 유통업체의 파워가 제조업체를 넘어선 지 오래다. 유통업체가 고객을 직접 상대하면서 획득하는 고객 정보와 고객 이해력 앞에서 제조업체는 예전처럼 목소리를 키우기가 어려워지고 있다. 더 나아가 유통업체가 생산하는 자체 브랜드 상품의 비율도 확대되고 있다. 전통적으로 제조업체의 파워가 큰 전자업체에서도 이마트 브랜드를 부착한 유통업체 전용 **LED TV**를 거의 반값에 납품할 정도다.

국내에서는 대형 유통업체에 싫은 소리를 할 수 있는 소비재 업체가 몇 개 안 된다. 미국 역시 월마트에 대항할 수 있는 업체는 **P&G**를 포함하여 손꼽을 정도다. 유통의 파워는 소비재 업종뿐만 아니라 금융 업종에도 이미 나타나고 있다. 종래 보험사는 보험 상품을 생산

하여 자체 설계사나 전속 대리점을 통해 판매 기능까지 담당하였으나 최근에는 상황이 달라졌다. 제조와 판매가 분리되기 시작한 것이다. 현재 우리는 특정 보험사에 전속된 설계사에게서 보험을 가입하는 경우보다 홈쇼핑, 은행, 인터넷, 대형 독립 대리점, 대형 마트 등에서 보험을 가입하는 경우가 더 많아지고 있다. 조만간 금융상품의 이마트라고 불리는 대형 금융 판매 주식회사가 들어설 전망이다. 금융사들의 고민이 클 수밖에 없다. 지금껏 금융 상품의 생산뿐만 아니라 자체 판매망을 통해 판매 과정에서도 이익을 남길 수 있었으나 외부의 유통망에 판매를 넘겨 버리면 유통업체의 파워가 커지면서 금융 상품의 생산에도 간섭을 받을 수 있기 때문이다.

마케팅의 대부 필립 코틀러에 따르면, B2C라고 규정한 전통 마케팅 모델은 월마트, 까르푸에서 실패한다고 한다. 일반적으로 대부분의 마케팅 이론은 최종 소비자에게 물건을 판매하는 소비재(B2B) 기업에 초점이 맞춰져 왔다. 그러나 이제는 생산자로서의 기업들은 사업 모델 자체를 B2B(유통업체) 2C로 규정하여 최종 고객을 만족시키기 위한 유통업체의 까다로운 요구를 만족시켜야 한다. 기존에는 유통업체의 파워가 미약하여 소비재 제조업체에 종속되어 왔지만 이제는 대등한 비즈니스 주체로 부상하고 있다. 일부에서는 제조업체가 막대한 광고를 통해 쌓은 브랜드 영향력도 구매 현장(유통업체)에서 감소할 수 있다는 전망도 나오고 있다. 대형 유통업체 입장에서는 입점한 상품의 브랜드력을 원하는 것이 아니라 차별적 가치를 보여 주는 창의적인 상품력을 원하기 때문이다. 제조업체의 브랜드 이미지는 동종 업체들 간의 점유율 경쟁과 관련된 것이라 유통업체는 별 관심 없는 게 당연하다. 그래서 유통업체들이 궁극적으로 원하는 것은 신

상품들이 자주 출시되고 전체 매출액에서 신상품의 비율이 높은 것이다. 유통업체와 좋은 관계를 유지하기 위해서 제조업체는 브랜드 투자보다 지속적으로 창의적 제품 개발에 더욱 신경을 써야 한다. 결국 2010년대는 고객뿐만 아니라 유통업체도 생산자인 기업에 창의적인 신제품을 요구하는 시대다.

현재 전 세계적으로 유통업체는 소수의 강자로 집중되고 있다. 사실 월마트나 이마트 같은 할인점 업태는 궁극적으로 여러 업체가 고객을 나눠 가질 수 없는 특성이 있다. 최저가를 지향하는 업체에 고객이 몰리게 되어 미국의 월마트처럼 하나만 살아남게 되는 이치다. 반면 백화점은 차별화된 특성으로 여러 업체가 공존하며 고객을 나눠 가질 수 있는 업태다. 이러한 소수의 강대한 유통업체에 대해 제조업체는 어떻게 대응해야 할까?

지금까지 제조업체들은 유통업체에 대한 협상력을 키우기 위해 인수 합병을 통한 몸집 불리기에 주력하여 왔다. 2005년에 세계 최고의 생활용품업체 P&G가 질레트를 인수 합병한 것도 당시 거대 공룡 월마트를 의식한 것이었다. 거대 유통업체를 겨냥한 제조업체의 브랜드 전략도 전환되어야 한다. 과거에는 상품 구입자에 대해 소비자로서 접근했지만 이제는 시민의 관점에서 브랜드 가치를 살려야 한다. 시민은 소비자와 달리 제품을 둘러싼 주변 현상에도 신경을 쓰면서 제품을 구입한다. 즉, 지역 사회, 환경, 행복, 윤리 등이 그것이다. 역시 이미 이 책에서 언급한 바 있는 마케팅 3.0의 관점이다.